KB080431

거츠: 네이비실의 이기는 습관

GUTS

Original edition copyright ⓒ2021 by Brian Hiner
All rights reserved.

Korean Translation Copyright ⓒ2021 by Booxen
Korean edition is published by arrangement with McGraw Hill LLC.
through Imprima Korea Agency

이 책의 한국어판 저작권은 Imprima Korea Agency를 통해
McGraw Hill LLC.와의 독점계약으로 북센에 있습니다.

저작권법에 의해 한국 내에서 보호를 받는 저작물이므로
무단전재와 무단복제를 금합니다.

거츠
네이비실의 이기는 습관

GUTS

결과를 만드는 끈기의 힘

브라이언 하이너 지음 | 이종민 옮김

온워드

아들 제이크와 아내 웬디,
그리고 전 세계 어린이와 참전 용사들에게.
서로를 위해 생명의 위협을 무릅쓰며 전쟁의 참혹함을 견뎌온
세상에서 가장 무고한 이들에게 이 책을 바칩니다.

• 각주는 모두 옮긴이의 주입니다.
• 단행본은『 』로, 잡지·신문은《 》로 표기했습니다.

서문

'이젠 어쩐담?'

첫 책 『선봉에서, 빠르게, 두려움 없이First, Fast, Fearless』가 《LA 타임즈》 베스트셀러에 오른 직후 나는 이렇게 자문했다. 믿기 힘들겠지만 그때가 내 인생 최악의 순간이었다. 나는 가난한 집에서 태어나 12살부터는 할머니, 형과 버지니아주 블루리지의 깊은 산골에서 살았다. 정규교육으로는 초등학교를 마친 게 전부인 할머니는 강인하고 배짱이 두둑한 분이었다. 가난한 결손 가정에서 성장한다는 것은 외로운 일이었고, 두려움과 회의, 결핍감이 삶의 곳곳에 스며들었다.

나에게 구원의 손길을 내밀어준 것은 야구였다. 야구팀의 코치가 기회를 준 덕에 나는 고등학교 1학년 때 학교 대표팀으로 뽑혔다. 야구는 내게 삶의 방향을 알려주었고, 처음으로 미래를 볼 수 있게 했다. 나는 장학금을 받고 대학 야구 1부 리그팀에 입학했고, 버지니아고등학교 명예의 전당에 헌액되었다.

대학을 졸업할 무렵에는 다시 미래가 막막했고, 미지의 세계에 나홀로 서 있는 기분이었다. 그때 우연히 네이비실(미국 해군의 엘리트 특수부대) 대원 한 명을 알게 됐다. 그가 네이비실의 모험, 신비, 위험이 가득한 삶에 대해, 가족이나 다름없는 궁극의 팀에 대해 말해주었다. '이게 바로 내가 찾던 일이야. 이게 내 천직이야!' 이런 생각이 번쩍하고 내 머리를 스쳤다. 나는 곧바로 히치하이킹으로 버지니아비치에서 리치몬드까지 갔다. 그리고 다음 날 바로 입대 원서를 제출했다!

나는 20년 동안 세 차례 전쟁에 참전하고 아홉 차례 작전에 투입된 뒤 2012년에 네이비실에서 전역했다. 행복했다. 적어도 행복한 줄 알았다. 전역 2개월쯤 후 아버지가 갑자기 세상을 떠났다. 힘든 어린 시절을 보냈지만 나와 아버지는 그 뒤로 관계를 회복했다. 아버지는 내 마음속에 각별한 존재로 자리하고 있었다. 남자아이들은 대개 아버지를 슈퍼맨처럼 우러러보는데, 나도 마찬가지였다. 결점이 없지는 않은 분이었지만 나는 아버지를 나의 수호자, 내 정신적 지주라고 생각했고, 아버지의 존재만으로 안전하다는 느낌을 받았다. 그런 아버지가 세상을 떠나버린 것이다.

그 후 채 6개월도 안 돼 나는 형을 잃었다. 형은 내가 세상에 태어난 뒤로 하루도 빠짐없이 나를 지켜보며 함께 성장한 유일한 사람이었다. 짧은 기간에 나는 네이비실 대원으로서의 내 정체성, 동료 전우들, 그리고 가족을 잃었다. 내 친구이자 동료였던 전우들은 전사하거나 부상을 당했고, 더 나쁘게는 스스로 목숨을 끊었다. 나는 외상후스트레스장애PTSD와 외상성뇌손상TBI을 비롯해 이런저런 신체적 외상을 진단 받았다. 나는 '왜' 살아야 하는지 그 이유를 잃어버렸다.

당시 내 상황에 딱 맞는 헤밍웨이의 문장이 있다. "사냥 중 최고는 사람 사냥이며, 무장한 사람을 오랫동안 사냥하고 또 그걸 즐긴 사람은 다른 어떤 즐거움도 결코 가질 수 없다." 위험천만한 군인이라는 직업을 선택해 전투에 참여하는 것은 더없이 특별한 경험이다. 그 일이 끝나면 삶은 무척 달라진다. 오랜 시간 심해 잠수를 할 때와 비슷하다. 잠수부가 잠수병에 걸리는 것은 물 밑에 있는 동안이 아니라 수면으로 올라왔을 때다. 더 오래 물 밑에 있을수록, 수면으로 올라왔을 때 잠수병이 더 심해진다.

전역 후에 나는 제대로 준비 과정을 거치지 않고 불쑥 수면으로 올라온 것 같은 기분이 들었고, 상황은 엎친 데 덮친 격으로 자꾸만 나빠졌다. 네이비실 대원으로 전투에 참여하는 것은 중독성이 있는데, 중독이 대개 그렇듯 애증이 뒤섞인 관계다. 내게 해가 된다는 걸 알면서도 끌리는 마음은 어쩌면 평생토록 남는다. 네이비실은 나를 행복과 기쁨에 무감각하게 만들었다. 네이비실은 내 감정들을 앗아가고, 내 인생 최고의 순간들, 내게 가장 중요한 의미를 갖는 사람들과 맺어온 유대감도 앗아갔다.

약을 먹지 않으면 사흘 내내 한숨도 자지 못할 때도 있었다. 나는 항상 안절부절못했고 두려움에 떨었다. 적들에 대한 분노와 증오가 가득한 마음이 내 삶을 지배하고 기쁨을 앗아갔다. 끝없는 나락으로 빠져드는 기분이었다. 밤에 침대에 누우면 속삭이는 소리가 들렸다. 나는 자리에서 일어나 침입자가 없는지 집 안 곳곳을 확인하곤 했다. 가끔은 어둠 속에서 무언가 움직이는 모습을 봤다고 착각할 때도 있었다. 말이 안 된다는 걸 알면서도 '그들'이 나를 잡으러 오는 것 같았다.

주위의 모든 것들이 무너져 내리고 있었다. 내 정체성과 부대원들, 중요한 임무, 그리고 내 행복 전체를 잃어버렸다. 나는 너무나 많은 네이비실 전우들과 더없이 가까운 가족 두 사람을 잃었다. 나의 세계는 산산조각 났다. 그래도 무너지지 않고 버텨낸 것은 오로지 첫 책을 쓰는 일에 매달린 덕이었다. 나는 늘 의미 있는 임무에 동기부여를 받아왔기 때문에, 책이 출간돼 베스트셀러가 되며 목표를 이루고 나자 모든 것이 한꺼번에 무너져 내렸다. 다가올 미래에 대한 두려움과 자기불신이 엄습했다.

나는 스스로의 힘으로 다시 일어서야 한다는 걸 알고 있었다. 다시 삶을 꾸려가야 했다. 전장에서 나에게 했던 약속들을 지켜야 했다. 그리고 이제 그럴 수 있게 됐다. 그 비결인 GUTS 원칙을, 이제 여러분과 함께 나누고자 한다.

이 책에 소개하는 모든 내용은 나 자신의 인생 여정에서 얻은 것들이다. GUTS 원칙으로 두려움을 성취로 바꿔내는 방법을 일깨워서 여러분 스스로 세운 목표가 무엇이든 그 목표를 달성할 수 있기를, 더욱 행복하고 성공적이고 충만한 삶을 살 수 있게 되기를 바란다.

후야! 함께해봅시다!

목차

머리말

편한 날은 어제뿐이었다

20년에 걸친 군복무를 마친 뒤 '귀향길'에 오르며 나는 미해군 특수부대 네이비실Navy SEAL 선임 교관으로 훈련병들을 가르치며 보낸 나날들, 언제까지 존경과 경외의 마음으로 기억할 시간들을 되돌아봤다. 네이비실 훈련은 세계에서 가장 혹독하고 엄격한 군사훈련 프로그램으로 알려져 있다. 네이비실로 1년에 1만 통의 지원서가 오지만, 그중 훈련을 시작할 수 있는 사람은 1,200명 정도에 불과하다. 중도에 포기하는 훈련병이 워낙 많아 수료자는 가장 많았던 해에 250명이었다. 네이비실에 입소해서 수료까지 버텨낼 확률은 별로 높지 않다.

네이비실 훈련이라고 하면 대표적으로 기초수중폭파훈련을 떠올리기 쉽지만, 이는 훈련병들이 네이비실이 되기 위해 거쳐야 하는 기초 훈련의 일부에 불과하다. 훈련병이 삼지창 문양의 네이비실 배지를 손에 넣으려면 1년이 넘게 이어지는 다음과 같은 고된 훈련을 성공적으로 마쳐야 한다.

- 8주간의 해상 특수전 예비 교육
- 3주간의 입문 과정
- 21주간의 기초수중폭파훈련('지옥 주간Hell Week' 포함)
- 7주간의 공수교육 및 생존-도피-저항-탈출 훈련SERE
- 19주간의 적성 검증 훈련SQT

SQT를 마치면 훈련병은 갈망해온 네이비실 배지를 받는데, 이는 정식으로 네이비실 대원이 됐음을 뜻하는 표상이다. 이들은 해군 특수전 부사관 계급을 부여받거나, 해군 장교로 훈련에 참여한 경우 해군 특수전 전문 장교로 임명된다. 이어 네이비실 팀 또는 네이비실 잠수정 운용 팀SDV에 배속돼 다음과 같은 18개월간의 배치 전 훈련 프로그램을 시작한다.

- 6개월간의 전문성 개발ProDev-개인 주특기 훈련

- 6개월간의 소부대 단위 훈련ULT
- 6개월간의 전대 통합 훈련

네이비실 신입 대원은 처음으로 작전에 배치되기까지 2년 반~3년 동안 끊임없이 이어지는 이 모든 훈련을 받아야 하며, 이를 모두 마쳐야 비로소 진정한 여정이 시작된다.

훈련소 안에 걸린 나무 액자에는 '편한 날은 어제뿐이었다'라고 쓰여 있다. 네이비실이 되는 것은 결코 쉽지 않으며, 어제가 유일하게 편한 날인 까닭은 이미 지나갔기 때문임을 분명히 하는 말이다. 네이비실 대원은 훈련을 받을 때마다 폭파 침입, 저격수, 전문 운전, 심문자 교육, 리더십 트레이닝 등의 새로운 기술을 터득한다. 작전 배치가 거듭될 때마다 네이비실은 새로운 기술을 연마하는 동시에 기초 기술을 재교육받는다. 네이비실의 훈련과 발전은 결코 끝나지 않는다.

네이비실 훈련병들을 지도하던 시절을 되돌아볼 때면 언제나 수료식, 즉 훈련병들이 네이비실 대원으로 조직의 일원이 되는 날이 떠오른다. 이날 우리는 처음으로 훈련병이 가족이나 연인과 함께하는 모습을 보게 된다. 어떤 면에서 이 순간은 과거와 현재의 충돌이라고 할 수 있는데, 훈련병 스스로 자신이 완전히 변화했음을 자각하고 가족들도 이를 깨닫기 때문이다.

"우리 아들이 달라졌어요"는 수료식 날 특히 어머니들이 자주 하는 말이다. 무언가가 달라졌고, 그 변화가 뚜렷이 드러난 것이다. 축하해야 할 순간이지만 동시에 슬픔을 느끼는 순간, 예전의 아들 모습이 그리운 순간이기도 하다. 변화는 신체가 아니라 무언가 다른 곳에서 일어난다. 어머니들은 내게 아들의 태도가 바뀌었다고, 걸음걸이, 말투, 행동이 달라지고, 세상을 대하는 태도도 달라졌다고 말하곤 했다. 인생에서 자신의 위치와 새로운 관계를 만들어낸 것이다. 내가 보기에 아들은 GUTS, 즉 압박을 이겨낸 탁월함(Greatness Under Tremendous Stress)을 꽃피운 것으로, GUTS는 직업 세계와 개인 세계에서 '알파'로 발돋움할 수 있게 해줄 성취를 향한 체계적 접근법이다.

이 책의 목적은 네이비실 대원이 되도록 도우려는 것이 아니다. 이 책의 목적은 여러분이 GUTS를 습득하게 도움으로써 살면서 하는 모든 일에서 알파 접근법을 취할 수 있도록 하는 것이다.

'알파'의 태도

동물 세계에서 많은 종들은 알파* 수컷이나 암컷이 이끄는

---

* 무리 중에서 계급이나 서열이 가장 높은 개체.

대로 무리를 지어 이동한다. 무리 안의 나머지 동물들은 누가 알파인지를 직감하는데, 수료식에서 가족들이 변화를 보고 느낄 수 있는 것도 같은 이치다. 이런 상호작용을 통해 훈련병 스스로도 자신의 변화를 보고 느낄 수 있게 되고, 내가 '알파의 당당함'이라고 이름 붙인 태도를 갖게 된다. 이는 목적의식과 진실한 마음, 현재에 온전히 집중하는 자세로 자신만의 방식에 따라 계획적인 삶을 살아가는 태도를 말한다. 이 '당당함'이 반드시 영원히 이어지는 것은 아니다. 20년간의 군 생활을 마치고 집에 돌아왔을 때 나는 그 당당함을 약간은 잃어버렸다고 느꼈다.

GUTS와 성취 간극

GUTS 개념을 발전시켜 나가기 시작했을 때 나는 내 삶을 세밀히 분석하고, 과거에 무엇이 도움이 됐는지 탐구해서, 위험천만하고 도전적인 직업에서 성공을 거두고 행복을 느끼며 만족하고 목표를 이룰 수 있었던 요인을 찾아냈다. 우리는 모두 두려움과 압박에 맞서 이를 극복해야 할 이유를 스스로 만들어내야 한다. GUTS는 삶에서 성취 간극accomplishment gap을 넘도록 돕는 가교 역할을 한다.

성취 간극이란 간단히 말해 현재 내가 누구인지 또는 무엇을 하는지와 내가 되어야 한다고 생각하거나 되기를 바라는 모습과의 차이를 말한다. 미국 내 직장 상황에 관한 갤럽의 여론조사 결과 직원의 70퍼센트가 소극적으로든 적극적으로든 맡은 업무에 소홀한 것으로 드러났다. 무관심이 팽배해지면서 사람들은 의욕을 잃고 자신의 삶을 허비한다. 우리 개인 생활에서도 이런 간극이 모습을 드러낸다.

모든 사람에게 네이비실이 되라고 권하는 것은 아니다. 내가 권하는 것은 네이비실 교본에서 GUTS 관련 페이지를 빌려와서 GUTS와 알파 접근법을 이용해 직장생활과 개인 생활에서 성취 간극에 대처하라는 것이다. 두려움에 맞서고, 전사가 돼서, 맡은 바 임무를 완수하고, 성공을 통해 배워라!

최악의 순간에 최고의 능력을 발휘하는 법

1899년 엘버트 허버드Elbert Hubbard가 펴낸 에세이 『가르시아 장군에게 보내는 편지』는 애너폴리스 해군사관학교와 웨스트포인트 육군사관학교를 비롯한 모든 병과의 거의 모든 장교 훈련 프로그램에서 지금도 교재로 사용되고 있다. 이 책은 1898년 스페인의 쿠바 내정 간섭으로 인해 미국이 스페인에 선전포고를 하며 일어난 미국-스페인 전쟁 기간 벌어진 이야기를 들려준다. 전쟁의 도화선이 된 사건은 미국 전함 메인호의 침몰이었다. 메인호가 침몰하자 윌리엄 맥킨리 미국 대통령은 쿠바 반군 최고 지도자 칼리스토 가르시아 장군과 연락을 취해야 했다. 허버드는 당시를 이렇게 회고했다.

쿠바 관련 사태를 통틀어 근일점*에 선 화성처럼 내 기억에 도드라지는 한 사람이 있다.

스페인과 미국 간에 전쟁이 발발했을 때 반군 지도자와 시급하게 연락을 취할 필요가 있었다. 가르시아는 쿠바의 외딴 산 어딘가에 머물고 있었지만, 아무도 그곳이 어딘지 알지 못했다. 편지나 전보도 그에게 전달할 길이 없었다. 맥킨리 대통령으로서는 그의 협력을 신속하게 확보해야 하는 상황이었다.

누군가 대통령에게 이렇게 보고했다. "로완이라는 사람이 각하를 위해 가르시아를 찾아낼 겁니다."

로완이 호출됐고 가르시아에게 보낼 편지가 그에게 주어졌다. 로완이 어떻게 그 편지를 받아, 방수포로 만든 행낭에 단단히 싸맨 다음, 이를 가슴에 품은 채, 작은 배를 타고 나흘 만에 쿠바 해안가에 도착해서, 정글 한가운데로 종적 없

---

* 태양계의 천체가 태양에 가장 가까워지는 위치.

이 사라진 뒤, 적들이 들끓는 나라를 도보로 횡단해 3주 만에 섬 반대편에 나타나 편지를 가르시아 장군에게 전달했는지 시시콜콜 이야기하고 싶은 마음은 없다. 내가 강조하고 싶은 것은 바로 이것이다. 맥킨리 대통령이 로완에게 가르시아 장군에게 전달할 편지를 건네자, 편지를 받아 든 로완이 "장군은 어디 있습니까?"라고 묻지 않았다는 사실이다.

청년들에게 필요한 것은 책으로 배운 지식도 이러쿵저러쿵 지시를 받는 것도 아니며, 꼿꼿한 자세로 충실히 책임을 다하고 지체 없이 행동하고 온 힘을 다해 임무를 완수하는 것이다. "가르시아 장군에게 밀서를 전달하라!"는 임무를.[1]

육군 하급장교였던 앤드루 로완 중위는 대통령이 직접 내린 이 임무를 부여받았다. 어떤 지침도 설명도 주어지지 않았기에, 모든 것을 혼자 결정해야 했다. 로완은 이를 잘 알고 받아들였다. 그는 한밤중에 배를 몰고 떠난 지 얼마 안 돼 자메이카에 상륙했고, 그곳에서 쿠바 반란군 정부 수장과 만났다. 마차 하나가 그의 앞에 다가오더니 누군가 스페인어로 말을 건넸다. "갑시다!" 로완은 마차에 몸을 숨기고 자메이카를 가로지른 뒤 무기가 가득 실린 작은 보트로 갈아타고 쿠바섬에 다다랐다. 그는 스페인군의 눈을 피해 정글을 헤치고 길을 내며 이동했다. 며칠씩 말을 타고 달리면서, 한 번도 만난 적 없고 누군지 알 길 없는 낯선 이들의 도움을 받아 몸을 숨겼다. 수없이 많은 시련에 빠지고 고난과 맞닥뜨렸지만 멈추지 않고 앞으로 나아갔다. 최악의 순간에도 그는 최고의 능력을 발휘해서 편지를 가르시아 장군에게 전달했다.

로완은 답신을 가지고 미국으로 돌아와 전쟁 계획 수립을 도왔고, 그의 행동은 전쟁의 성공에 결정적으로 작용했다. 100년 뒤 로완은 누구나 아는 이름이 됐다. 그의 용기와 끈기를 기리는 동상 건립을 위한 법안이 발의됐고, 미 육군에서 두 번째로 높은 공훈십자훈장이 추서됐다.

로완의 업적은 세월이 흘러도 그 가치가 여전하다. 그의 독자적 행동 능력과 적극성, 용기, 문제 해결 능력, 그리고 불확실한 상황에서 압박을 받을 때 임무를 이행하는 능력은 가히 전설적이며 귀감이 될 만하다.

로완에게는 GUTS가 있었다!

현실적인 실천가

네이비실 대원은 우리가 난관에 직면할 것이며 예측할 수 없는 방식으로 시험대에 오르겠지만, 그럼에도 불구하고 편지를 전달할 수 있도록 정신적·육체적 준비를 해야 한다는 사실을 안다. 다른 사람을 이끌 능력을 갖추기 전에 우리는 스스로를 이끄는 법을 배운다. 육체적·정신적 용기의 분명한 특성들 말고도 네이비실 대원은 단시간 내에 전문가가 되는 법을 배워야 한다. 네이비실 대원들은 내가 '블루칼라 학자'라고 이름 붙인 자질을 갖추기 위해 학습한다.

완벽한 블루칼라 학자는 적응력이 뛰어난 만능 재주꾼으로, 철학, 과학, 심리학, 예술 관련 전문 지식을 갖추고, 개척자와 기업가의 기백과 호기심을 지닌 사람이다. 블루칼라 학자는 로완처럼 궁극적으로 현실적인 실천가다.

아는 것이 힘이지만, 실천은 힘을 부여한다.

블루칼라 학자는 완벽을 추구하지 않는다. 블루칼라 학자의 초점은 80퍼센트의 해결책에 맞춰져 있기 때문에, 지금 당장 행동에 나설 수 있다. 이런 접근법은 개인적 성장을 중시하는 사고방식과 학습과 발전에 열린 태도를 포함한다.

블루칼라 학자가 되는 여섯 가지 방법

블루칼라 학자는 내가 'STICKS'라고 이름 붙인 간단한 방법을 사용함으로써 전문가가 될 수 있다.

• 상황Situation

- 신념은 잠시 접어두라Toss aside beliefs
- 몰입Immersion
- 지각 있고 능숙한 학습자Conscious, competent learner
- 쓸모없는 것은 버려라Kick out what's not useful
- 마음가짐State of mind

성장하고 변화하기 위해서는 현재 상황을 분명히 바라보고, 신념은 잠시 접어둘 수 있어야 한다. 탁월해지기 위해서는 하는 일에 몰입하고, 열심히 배우고, 할 수 없거나 할 필요가 없는 일은 과감히 버려야 한다. 마지막으로, 발전하기 위해서는 올바른 마음가짐을 갖춰야 한다.

> "
> 발견이란 모두가 보았던 것을 보고 나서
> 아무도 생각하지 못했던 것을 생각해내는 것이다.
> – 얼베르트 폰 센트쇠르지 너지르폴트*
> "

비대칭적으로 사물 바라보기

블루칼라 학자의 접근법에는 비대칭적 사고, 즉 틀을 깨는 생각도 포함된다. 네이비실 대원은 임무에 투입됐을 때 전에 경험해본 듯한 기시감déjà vu이 들어 두려움을 느끼지 않도록 열심히 계획하고 훈련한다. 하지만 계획하고 준비하는 동안 우리는 전에 수없이 많이 보아온 것들을 마치 난생 처음 보는 것처럼 느끼는 '미시감$^{vuja\ de}$'을 활용해서 비대칭적으로 사물을 바라볼 필요가 있다.

그럼 이제 시작해보자!

* 1937년 노벨 생리의학상 수상자

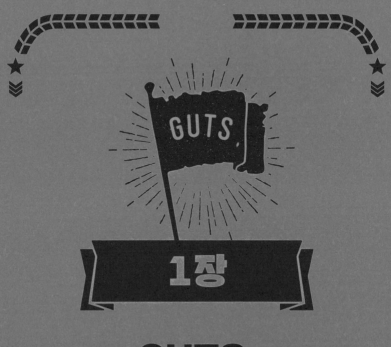

GUTS,
두려움을 넘어
성과를 만드는
비결

차라리 멍청해지면
두려움은 친구가 된다

보니 웨어는 말기 환자들을 위한 호스피스 전문 간호사로 『내가 원하는 삶을 살았더라면』의 저자이기도 하다. 책에서 웨어는 자신이 돌보던 환자들이 세상을 떠나면서 가장 많이 하는 후회 다섯 가지를 소개했다. 그중 가장 큰 후회는 무엇이었을까? 다른 사람들이 기대하는 삶이 아닌 스스로에게 충실한 삶을 살 용기를 내지 못한 것이다. 나는 후회하고 싶지 않다. 내가 계획한 삶을 살고 싶고, 두려움 때문에 그 계획을 그르치고 싶은 마음은 추호도 없다.

옛말에 "용기는 다른 모든 인간의 미덕을 가능케 하는 으뜸 덕목"이라고 했다. 하지만 우리가 용기 있는 자세로 '다른' 모든 일들을 성취할 수 있게 되기 전에, 먼저 더 잘 이해하고 잘 관리하는 법을 배워야 할 것이 있다. 두려움이다.

두려움은 우리 삶의 결과를 만들어내는, 재능이자 동시에 질병이기도 하다. 나는 미 해군 특수부대 네이비실이라는 위험한 직업을 선택했다. 어떤 면에서는 20년이라는 세월을 매일 죽음의 문턱을 넘나들며 살아온 셈이다. 사자에게 쫓기는 상황이라면 두려움 덕에 목숨을 부지할 수 있지만, 일상적인 삶, 특히 직장생활에서 두려움이 가득한 마음은 우리를 무기력하게 만들 따름이다.

인간이 타고나는 두려움은 두 가지 뿐이라는 것이 대다수 전문가의 견해로, 높은 데서 떨어지는 것에 대한 두려움과 큰 소리에 대한 두려움이 그것이다. 나머지는 전부 후천적으로 습득한 두려움들이다. 하지만 성장 과정에서 우리가 배우는 두려움에 대한 대처법이라고는 두려움을 '직시'하고 '극복'해야 한다는 뻔한 말 몇 마디가 고작이다. 도대체 그게 무슨 뜻이란 말인가?

"
사자에게 쫓기는 상황이라면 두려움 덕에
목숨을 부지할 수 있지만,

일상적인 삶, 특히 직장생활에서 두려움이 가득한 마음은
우리를 무기력하게 만들 따름이다.   **"**

만약 우리가 용기와 의욕, 의지를 기르지 못한다면, 이사회에서 손을 들고 발언하거나 소파에서 일어나 운동을 하지 못한다. 적어도 인간의 90퍼센트 이상은 그렇다. 우리 모두의 의지력은 유한하기 때문이다.

드레스는 입어도 춤은 안 추지

2003년, 교환연수 프로그램을 통해 나는 네이비실 장교 자격으로 영국 특수부대에 파견됐다. 당시 우리는 두 개의 큰 전쟁을 수행 중이었고 영국이 다국적 연합군의 주축이었기 때문에, 두 나라의 강력한 유대가 대단히 중요했다(이는 지금도 마찬가지다). 영국 공수특전대SAS와 해군특전대SBS는 세계에서 가장 강인하고 용맹한 전사를 배출해내는 특수부대로, 지구 곳곳에서 비밀작전과 직접타격 임무를 수행한다. 이들이 두려움 자체를 모른다고 말하는 사람도 있지만, 정말 그럴까?

그전까지는 영국에 두어 달 머무른 게 고작이었기 때문에 당시 나는 여전히 현지 분위기에 적응해가며 문화적 차이를 배우고 있었다. 어느 날 오후 내가 속한 중대에서 남자들만의

파티를 연다는 말을 들었는데, 부대원들은 이 모임을 '팬시드 레스'라고 불렀다. 나는 무난하게 드레스셔츠에 정장 재킷을 입기로 했다.

내가 도착하고 나서 얼마 지나지 않아 동료 서너 명이 함께 술집으로 들어오더니 내가 있는 바 쪽으로 다가왔다. 처음에 나는 그들을 알아보지 못했다. 그들은 '드레스'를 입고 있었 다! 더없이 위험한 비밀작전과 직접타격 임무를 수행해온 사 람들을 나는 넋을 잃고 바라봤다. 동료들은 드레스를 입은 것 도 모자랐는지 화장을 하고 가발을 쓰고 심지어 다리털까지 면도한 것 같았다! 이들은 뭔가 좀 이상하다는 듯 나를 쳐다보 더니 내가 '팬시드레스' 파티의 뜻을 이해하지 못했다는 사실 을 알아채고는 킥킥 웃기 시작했다.

맥주를 몇 잔 걸치고 나서 우리는 작은 클럽으로 자리를 옮 겼다. 나는 동료들에게 왜 바에서 다른 사람들과 섞이지 않았 는지 물었다. 나를 초대한 스코틀랜드 출신 동료가 이렇게 대 꾸했다. "영국인은 춤은 안 춰, 이 친구야. 자네 같은 미국인이 면 몰라도."

나는 조금 혼란스러웠지만, 재차 물었다. "그러니까, 드레스

---

* fancy dress: 파티복 또는 가장무도회라는 두 가지 뜻이 있다.

는 입어도 춤은 안 된다?"

"맞아, 친구. 춤은 안 춰."

이들 생각에 드레스를 입는 것은 너무 터무니없기는 해도 스스로를 놀려대며 한바탕 웃어넘기려고 벌인 일이었다. 하지만 춤을 춘다는 것은 자신을 드러내는 일이고, 상처받기 십상이기 때문에 선을 넘어도 한참 넘는 일이었다.

두려움은 인간의 본성이다

두려움에는 다양한 측면이 내포돼 있다. 다양한 유형의 두려움이 존재하고, 각기 다른 이 두려움들에 대해 갖는 면역력 수준도 사람마다 제각각이다. 네이비실 같은 직업군에 종사하는 사람들의 경우 신체적 두려움이 사회적, 도덕적, 정서적 두려움보다 더 자연스럽게 느껴진다. 종종 우리가 두렵다고 '생각'하는 것과 실제로 두려워하는 대상은 일치하지 않는데, 대중 앞에서 하는 연설이 그 좋은 예다. 사람들은 흔히 연설을 하기 전에 죽을만큼 두렵다고 엄살을 피우지만, 진짜 두려운 것은 연설 자체나 창피가 아니다. 사실은 무능하다는 느낌을 두려워하는 것으로, 무능은 창피를 당하는 차원을 넘어 직장이나 가정, 사회적 지위를 잃는 결과로 이어질 수 있기 때문이다. 두려움은 복잡미묘한 감정이다.

우리는 두려움이 무언가 위험한 상황이 벌어져 고통을 유발할 가능성이 있다는 '생각'에서 비롯된 불쾌한 감정임을 안다. 두려움이 생각의 일종이며 다른 모든 생각처럼 바꿀 수 있다는 사실에 유념하라. 필요한 것은 증거, 즉 왜 이 생각이 더 이상 타당하지 않은지를 입증해주는 근거뿐이다. 두려움은 마음뿐 아니라 몸으로도 경험하는 물리적 사건으로, 본능적으로 얼어붙기freeze, 투쟁fight 또는 도피flight 반응을 불러일으킨다.

두려움은 우리의 생존을 보장해주는 일차적 감정이자 우리의 생존 본능이다. 두려움은 우리 뇌의 '파충류층*', 인간 두뇌에서 가장 오래된 부위를 자극한다. 수십만 년 전의 인류는 자신들을 노리는 포식자가 있었기 때문에 매일 신변 안전을 걱정해야 했다. 우리 뇌에는 여전히 그 같은 차원의 두려움이 유전적으로 각인돼 있어서, 우리는 본능적으로 위험을 피하려고 조심한다. 연구자들에 따르면 우리가 일상적으로 하는 생각의 약 80퍼센트는 부정적이며, 두려움에 기반한 것이다. 이 부정적 생각의 대부분은 마치 영화처럼 우리 마음속에서 반복 상영된다. 심리학자들은 '파국화awfulizing'라는 용어를 사용하는

---

* 인간의 뇌는 진화의 흔적으로 파충류층-포유류층-영장류층이라는 세 층으로 나뉜다.

데, 이는 '불확실한 상황에서 마음이 최악에 대한 두려움으로 가득 차 있음'을 뜻한다. 두려움이 미지의 사실을 끔찍한 상황으로 바꿔버리는 것이다.

> "
> 우리 마음이 '파국화'하면,
> 두려움은 미지의 사실을 끔찍한 상황으로 바꿔버린다.
> "

뉴스를 틀어 두려움을 눈과 귀로 직접 확인할 수 있다. 우리는 지각된 위협에 합리적 근거 없이도 쉽게 과잉 반응한다. 24시간 뉴스 방송은 두려움으로 가득한 의식 상태를 만들어낼 뿐 아니라, 우울증과 불안 같은 국가적 건강 문제를 부채질한다. 끔찍한 사건들이 몇 번이고 되풀이 방영되면서 결국 우리 마음은 그 사건이 끊임없이 일어나고 있다고 믿게 되고, 이로 인해 파멸을 피할 수 없다는 느낌을 받는다. 두려움을 덜 느끼고 싶다면, 뉴스 시청을 멈춰라!

> "
> 두려움은 질병이다. 두려움이 마음을 파고 들게
> 방치하면 할수록, 두려움은 삶의 다른 부분까지 번져간다.
> "

실재하는 것과 인식된 것

우리가 느끼는 두려움이 대부분 비합리적이라는 사실을 알면서도, 우리는 엄청난 상상력을 발휘한다. 우리의 상상력은 입에 담기조차 힘든 끔찍한 일도 마음속에 그릴 수 있게 해준다. 2천 만 명이 넘는 미국인이 항공기 탑승을 극도로 두려워하는 비행공포증을 가지고 있는 것으로 알려져 있다. 전미안전위원회National Safety Council에 따르면 미국인이 자동차 충돌사고로 사망할 가능성은 114분의 1인데 비해, 항공 사고로 목숨을 잃을 가능성은 약 1만 분의 1에 불과하다. 이는 경비행기와 개인용 제트기를 비롯해 상대적으로 위험성이 더 큰 모든 비행수단이 포함된 수치다. 이는 비행 중에 사망할 가능성보다 공항으로 차를 몰고 가다 목숨을 잃을 가능성이 88배가량 더 높다는 의미다. 하지만 비행기 추락 사고가 마음속에 불러일으키는 이미지가 훨씬 더 강렬해서, 추락 전에 일어날 수밖에 없는 참혹한 경험을 누구라도 쉽게 떠올릴 수 있다. 우리 마음은 실제로 일어날 가능성이 거의 없다는 사실을 알면서도, 일어날지도 모를 일을 생생한 공포영화처럼 떠올리는 탁월한 능력이 있다. 자, 이제 매우 실제적인 위협을 알고 전투에 투입되는 상황을 생각해보라. 위협은 분명 실재한다. 이 책에는 두려움이 무엇이든 간에, 실재하는 두려움과 인식된 두려움 모두에 효과가 있는 전략들을 다루려고 한다.

> "당신이 무언가를 두려워한다는 사실은
> 실제로는 그 일이 일어나지 않을 것이라는 증거다."

우리 마음은 인지된 위협들을 맥락에 따라 달리 판단한다. 편도체amygdala는 앞서 언급한 뇌의 파충류층으로, 감정들 그중에서도 특히 두려움을 처리하는 부위다. 편도체는 해마hippocampus와 연결돼 있고, 해마는 전전두엽prefrontal cortex과 연결돼 있다. 해마는 감정과 장기 기억을 관장한다, 전전두엽은 우리 뇌의 사령탑 역할을 하는 부위로, 인간 진화 과정에서 가장 늦게 생겨났다. 이 부위는 우리가 창의력을 발휘하고 삶을 통제할 수 있게 해준다. 두려움에 대해 다루며 두뇌의 이 세 부분에 초점을 맞추고자 한다.

5미터 앞에서 굶주린 사자 한 마리가 당신을 노려보고 있다고 상상해보라. 틀림없이 이런 상황은 두뇌의 파충류층을 자극해 우리를 생존 모드로 진입하게 만들 것이다. 하지만 그 사자를 사파리 관람차의 유리창이나 동물원 철창 너머로 바라본다고 생각해보라. 해마와 전전두엽은 위협의 맥락을 고려해 우리의 감정 반응과 신체 반응을 바꾼다. 이제 사하라 사막을

걷다가 아까 그 굶주린 사자를 만났지만, 이번에는 당신이 고성능 소총을 가지고 있다고 상상해보라. 여전히 두려움을 느끼겠지만, 무기를 가지고 있다는 사실이 당신에게 다른 관점을 제공하고 상황을 다른 맥락으로 바라보게 해준다. 분명히 밝혀두지만 사자를 총으로 쏘아야 한다고 말하는 게 절대 아니다! 스스로를 무장하는 것이 두려움을 누그러뜨리고 계획적으로 행동하는 방편이 될 수 있음을 비유적으로 보여주려는 것이다.

> " 우리 자신의 생존 본능이
> 우리를 죽이고 있다는 사실은 진화의 역설이다.
> "

두려움을 반가운 손님으로 만들기

두려움에 대처하는 방법은 두려움을 완전히 없애려고 하지 않는 것이다. 목표는 두려움의 부작용을 완화해서 두려움을 마음의 불청객이 아니라 반가운 손님으로 만드는 것이다. 심리학자 로버트 여키스Robert Yerkes와 존 도슨John Dodson이 1908년 고안한 '역 U자' 곡선은 특정 과업에 대한 압박감과 성과가 압박감이 최적 수준에 이를 때까지 함께 증가한다는 사실을 보여준다. 하지만 그 뒤로도 압박감이 계속 증가하면 성과는 감소하기 시작하고, 결국 과중한 스트레스는 성과 부진과 불안, 불행으로 이어진다. 삶에서 압박이나 스트레스가 너무 적어도 따분하지만 너무 많아도 버거운 일이다. 내가 제안하는 GUTS 접근법의 핵심은 두려움을 완전히 없애는 것이 아니라 두려움을 최적의 지점, 영역 또는 흐름으로 이끌어가는 것이다. GUTS 접근법의 목표는 스트레스를 관리해서 이를 에너지와 의욕으로 바꾸어내는 것이다.

> **"**
> GUTS의 핵심은 두려움을 완전히 없애는 것이 아니라,
>
> 두려움을 이용해서 탁월한 성과를 거두는 것이다.
> **"**

자신감이라는 1차 방어선

삶의 다양한 영역에서 두려움의 실체를 파악하는 것이 상황(STICKS의 S에 해당한다)을 이해하는 데, 즉 우리가 지금 어디에 있고 어디로 가고 싶은지를 파악하는 데 대단히 중요하다. GUTS 접근법으로 두려움을 다루는 특정한 기법들을 논하게 될 텐데, 이는 삶의 다른 영역에도 적용 가능하다. 어떤 기술은 이에 수반되는 자신감의 토대가 된다. 일례로 무술이 사람들, 특히 아이들에게 자신감을 심어준다고들 한다. 내 생각도 같다. 내가 아들에게 어릴 때부터 다양한 형태의 무술을 배우게

한 것도 바로 그 때문이다. 사람이 자신의 능력에 대해 확고한 자신감을 갖게 되면, 그 자신감이 삶의 다른 측면들에도 영향을 미친다.

사무실에서 자기 감정을 주체하지 못하는 고약한 악당을 만나본 경험이 있을 것이다. 하지만 그들은 사실 자신감이 부족하고 두려움에 휘둘리는 사람들이다. 이제 몇 년째 무술을 연마해왔고 자신감이 넘치는 사람이 있다고 가정해보자. 그가 사람들을 자신의 요구에 굴복시키는 데 이골이 난 고약한 악당과 격한 언쟁을 벌이는 상황이다. 사무실에서 물리적 충돌이 일어날 가능성은 크지 않겠지만, 우리 뇌의 파충류층이 작동하면서 생존 본능이 발동할 것이다. 아드레날린이 분비되면서 가슴이 뛰고 호흡이 빨라지고 시야가 좁아지고 두뇌의 사령탑인 전전두엽이 활동을 멈추면서 명료한 사고를 할 수 없게 된다. 뇌의 파충류층은 고함, 성난 목소리, 위협하듯 들이민 몸, 손가락질, 욕설, 부릅뜬 눈처럼 악당이 던지는 폭력적 신호들을 보고 듣는다. 하지만 무술을 연마해온 사람은 같은 방식으로 자극받지 않는다. 그의 뇌는 상황을 다른 맥락으로 받아들인다. 육체적으로 위협 받는다고 느끼지 않기 때문에 생존 본능이 작동하지 않고, 따라서 두뇌의 사령탑 영역을 활용해서 이성적이고 명료한 사고를 할 수 있다. 사회적·도덕적 위험 때문에 조금 긴장할 수도 있지만, 두려움 때문에 얼어붙지는 않을 것이다. 그보다는 최적의 스트레스 영역인 '스윗 스폿sweet spot' 안에서 효과적으로 역할을 다할 것이다. GUTS의 단계별 접근법의 핵심은 우리 자신을 무장하고, 자신감을 기르고, 두려움을 적절한 상황 맥락으로 받아들여서 최적의 성과를 거두는 전략과 기법이다.

> **"** 전쟁터에서 정원사가 되느니,
> 정원에서 전사가 되는 편이 더 낫다. **"**

투쟁인가 도피인가

우리가 두려울 때 어떤 일이 일어나고, 그 이유는 무엇일까?

모든 것은 편도체, 즉 우리 뇌의 파충류층의 작은 부분으로 대뇌 변연계의 일부인 아몬드 모양의 뉴런 다발에서 시작된다. 우리는 이 체계를 우리에게 유리한 방향으로 조절하는 데 초점을 맞출 것이다. 자극이 편도체를 일깨우고, 그 결과 편도체는 얼어붙기, 투쟁, 또는 도피 반응과 관련된 영역을 활성화한다. 편도체는 또한 스트레스 호르몬의 분비를 촉발하고 교감 신경을 활성화한다.

우리는 모두 겁을 먹는다는 것이 어떤 느낌인지 안다. 심장박동수가 빨라지고, 초긴장 상태가 돼 입이 바짝 마르고, 몸이 아드레날린과 코티솔을 분비해 투쟁 또는 도피 반응을 보일 태세를 갖춘다. 이렇게 되면 우리 몸은 움직여서 분비되는 코티솔과 아드레날린을 태워 없애고 싶어 한다.

숙련된 수색 전문가로서 나는 사람이 숲속에서 길을 잃었다는 사실을 깨닫게 되는 바로 그 지점을 쉽게 찾아낸다. 비결이 무엇일까? 길을 잃었다는 사실을 알게 되면 온갖 끔찍한 장면들이 머릿속에 떠오른다. 탈수증에 빠지고 굶주리고 추위에 떨며 맹수에게 쫓기다가 숲속에서 홀로 죽어가는 장면 말이다. 우리는 재빨리 상황을 파국화하고, 그 같은 생각이 두려움의 강도를 더욱 높인다. 길을 잃은 사람은 반사적으로 반응하면서 보통 달리기 시작하는데, 때로는 갈팡질팡하다 점점 더 길을 잃고 만다. 겁을 먹으면 우리 몸은 움직이고 싶어 한다. 이런 과정을 이해하고 나면 거꾸로 거슬러 올라가 그 근원에서부터 두려움에 대처할 수 있다.

가장 편한 길을 추구하는 본성

동물이나 사람을 추적하는 법을 배울 때, 이들의 본성과 타고난 습관에 대해 굉장히 많이 알게 된다. 인간은 다른 동물과 마찬가지로 압박을 피하려는 성향을 타고난다. 숲속에서는 동물들이 지나다니며 낸 길들을 볼 수 있는데, 그중에는 더 편하게 걸으려고 다른 동물이 지나간 길을 이용하면서 만들어진 길도 있다. 이 길은 대부분 물이나 식량 또는 안전하게 잠을 잘 수 있는 장소로 이어진다. 상당수 동물은 대부분의 시간을 눕거나 서 있거나 걸으면서 보내면서 필요할 때를 대비해 에너지를 비축한다.

인간도 다를 게 없다. 육체적으로, 지적으로, 감정적으로 우리가 타고난 천성은 걸리적거리는 게 없는 가장 편한 길을 따르는 것이다. 본능적으로 스스로를 혹사하고 싶어 하지 않기 때문이다. 우리가 사는 세상을 잠시 둘러보라. TV를 보면 모든 광고가 불편함이라고는 없는 가장 편한 길을 택하려는 우리의 욕망에 호소하는 '만병통치약'을 앞세운다.

나처럼 불면증을 겪어본 사람이라면 고통이라고는 거의 없는 세상을 약속하는 심야의 광고를 본 적이 있을 것이다. 이 판 위에 올라서서 하루 15분만 몸을 움직여 보세요. 짜잔! 하고 슈퍼모델처럼 탄탄한 몸매로 변신할 겁니다. 이 약 한 알만 먹어 보세요. 금세 살이 쪽 빠지거나 행복해지거나 광고가 약속한 뭐든 이뤄질 겁니다. 이 광고들은 가장 편한 길을 제시함으로써 타고난 인간적 나약함을 이용한다.

우리는 압박과 고통을 피하는 데 익숙해져서, 압박과 고통을 삶에서 완전히 없애야 한다고 생각한다. 우리의 문화는 즉각적 만족에 중독돼 삶의 모든 면에서 불편함을 피하려고 한다. 증거가 뭐냐고? 우리는 세계 역사상 가장 비만인 집단으로, 미국인의 40퍼센트 가까이가 이 범주에 든다.[2] 항우울제를 비롯해 불안 해소를 위한 약물 복용이 미국 전역에서 꾸준히 증가하고 있다. 육체적 고통을 덜 목적으로 중독성이 강한 오피오이드* 복용도 급속히 확산하고 있다. 미국은 세계 역사상 가장 부유한 나라지만, 갈수록 더 우울해지고 점점 더 나약해지고 있다. 즉각적 만족이 우리가 불편함을 견딜 수 있는 임계점을 낮춰놓은 결과다.[3]

해답은 가장 편한 길을 택하려는 유혹에서 벗어나는 것이다. 그 비결은 절제력이다. 우리 삶의 모든 영역에서 만족을 늦추고 시련을 기꺼이 받아들이는 법을 배움으로써 절제력 함양의 첫걸음을 내디딜 수 있다.

성취 간극 메우기

내가 말하는 성취 간극은 가장 편한 길을 택하려는 타고난 성향을 지칭하는 것으로, 이런 행동이 되풀이되면 우리는 결

---

* 아편에서 유래하거나 합성된 마약성 진통제.

국 목표에 이르지 못하고 스스로 '무능하다'고 느끼게 된다. 이런 간극은 압박을 피하려는 우리의 욕구가 특히 두려움과 맞닥뜨리면서 계획이나 행동과 관련된 결정 대부분을 좌우하는 지배적 요인이 될 때 싹트기 시작한다. 행동해야 할 '성취동기'를 상실하는 것이다.

이 간극을 넘어서려면 절제력이 요구되며, 절제력은 우리가 성취 간극을 넘어설 수 있도록 다리를 만들어준다. 그렇다면 절제력은 어떻게 길러낼까?

절제력이라는 '습성'

절제력의 토대는 일정 형태의 만족을 지연시킴으로써 만들 수 있다. 돈을 써버리기보다 투자를 하고, 유튜브 영상을 보는 대신 프로젝트 작업을 하고, 시도 때도 없이 휴대전화를 들여다보지 않고, 마지막 남은 도넛을 먹지 않고 남겨두는 것 등을 의미한다. 절제력은 궁극적으로 관심을 성취동기에 집중시켜 이를 만들어낸다. 이는 습관 그리고 더 중요하게는 내가 '습성habitude'라고 부르는 태도의 변화를 이끌어내는 과정이다. 다른 습관들처럼 이 역시 하룻밤 사이에 이룰 수 있는 일이 아니다.

"
절제력이 늘 선택하고 따르는 '습성'으로 굳어지면

성취 간극을 뛰어넘을 수 있는 길이 열린다.
"

쉬운 길은 없다

미국에서 가짜 군 경력을 내세우는 일이 유행처럼 번지고 있다. 네이비실은 별도의 소셜 미디어 사이트를 만들어 2천 명 가까운 전역자들끼리 정보를 공유한다. 이 사이트에서 우리가 매일 하는 일 가운데 하나는 자신이 네이비실이었다고 거짓말 하는 사람들을 조사해서 폭로하는 것이다. 왜 이런 일을 하냐 고? 나는 지역사회의 유력인사나 TV 출연자, 성공한 사업가, 가족의 친구, 심지어는 교회 집사 중에서도 네이비실 출신이 라고 사칭하는 사람을 폭로한 적이 있다. 도대체 무슨 이유로 이런 짓을 하는 걸까? 군 경력 위조자들은 성공을 위한 노력 은 기울이지 않고 전리품만을 원하는 사람들이다. 네이비실의 용맹함을 손에 넣기 위한 압박과 고통은 외면하고 무용담만을 원하는 것이다.

이런 욕구는 꽤나 흔하다. 우리들 대부분은 마법 요정의 축 복을 받아 순식간에 기타의 달인이 되거나 외국어에 통달하는 상상을 해봤을 것이다. 하지만 삶에 대한 이런 접근법이 성공 도 행복도 가져다주지 못하는 까닭은 내 경험에 비춰볼 때 행복은 대부분 압박을 느끼는 가운데 얻을 수 있기 때문이다. 첫 책이 출간됐을 때 나는 이 같은 사실을 깨달았다. '이제 어쩐담?'이라고 자문했던 이유는 지나고 나서 보니 출간 과정 전체, 즉 책을 기획하고 구성하고 집필하는 과정 자체가 보상이었기 때문이다.

고된 노력이 성취감을 준다

사람들은 삶에서 목표를 달성하고 성공을 거두기를 원한다. 만약 타임머신에 올라타고 10년 뒤 미래로, 모든 '노력'이 결실을 맺어 목표로 했던 모든 일들을 이룬 시점으로 갈 수 있다면 어떨 것 같은가? 무척 성공적으로 기업을 운영하고 있거나 부와 명예를 비롯해 바라던 모든 것을 손에 넣었을 수도 있다. 당신은 10년 뒤로 갈 수 있다면 그렇게 하겠는가? 인생의 시간을 건너뛰어 성공에 따르는 고통과 압박을 피하고 곧바로 전리품을 손에 넣고 싶은가?

복권에 당첨된 사람들 가운데 상당수가 불행해지고, 종종 복권 때문에 인생을 망쳤다고 하는 것은 왜일까? 아마 이렇게 생각할지도 모르겠다.

'나는 불행해지지 않을 거야. 복권이 당첨되면 내 모든 꿈을 이룰 수 있을 테니까. 그 사람들이 멍청한 거지.' 아니면 이렇게 생각할 수도 있다. '돈으로 행복을 살 수는 없을지 몰라도, 틀림없이 고통을 좀 더 견딜 만하게 만들어줄 거야.'

땀흘려 노력하지 않으면 인생의 온갖 전리품들에 무슨 가치가 있을까? 전리품이 무엇인지와 무관하게 노력하면 할수록 보상의 가치는 커진다. 동료 네이비실 대원이 제복에 삼지창 배지를 단 모습을 보면, 그 배지가 그에게 얼마나 큰 가치가 있는지, 그리고 그 배지를 받기 위해 그가 어떤 노력을 기울였는지 나는 안다.

워런 버핏은 세계 최고의 부자로 자산이 수백억 달러다. 2006년 기부 서약을 통해 버핏은 재산의 99퍼센트를 생전 또는 사후에 자선단체에 기부하겠다고 약속했다. 그리고 빌 앤 멀린다 게이츠 재단을 비롯한 비영리단체에 거액을 기부해왔다. 막대한 부를 자녀에게 물려주는 대신 기부하기로 한 결정에 대해 묻자 그는 이렇게 대답했다. "아이들이 무슨 일이든 할 수 있다고 느낄 만큼 충분한 돈을 물려주겠지만, 아무것도 할 수 없을 만큼 큰 돈을 물려주진 않을 겁니다." 정말 현명하지 않은가?

버핏이 자녀에게 잘못한 것이라고 말하는 사람도 있지만, 그는 자녀에게 너무 많은 재산을 물려주면 자녀들의 삶에서 행복, 궁극적으로는 성취감을 앗아가게 될 것임을 알고 있다.

전리품을 얻기 위한 고생과 노력이 없다면 전리품 자체는 아무런 의미가 없다. 고된 노력이야말로 삶에 기쁨과 성취감을 가져다주는 요인이다. 일단 그렇다고 믿고 느끼기 시작하면, 고된 노력, 압박, 두려움과 당신은 새로운 관계를 맺기 시작한 것이다.

> "
> 성공으로 가는 엘리베이터는 고장 났지만,
> 계단은 언제나 열려 있다.
> -지그 지글러
> "

물론 어떤 일도 하룻밤 사이에 일어나지 않는다. 나에게 마법의 약은 없지만 검증된 방법이 있다. 근육은 앞서 한 운동에 대비하는 게 아니라, 앞으로 할 운동에 대비하며 과잉 보상을 한다. 있는 힘껏 역기를 들면 근육이 더 커지고 힘이 세지는 것은 이 때문이다. 정신적으로, 감정적으로 그리고 육체적으로 이 근육들은 더욱 크기와 힘을 키워 다가올 미래에 대비한다. 이는 절제력과 성취동기, 의지력을 길러 우선 두려움에 맞서고 이어 한계를 넘어 승리를 거머쥐기 위한 과정이다.

> "
> 고통은 불편하다는 인식에 불과하다.
> "

고통을 피하지 마라

네이비실 본부가 있는 캘리포니아주 코로나도에는 네이비실 대원과 지원자들을 위한 의료시설이 있다. 그곳에 근무하는 의사들이 '통증'을 진단할 목적으로 만화 포스터를 하나 만들었다. 이들은 네이비실 대원들이 해군 수병들과는 통증을 무척 다르게 표현한다는 사실을 발견했다. 보통 수병들이 통증의 척도가 "7"이라고 말할 때 네이비실 대원들은 "2"라고 말하는 경우도 있었다. 네이비실 대원들이 강한 척 한다고 생각할 수도 있지만 그게 전부가 아니다. 네이비실 훈련이 불편함과 새로운 관계를 만들어낸다. 대원들은 더 이상 기를 쓰고 고통을 피하려 하지 않는데, 고통이 성공과 직결되기 때문이다. 기초훈련을 받는 첫 두어 달 만에 고통과 불편에 대한 네이비실 대원의 내성은 급격히 증가한다. 의사들이 만든 포스터에는 1부터 9까지 통증의 정도와 관련된 다양한 부상을 묘사한 그림들이 그려져 있다. 통증 수준 9가 두 팔이나 다리를 모두 절단한 경우라니, 10은 도대체 얼마나 큰 고통일지 짐작조차 할 수 없다!

GUTS는 네이비실 세계의 온갖 원칙과 도구, 경험을 활용해서 우리 자신과 주위 환경을 원하는 대로 변화시킴으로써 성취 간극을 넘어설 수 있게 해준다.

펜과 종이를 가지고 '까짓것f**k-it' 리스트를 적어 보라.(나는 거칠어 보이려고 상스러운 말을 쓰지 않는데, 여기에는 분명한 목적이 있다. 이에 관해서는 뒤에서 더 설명하겠다.) 이는 버킷 리스트와는 다르다. '까짓 것 리스트'는 만약 당신이 '두려움에 사로잡히지 않는다면' 할 일들을 모은 목록이다. 내 까짓것 리스트에는 대중 연설, 즉흥 코미디 공연, 춤, 친구들에게 사랑한다고 말하기, 그리고 이 책을 쓰는 것이 있다.

리스트를 완성하고 나면, 각 항목 옆에 무엇이 당신을 두렵게 하는지 적어보라. 책을 쓰는 문제에 관한 내 두려움은 사람들이 시시하다고 여기거나 내가 멍청하다고 생각하는 것이다. 나 역시 마음속으로 두려움을 느끼는 존재로, 사람들은 내가 생각했던 것처럼 '철의 전사'가 아니라는 사실을 알아차릴 것이다. 나를 나약한 존재로 여길지도 모른다.

당신이 느끼는 두려움들을 찾아내 이름을 붙이자마자 그 두려움 자체가 변화하는데, 이제 당신이 그 두려움들을 합리적으로 설명하고 있는 그대로 바라볼 수 있기 때문이다. 다음으로는, 행동에 나서지 못하게 막아서는 압박이나 난관들을 적어보라. 예를 들자면, 처음 이 책의 집필을 시작했을 때, 진정성을 보이려면 취약점을 드러내고 평상시 같았으면 숨겼을 말들을 해야 한다는 사실을 알았다. 내 개인적 시련에 대해 말한다면, 창피를 당하거나 사람들이 공개적으로 비판할까봐 두려웠다. 자신의 생각을 책으로 출판하는 것은 책임을 지고 자신을 드러내는 일로, 공개적으로 가혹하게 비판받을지도 모른다는 것은 두려운 일이다. 뿐만 아니라 내 마음은 장애물과 압박 요인들로 들끓었다. 아침 일찍 일어나 몇 시간씩 컴퓨터 앞에 앉아 제안서를 쓰고, 집필을 시작하기도 전에 몇 달씩 편집자와 대화를 나누며 장별 개념을 정의하고 순서를 정해야 한다. 이 모든 일이 글을 쓰는 과정 자체에서 자기 회의를 느끼기도 전에 일어난다. 이밖에도 리스트는 끊임없이 만들어낼 수 있다.

당신을 가로막는 장애물들을 적은 다음 당분간은 리스트를 잘 간직하기 바란다. 뒤에서 다시 이 문제를 다루겠다.

- 두려움은 비즈니스와 일상생활에서 우리의 목표 달성을 가로막는 가장 큰 장애물이다.
- 두려움이 나쁘기만 한 것은 아니다. 두려움은 우리의 생존 본능이다.
- 우리가 두렵다고 '생각'하는 것과 '실제로' 두려워하는 대상은 일치하지 않을 수도 있다.
- 우리가 일상적으로 하는 생각의 약 80퍼센트는 부정적이고 두려움에 기반한 것들이다.
- 마음은 미지의 사실을 두려움으로 바꿔놓는 경향이 있는데, 이는 '파국화'라고 알려진 과정이다.
- '우리 뇌의 파충류층'에 해당하는 편도체는 두려움에 대한 첫 반응을 좌우한다. 이성적일 수도 비이성적일 수도 있는 이 반응은 얼어붙기, 투쟁, 또는 도피 반응으로 나뉜다.
- 자신감은 두려움에 맞서는 1차 방어선이다.
- 압박이나 고통을 피하려는 경향('가장 편한 길'을 택하려는 성향)은 '성취 간극' 즉 비즈니스와 일상생활에서 현재 나의 위치와 앞으로 가고자 하는 방향에 차이가 생길까봐 두려워하는 마음과 밀접한 관련이 있다.
- '습성'은 습관이 된 태도로(매 순간 휴대전화를 확인하지 않고 주위 사람들에게 제대로 집중할 수 있는 자세가 좋은 예다), 태도와 이를 습관으로 만드는 절제력을 반영한다. 일련의 훌륭한 습성은 우리를 새로운 사람으로 거듭나게 한다.
- GUTS 원칙은 두려움에 대한 체계적 이해와 완화, 동기부여, 의지력을 통해 간극을 넘을 수 있게 해준다. 그곳이 드레스를 입고 선 파티이든, 직장에서 임원진을 상대로 한 프레젠테이션이든, 아니면 가정에서 까다로운 문제를 논의하는 자리든 간에, 이를 통해 나 스스로가 설계한 삶을 살 수 있게 된다.

2장

책임감이 당신의
미래를 바꾼다

"예", "아니오", "제가 망쳤습니다"로만 대답하기

　지원자가 훈련 캠프에 입소하면 선임 교관은 네이비실 대원으로서 정신 자세와 군기를 확립할 수 있도록 이들이 사용하는 언어를 통제하기 시작한다. 네이비실은 전략적으로 가장 중요한 임무를 수행하는데, 대개는 국가 안보를 좌우하기에 실패가 용납되지 않는다. 임무를 완수했는지 질문을 받았을 때 네이비실 훈련병이 할 수 있는 대답은 세 가지로, "예", "아니오" 그리고 "제가 망쳤습니다"뿐이다.

　"제가 망쳤습니다"라는 말은 결과를 받아들이고 내가 아닌 다른 무언가 또는 누군가를 비난하며 핑계를 대지 않는 것이므로 책임의식의 한 형태라고 할 수 있다. 그 순간 훈련병이 마음속으로 핑계를 댈 궁리를 하고 있었더라도, 소리 내 그렇게 말하는 것이 중요하다. 임무 완수를 가로막는 통제 불능의 상황이 있을 수도 있다는 것을 알지만, 여기서 목표는 결과가 오로지 훈련병 자신의 몫이므로 임무를 완수하지 못한 책임을 명확히 해두는 것이다. 이는 변명의 고리를 끊고 훈련병들에게 혁신적인 마음가짐을 갖게 함으로써, 목표한 바를 기필코 완수하게 하는 보이지 않는 힘을 만든다. 이 힘이 팀워크와 자립심, 할 수 있고 해내고야 말겠다는 태도를 이끌어낸다. 훈련병들은 매우 창의적인 방법으로 문제를 풀어나가기 시작한다.

어떤 언어를 사용하는가는 매우 중요하며, 우리가 선택한 단어들은 우리의 생각을 발전시키고 더욱 명확하게 만들어준다. 그 생각이 행동이 되고, 우리의 행동이 결국 정체성을 만들어낸다.

말에는 강력한 힘이 있다

하루는 아홉 살 아들과 집에서 스타워즈 장난감을 가지고 놀고 있는데, 아들이 하던 행동을 멈추더니 빤히 나를 쳐다봤다. 뭔가 질문을 하고 싶어 하는 것 같아 나도 동작을 멈추고 아들을 바라봤다. 아들이 이렇게 물었다. "아빠. 전쟁할 때 욕

많이 했죠, 그렇죠?" 아이가 한참 동안 생각해온 질문인 것 같았다. 나와 아내는 집 안에서는 물론 운전하는 동안에 특히 말을 가려 쓰려고 최대한 노력하는 편이지만, 그게 얼마나 힘든지 잘 안다. 물론 성인기의 대부분을 해군에서 보낸 내가 아내보다 더 노력해야 한다.

우리의 일상 언어는 좌뇌의 대뇌피질에서 비롯되는데, 이는 고등 사고 과정과 관련된 부위다. 하지만 욕은 우리 뇌의 파충류층인 우뇌 변연계의 편도체에서 비롯된다. 욕은 분노와 욕망, 두려움, 연민 같은 강렬한 감정들과 관계가 있다. 우리 사회에서 욕설은 감정적으로 영향력이 크기 때문에 많은 욕이 TV나 책, 게임에서 금지돼 있고, 그중 일부는 법으로 금하거나 특정 상황에서는 증오 범죄로 간주된다. 그만큼 말에는 강력한 힘이 있다.

2017년 《뉴요커》에 실린 기사에서 『HOLY SHIT-욕설, 악담, 상소리가 만들어낸 세계』의 저자 멜리사 모어Melissa Mohr는 흥미로운 연구 결과를 소개했다. 2009년 영국 킬대학교 심리학자 리처드 스티븐스Richard Stephens는 일련의 지원자들에게 한 손을 얼음장처럼 차가운 물이 담긴 양동이에 담근 채 최대한 버텨보라고 요청했다. 이 연구에 관해 스티븐스가 쓴 논문에 따르면 그는 때로는 지원자들에게 원하는 말을, "어딘가에 머리를 세게 부딪치거나 망치에 엄지손가락을 찧었을 때 내뱉을 법한" 욕을 하라고 지시했다. 또 때로는 지원자들에게 "목재" 나 "갈색" 같은 중립적인 단어를 말하게 했다. 지원자들은 거의 예외 없이 욕을 했을 때 찬물에 더 오래 손을 담그고 있을 수 있었는데, 평균 40초를 더 버텼다. 스티븐스는 욕설이 일종의 통증 관리와 강화 수단이라고 보고 이를 입증하기 위한 후속 연구를 이어갔다.

같은 기사에서 모어는 2011년 브리스톨대학교에서 진행된 연구 결과 욕설이 이를 내뱉는 사람의 감정 반응을 촉발하는데, 연구자들이 이들의 피부에서 전도율 상승을 감지할 수 있다고 언급했다. 이런 연구들은 실제로 폭언이 이를 내뱉는 사람을 흥분시키고 동시에 고통에 더 잘 대처할 수 있게 돕는 신체 반응을 유발할 수 있다는 사실을 보여준다.

욕설과 금기어는 우리 두뇌에서 가장 오래된 부위를 자극하며, 임무를 완수하기 위한 도구로 올바른 방식으로 절제해서 사용하면 강력하고 유용한 수단이 될 수 있다.

결과에 대한 무한 책임의식

책임감accountability은 결과에 대한 무한 책임의식이다. 위험도가 높은 직업에 종사하는 사람들은 위험에 따른 결과가 때로는 자신에게도 일어난다는 사실을 받아들여야 한다. 무한 책임의식을 이해하려면 먼저 우리 모두가 자유의지의 소유자들로, 그 자유의지로 선택을 할 수 있다는 사실을 믿어야 한다. 개인적 책임은 선택의 문제이지만, 피할 수 없는 삶의 현실이기도 하다. 무엇을 선택하느냐에 따라 인생이 바뀐다. 당신도 예외가 아니다.

핑계 대지 않는다

선임 교관들은 네이비실 지원자들에게 감당할 수 있는 것 이상의 과업을 부여하고, 임무를 완수하기 위해서는 우선순위를 정하고 비대칭적 방식으로 사고할 수밖에 없는 일정을 제시한다. 실패를 유도한다는 사실을 알면서 이런 식으로 훈련병들을 대하는 것이 가혹하고 어쩌면 불공평한 일임을 알지만, 변명을 용납하지 않는 방침은 핑계나 패배와 맺고 있는 관계를 단절한다는 목표를 달성하는 데 도움이 된다. 변명을 하면 실패의 책임을 덮어씌울 무언가 또는 누군가를 찾는 데 정신력과 시간이 허비된다. 변명은 또 우리의 능력에 대한 스스로의 믿음에도 영향을 미친다. 네이비실은 변명을 용납하지 않음으로써 훈련병들에게 더 큰 노력을 요구한다. 시간이 지나면 이는 혁신과 전적인 헌신을 촉진한다. 그리고 이런 개인적 차원의 헌신이 팀 내에서 반복 강화되면 가장 어려운 임무도 완수할 수 있는 보이지 않는 힘이 생겨난다. 전체가 부분의 총합보다 더 커지는 것이다.

네이비실 팀에서 지휘관은 팀원들이 범한 과오에 직접적인 책임이 없더라도 해고될 수 있고 실제로 해고된 사례도 있다. 자주는 아니지만 실제로 일어나는 일이다. 최근 네이비실의 한 소대가 부적절한 행위의 책임을 물어 작전 도중 소환됐는데, 복귀 후 선임 지휘관들은 해고되며 군 경력에 마침표를 찍었다. 해외 작전 중에 발생한 일이 아니었지만 이들은 책임을 져야 했다. 리더가 용인하는 것이 곧 기준이 된다는 사실을 이해하는 것이 중요하다.

위임할 수 없다

나는 사람들이 정지 표시 앞에서 차가 다가오는 데도 '멈추겠지' 하는 마음으로 전혀 신경을 쓰지 않고 길을 건너는 모습을 보는 것을 끔찍하게 싫어한다. 20대 남자가 횡단보도를 건너면서 문자를 보내는 데 정신이 팔린 나머지 2톤짜리 트럭이 자신을 향해 달려오는 것을 미처 알아채지 못하는 순간을 목격했기 때문이다. 차량 운전자는 감속하며 오른쪽으로 핸들을 꺾었지만 완전히 차를 멈추지 못했고, 결국 꽤 빠른 속도로 남자를 치고 말았다. 남자는 차량 운전석 문 쪽으로 튕겨 올랐다가 반대편으로 떨어졌다. 다친 사람은 목숨은 부지했지만, 다리가 부러지고 무릎도 골절된 것 같았다.

사고는 누구의 잘못이었을까? 아니면 누구의 책임이냐고 물어야 할까? 그게 중요하기는 할까? 다친 사람은 아마도 그날의 상처와 씨름하며 남은 평생을 보내야 할 것이다. 이 사고로 운전자의 차 보험료가 수백 달러는 올랐을 것이다. 그러나 차에 치인 사람은 남은 평생 이날 일에서 벗어나지 못할 것이다. 결과는 그의 몫이고, 평생토록 그 책임을 져야 한다. 물론 운전자가 제때 차를 멈춰 세웠어야 했지만, 이는 차에 치인 사람이 자신의 안전을 다른 사람의 손에 넘긴 결과다. 법적으로 부상당한 사람에게 잘못이 없다고 해도, 도대체 그게 무슨 소용이란 말인가?

> " 삶의 책임은 위임할 수 없는 것이다.
>
> 내 삶은 오로지 나의 몫이다. "

자신의 실패를 받아들인다

차에 치인 사람은 자기 삶의 결과를 자기 자신이 아닌 다른 무언가 혹은 누군가에게 위임했다. 우리 역시 종종 우리 삶의 결과를 결정하는 문제를 부모, 배우자, 상사, 법 집행 기관, 교사, 정치인, '자격증과 면허증을 소지한 전문가'처럼 권위 있는 사람들에게 의존한다. GUTS 원칙에서 말하는 책임감의 핵심은 자신의 삶의 결과를 받아들이고 이를 다른 누군가 또는 무언가에 위임하지 않는 것이다. 블루칼라 학자는 전문가들의 견해 중에 유용한 것은 받아들이지만 쓸모없는 것은 내던진다. 내 삶은 나의 몫이기 때문이다.

관계를 지속한다

무언가에 대해 책임을 진다는 것은 우리가 그것과 맺는 관계에 엄청난 영향을 미친다. '관계'라는 단어를 쓰는 까닭은 다른 모든 관계가 그렇듯 무언가를 위해 끊임없이 노력하고, 신중히 고민하고, 어떤 면에서는 사랑에 빠져야 하기 때문이다.

하버드대학교 심리학 교수 댄 길버트Dan Gilbert는 새로운 기억을 습득하지 못하는 희귀질환인 전향성 기억상실anterograde amnesia에 관해 연구했다. 연구 과정에서 길버트는 이 병을 앓는 환자들에게 그림 여섯 장을 보여주고 가장 좋아하는 것부터 가장 덜 좋아하는 것까지 순위를 매겨달라고 요청했다. 그는 환자들에게 선택한 그림 하나를 포스터로 받게 되지만 이들이 가장 좋아하는 그림이 아닌 세 번째와 네 번째로 좋아하는 그림 중 하나를 선택할 수 있다고 말했다. 환자들은 세 번째로 좋아하는 그림을 선택했다. 이어서 길버트는 실험 장소에서 나가서 충분한 시간을 보내고 다시 돌아왔다. 그때쯤 실험 대상자들은 실험 자체는 물론 길버트가 누군지조차 잊어버렸기 때문에 실험 과정을 다시 설명해주어야 했다. 길버트가 다시 그들에게 그림 여섯 개의 순위를 매겨달라고 했을 때, 이들의 선택 결과는 앞과는 달랐다.

이때, 참가자들이 실험을 기억하지 못하니까 당연히 그림을 전과 같은 순서대로 꼽을 것이라고 짐작할 수 있다. 하지만 결과는 아니었다. 참가자들은 앞서 세 번째로 꼽았던 그림을 두 번째로 꼽았고, 네 번째로 꼽았던 그림은 다섯 번째로 꼽았다. 앞서 길버트는 참가자들에게 세 번째로 좋아하는 그림을 포스터로 만들어 주겠다고 약속했다. 이들 가운데 누구도 실험 사실을 기억하지 못했지만, 어찌된 일인지 이들 마음속에서 무언가가 촉발돼 자신이 그 포스터의 소유자이며, 따라서 그 그림을 더 좋아한다고 생각하게 된 것이다! 반면 첫 실험에서 네 번째로 선택한 그림은 이미 퇴짜를 놓았던 그림이기 때문에 더 낮은 순위가 되었다.

책임 전가를 끝낸다

무언가에 대해 전적으로 책임을 지겠다고 마음먹으면 우리는 그 대상과 사랑에 빠질 수 있다. 우리 삶의 결과들에 대해 전적으로 책임을 지기로 결정할 때, 비로소 우리는 우리 자신을 사랑하고 실패에 대한 책임 전가와 비난을 멈출 수 있다. 그렇게 되면 우리는 과거로부터 자유로워지고 미래의 온전한 주인이 될 수 있다.

직장 동료나 관리자 중에 (심지어 가족 구성원 중에서도) 논의나 결과에는 거의 기여하지 않았으면서 다른 사람의 행동이나 말에서 어떻게든 '트집을 잡으려는' 사람을 만난 적이 있을 것이다. 그건 손쉽게 발뺌하는 방법이다. 이들은 스스로 힘든 일을 떠맡고 조직의 성공에 온전히 책임을 지기보다는, 다른 사람이 한 일에서 결함이나 약점을 찾아내며 똑똑해보이려고 애쓴다. 기회가 될 때마다 이런 행동만 일삼는 사람도 많다. '트집 잡기'가 겉보기에는 똑똑해보일지 몰라도, 이는 자신의 삶의 궤적을 인정하지 않는다는 뜻이다. 자신의 삶을 다른 누군가 또는 무언가에 위임함으로써 책임을 지지 않는 것이다. 이들은 삶을 돌아보며 과거에 대해 변명을 늘어놓는다. 그리고 자신의 미래에 대해 온전히 책임을 지는 방식으로 결과에 신경 쓰거나 애정을 쏟지 않는다.

"

> 책임은 과거에 얽매이지 않고 동시에
>
> 현재와 미래의 온전한 주인이 된다는 뜻이다.

"

결과에 투자한다

우리 삶의 결과들을 타인에게 위임하거나 그에 대한 변명에 급급할 때, 우리는 결코 책임을 전적으로 받아들이지 못하고 따라서 결과에 온전히 자신을 맡기지 못한다. 그 결과 우리는 결코 우리가 할 수 있는 방법으로 삶을 사랑하지 못한다. 변명이 기분은 좋지만 아무런 득이 되지 않는 만큼, 변명과의 관계를 끊고 결과에 대한 책임을 받아들이는 것이 좋다.

네이비실 대원에게도 변명을 늘어놓고픈 욕구가 있다. 하지만 우리는 그 욕구를 인식하고 조직 내에서 이를 허용하지 않도록 훈련 받았다. 우리는 종종 '괴물 놀이monster mashes'라고 부르는 대규모 체력 검정 행사를 열어 거의 하루 종일 체력을 시험하며 한계까지 몰아붙인다. 행사를 시작하려고 모두 한 자리에 모여 있을 때 누군가가 왜 자신은 최상의 실력을 발휘할 수 없는지 핑계를 늘어놓기 시작하는 일이 흔하다. "어제 달리기를 너무 많이 했나봐", "얼마 전에 다리 근육을 다쳤지 뭐야", "한 달 동안 휴가를 다녀왔어" 같은 핑계들이다.

그럴 때면 우리는 이렇게 말한다. "그런 말도 안 되는 얘기는 어서 '핑계 보관함'에 넣어 두고 와!" '핑계 보관함'은 흡사 쓰레기통 같은데 실제 기능도 그렇다. 대원들은 핑계 보관함을 가장 많이 채우는 동료를 놀린다. 하지만 이렇게 해서 변명거리를 없애버리는데, 이때 기분이 정말 좋다. 이에 반해 대놓고 변명을 늘어놓는 것은 경기가 시작되기도 전에 패배를 정당화하는 행위로, 시작도 하기 전에 실패하는 것이나 다름없다. 핑계 보관함에 변명을 남겨둔다면 그건 괜찮다. 다시는 입에 올리지만 않는다면.

몇 년 전 전설적 야구 선수으로 투수코치인 릭 피터슨Rick Peterson의 『결정적 순간-가장 중요할 때 최고의 실력을 발휘하는 법』의 집필 기획을 도운 적이 있다. 피터슨은 '머니볼' 시대에 오클랜드 애슬레틱스 투수코치를 역임했고, 당시의 일화는 베스트셀러 책과 흥행에 대성공한 영화에 소개된 적이 있다. 우리는 그가 지도한 최고의 투수들과 그들의 성공 요인에 대해 긴 대화를 나누었다. 나는 그에게 핑계 보관함 개념과 네이비실 훈련이 어떻게 변명과 관계를 끊고 결과에 대해 책임지게 만드는지 말해주었다. 나는 야구를 네이비실의 작전 파병과 비교했다. 메이저리그 팀은 연간 162경기를 소화하는데, 네이비실 팀도 실전에 배치되면 6개월 동안 그만큼 또는 그 이상의 임무를 수행한다. 영화와는 다르게 육체적, 정신적으로 길고 고된 여정이다. 매일, 최상의 컨디션이 아닐 때에도 최고의 실력을 발휘하는 데 집중해야 한다. 파병 기간이 끝나갈 즈음이면 육체적, 정신적으로 탈진한 상태에서 손가락이 부러지거나, 관절을 접질리거나, 꿰맨 상처가 있거나, 폭발로 뇌진탕을 몇 차례 당했거나, 허리 통증에 시달릴 수도 있지만, 적은 우리가 최상의 컨디션이 아니라는 사실에는 관심이 없다. 피터슨은 자신이 지도한 최고의 투수들 역시 작은 부상에 연연하지 않았다는 사실을 깨달았다. 이들은 최상의 컨디션이 아닐 때도 최고의 기량을 발휘하는 법을 배우고 익혔다. 핑계는 라커룸에 남겨두고 경기 중에는 그 핑계를 곱씹지 않았다.

"
핑계와 관계를 끊고 결과에 책임을 져라.
"

우리의 삶을 외부에 위임하는 태도는 우리를 취약하게 만든다. 우리의 행복조차 우리 자신이 아닌 다른 무언가 또는 누군가에게 의존하게 된다. 이런 사실을 나는 너무나 잘 안다. 몇 년 동안 나는 가족 중에 숙련된 '작가'인 사람에게 집필 책임을 맡기고 함께 책을 내기 위해 '노력'하고 있었다. 하지만 몇 년이 지나도록 아무런 진전도 없었다. 아무도 마감 시간과 작업에 책임을 지지 않는 상황에 나는 무력감과 절망을 느꼈다.

6개월을 목표로 했던 일이 6년이 지나도록 제자리걸음이었다. 책임의 위임은 내가 세운 목표를 이루는 데 내가 아무런 힘도 쓰지 못하는 것처럼 느끼게 했다. 내가 내 미래의 소유자라는 생각이 들지 않았다. 의무는 누군가에게 위임할 수 있지만, 책임은 그럴 수 없기 때문이다. 결국 나는 책임을 물어 그를 해고했다. 그리고 집필이라는 결과에 대한 책임을 다시 떠안았다. 그리고 나는 대형 출판사와 계약을 맺고 책을 출간했다. 그 책은 베스트셀러가 되었다.

네이비실에서 우리는 책임 소재가 중첩된 채로 작전을 수행하지만, 자기 목숨은 스스로 책임져야 한다는 사실을 금세 깨닫는다. 누구도 내 목숨을 나만큼 신경 쓰지 않는다. 스스로 자신을 지켜내야 한다.

> **"** 우리 삶을 타인에게 위임하는 행위는
> 우리를 타인에게 의존하는 취약한 존재로 만든다. **"**

조직과 유기체의 차이

책임감이 결여된 조직은 확연히 티가 난다. 약속을 주고받지만, 그 약속을 깨는 사람이 결과에 책임을 지거나 인정하는 경우는 찾아보기 힘들기 때문이다.

팀원들에게 책임 소재의 중첩에 대해 이야기할 때, 나는 '유기체' 비유를 한다. 조직에는 종종 칸막이가 존재해서, 목표가 상충하는 서로 다른 부서 사이에 변명과 비난이 오갈 수 있다. 그러나 유기체로 움직일 때는 실패와 실수가 팀 내 모두에게 일어날 수 있음을 알고 움직인다. 예를 들어 중소기업 직원이나 항공기 승무원은 자신이 실패하면 모두 함께 실패한다는 사실을 알고 있다.

하나의 유기체처럼 작동할수록 조직은 더 나은 성과를 창출해낸다.

" 조직은 책임 소재를 개인별 담당 영역에 국한해 전체 결과에
대한 책임의식이 그다지 높지 않다. 반면 유기체는 책임의 중첩을
통해 과오를 최소화하고 전체 결과에 대한 집중력을 유지한다.
모두가 그 결과에 대한 책임을 떠안는 것이다. "

셀프 리더십

내가 말하는 책임이란 인간으로서 그리고 내가 그 역할을 받아들이기로 선택한 리더로서의 책임의식을 말한다. 책임은 의무를 넘어선다. 네이비실에서 진역했지만 나는 여전히 이 사회에 보탬이 되길 바라고, 내가 곁에 있기 때문에 사람들이

더 안전하고 더 살 만하고 더 행복하다고 느끼기를 바란다. 그 20대 남자가 정지 표시 앞에서 차에 치었을 때, 나는 다른 누군가가 행동하기를 기다리지 않았다. 뿐만 아니라 그 일에 관여하는 것이 내 책임이 아니라는 생각도 하지 않았다.

삶에서 그리고 (유기체가 아닌) 모든 조직에서 방관자 효과* 가 널리 퍼져 있다. 이 효과는 보통 다른 사람들이 있을 때, 특히 사람이 차에 치었을 때와 같은 위급 상황에서 나타난다. 사람이 많으면 많을수록 개개인은 도움의 손길을 내밀어야 할 묵시적 책임을 외면하고, 누군가 다른 사람이 해결할 문제로 치부한다. 내가 지지하는 셀프 리더십은 개인이 총체적 책임의식을 갖는 것을 의미한다.

직장에서 방관자 효과는 누구나 알면서도 모른 척 하는 문제를 처리하지 못하게 가로막는다. 사람들은 직장 내에서 따돌림, 차별, 유해한 행동, 그리고 최근 미투 운동을 통해 목격했듯 성희롱까지 용인한다. 리더로서 당신이 용인하는 행동이 곧 새로운 기준이 된다는 사실을 명심해야 한다. 누군가 다른 사람에게 책임을 넘기는 데 초점을 맞추기 보다는, 스스로 개인적 책임감을 기르는 데 집중하라. 뭔가 조치를 취해야 할 일

---

* 주위에 사람이 많을수록 어려움에 처한 사람을 돕지 않는 현상.

을 발견하면 직접 나서거나 책임을 져라. 그게 진정한 책임감이자 참된 셀프 리더십이다. 또한 이는 다른 사람들도 책임을 지게 하고, 팀원들에게 개인적 책임의식을 일깨워줌으로써 팀이 유기체처럼 움직일 수 있게 해준다.

> " 조직은 책임 소재를 개인별내가 아니면 누가?
> 지금이 아니면 언제 할 것인가?
> -유대교 현자 힐렐 "

　세 가지 대답을 포스트잇에 적어 자주 볼 수 있는 곳에 붙여라. 다른 사람이나 스스로 던지는 질문에 "네", "아니오" 아니면 "제가 망쳤습니다"가 아닌 다른 대답을 내놓는 자신을 발견한다면, 왜 그렇게 하는지 자문해보라.

　이 세 가지 답변을 고수할 때 핑계와 관계를 끊고 더 강한 책임의식을 기를 수 있다. 그렇게 함으로써 내가 둘러대는 핑계를 더 명확히 인식하고, 사람들이 자신의 실패에 대해 얼마나 자주 변명을 늘어놓는지를 깨닫게 될 것이다. 변명이 기분은 좋지만 아무런 득이 되지 않는다는 사실을 명심해야 한다.

- 책임감은 결과를 전적으로 받아들이는 자세를 말한다.
- 책임질 일이 있을 때 해야 할 대답은 "예", "아니오" 그리고 "제가 망쳤습니다" 이 세 가지뿐이다.
- 책임은 핑계를 대지 않는 것이다.
- 책임은 다른 사람에게 위임할 수 없다.
- 책임은 우리 자신의 실패를 인정하는 것이다.
- 책임은 타인의 실패를 받아들이고 공동선을 위해 행동하는 것이다. 다른 팀원들에게 책임을 전가하는 행동은 백해무익하다.
- 책임지지 않으려는 태도는 우리를 나약하고 소심하고 자신감 없고 타인에게 의존하는 사람으로 만든다.
- 책임감 있는 태도는 과거에 얽매이지 않고 미래를 소유할 수 있게 해준다.
- 칸막이로 나뉘어 운영되는 조직은 공동의 결과에 대해 제한된 의무를 지지만 책임은 거의 지지 않는다. 반면 유기체는 책임 소재의 중첩을 통해 모두가 결과에 대한 책임을 진다.
- 변명은 기분은 좋지만 아무런 득이 되지 않는다.

GUTS

3장

탁월한 성과의
비결

약점을
숨기지 마라

2007년 어느 늦은 밤, 이라크에서 네이비실 중사 한 명이 이라크군과의 합동으로 거물급 알카에다 테러범들을 추적, 소탕하는 작전을 이끌고 있었다. 목표는 건물에 침투해 적을 생포하거나 사살하는 것이었다. 중사가 건물 안으로 진입했을 때 4미터 남짓한 거리에서 중무장한 테러범 네 명과 맞닥뜨렸고, 그의 뒤를 따르던 네이비실 대원이 즉사했다. 상대의 총격으로 중사의 소총이 망가졌지만, 그는 권총을 꺼내 적과 교전을 벌였다. 그 과정에서 방탄복 위에 11발, 몸에 16발, 모두 27발이나 총에 맞았지만 그는 멈추지 않았다. 근거리에서 총알 세례를 받으면서도 권총 하나로 적 네 명을 전원 사살했다.

이 중사는 슈퍼맨일까? 아니다. 그는 실탄과 플라스틱 훈련 탄을 사용하는 집중적인 근접전투CQB 훈련을 거친 숙련된 네이비실 대원이었다. 훈련탄을 이용한 훈련에서는 어떤 공간에 들어가자마자 기다리고 있던 적군이 곧바로 발포하기 시작하는 경우가 무척 흔하다. 그 순간 교관의 고함소리가 들린다. "교전, 교전, 교전, 교전. 싸워 이겨! 사격 계속!" 훈련탄에 맞아 고통을 느끼더라도 승리할 때까지 계속 싸워야 한다. 실제 전투에서 승리의 순간까지 살아남지 못할 수도 있다는 사실을 알지만, 승리를 목표로 훈련한 덕분에 실전에 강하다. 목숨이 붙어있는 한 계속 싸운다. 그 중사는 최악의 상황에서 자신이 받았던 훈련에 의지했고, 결국 승리했다. 전투가 끝난 뒤엔 스스로 걸어서 철수하는 헬리콥터에 몸을 실었다.

네이비실 훈련은 어떻길래 그렇게 불리한 상황에서도 중사가 두려움을 이겨내고 맞서 싸울 수 있었을까? 네이비실은 두려움에 대한 면역력을 기르고 최악의 상황에서도 승리를 연습하기 위해 최대한 실제 전투에 가까운 시나리오로 훈련을 받는다.

위기의 순간에 직면했을 때

'X'는 적과 교전을 벌이는 지점을 말한다. X에서는 최고의 실력을 발휘해야 한다. X에 서면 자신이 얼마나 준비가 됐는지 혹은 얼마나 준비가 안 됐는지 깨닫게 된다. 네이비실 훈련의 모든 단계에서 대원은 최대한 X에 근접하는 데 초점을 맞춰, 혹독한 위기의 순간에 직면했을 때를 대비한다.

실탄 사격으로 배울 수 있는 것

네이비실로 복무하는 내내 받는 훈련의 매 단계마다 대원들은 실제 전투 상황에 최대한 근접하기 위해 훈련탄은 물론 실탄과 실제 폭약까지 사용한다. 고정 목표물에는 실탄을 사용하고, 동료들을 상대로는 훈련탄을 쓴다. 이 플라스틱 탄환은 실제 총알 같은 충격을 주도록 만들어져서 맞으면 무척 얼얼하다. 네이비실에서는 근접전투 훈련을 하며 실탄과 훈련탄을 번갈아 사용한다. 서로 실탄 사격으로 정면 대결을 하면 스트레스 유발 요인을 크게 높여 실제 전투를 하는 느낌을 주기 때문에 최대한 X와 유사한 상황에서 훈련할 수 있게 된다.

실탄 사용은 독특한 훈련 환경을 만들어낸다. 실탄을 장전하고 발사 준비를 마치는 순간 미음가짐 자체가 달라진다. 눈앞에 펼쳐지는 상황이 온전한 집중과 솔직함을 요구하기 때문이다.

이 책에서 '실탄'과 'X에 가깝다'는 말은 최대한 실제처럼 상황에 몰입해서 솔직한 태도로 우리를 발전하게 만드는 전략을 의미한다. 실제 행동은 학습이나 이론과 달리 숨겨진 진실을 드러낸다. 실탄을 사용해서 X에 가까운 상황을 만들어내면 불확실성과 두려움, 위험을 경험하면서 공격을 받았을 때 대처할 수 있는 직관력을 기르게 된다.

이 책에서 소개하는 모든 전략이 그렇듯 실탄 사격은 솔직한 태도를 만들고, 극단적으로 힘겨운 상황에서도 탁월한 성과를 거둘 수 있게 한다. 이 전략들로 당신은 주변에서 일어나는 일들에 더 잘 대비하고, 더 자신감 있게 상황을 파악하고, 더 잘 대응할 수 있게 될 것이다.

직장에서는 어떻게 실탄을 사용할 수 있을까? 까다로운 과제, 부담이 큰 핵심 프로젝트, 조직 전체에서 X에 가까운 임무를 떠맡아라. 필요한 자원이 충분히 주어지지 않더라도 어려운 결정을 내리고 책임을 져라. 팀원들에게 자신의 리더십 철학을 가르쳐라. 이런 행동이 왜 중요하냐고? 가르치는 행동은 우리를 솔직하게 만들고, 우리가 무엇을 알고 무엇을 모르는지를 깨닫게 하고, 실제 우리 믿음을 행동으로 뒷받침하도록 요구하기 때문이다.

실전처럼 훈련하기

직접타격 공격은 네이비실이 수행하는 작전 중 가장 흔하면서도 가장 중요한 임무다. 직접타격 공격을 할 때는 최대 40명의 네이비실 대원으로 구성된 팀이 건물이나 선박의 입구를 파괴하고 침입한 뒤 근접전투로 적과 교전을 벌인다. 적의 출입구는 보안 태세가 삼엄해서 손으로는 파괴할 수 없기 때문에 파괴 침입은 폭발물을 사용해 이뤄진다. 이 임무를 위한 훈련은 시간이 많이 걸리고 힘들고 위험하다. 훈련을 위해 실제 전투 상황과 최대한 유사하게 설계된 대형 구조물인 '시가지 전투교장kill house'을 사용한다. 아울러 실내에 있는 사람들을 기절시키면서 부상은 입히지 않도록 고안된 충격 수류탄을 사용한다. 이 훈련은 극도로 위험하고 엄청난 집중력과 조직력을 요구한다. 나는 이 훈련을 받다 두 차례 큰 사고를 경험했고, 그 사고로 대원 한 명이 불구가 되고 한 명은 사망했다. 네이비실에서 훈련 안전은 중요하지만 최우선은 아니다. 안전이 최우선이라면, 실탄 사용 훈련을 하지 않을 것이고, 한밤중에 9천 미터 상공에서 90킬로그램에 달하는 장비를 짊어지고 비행기에서 뛰어내리지도 않을 것이다.

네이비실외 모든 훈련 철학은 "실전처럼 훈련하라. 결국 훈련받은 대로 싸우게 될 테니"이다. 이 개념은 조직의 모든 측면에 적용된다. 스트레스 지수가 올라가면 임기응변으로 대처하는 것이 아니라 자신이 받은 훈련에 의지해야 한다. 압박을 받는 상황에서는 생각 없이 행동할 수 있어야 한다. 목숨을 지켜주는 것은 네이비실에서 받은 훈련이다. 네이비실에서는 전투를 승리로 이끄는 방식으로 반응할 수 있도록 최악의 시나리오를 상정해서 훈련한다.

> " 실전처럼 훈련하고, 훈련하듯 실전에 임하라. "

더 밀어붙일수록 더 강해진다

직장에 출근하면서 목숨을 걸지는 않겠지만, 매일 일종의 총알 세례를 받는다. 최대한 X에 가깝게 몰입하면, 어떤 시련이 닥쳤을 때 더 잘 해낼 수 있다. 여기 몇 가지 사례가 있다. 중요한 잠재적 고객을 상대로 제품 소개를 할 때, 발표 중에 총알이 날아오는 것은 곤란하다. 변호사가 증인에게 집요하고 공격적인 질문을 퍼부으며 재판 준비를 시키듯, 당신도 흠 잡기가 특기인 습관적 반대론자들에게 당신이 하는 모든 말을 비판해달라고 부탁하고, 이들 앞에서 모의 발표를 해봄으로써 실제 발표에서 총알이 날아들었을 때 두려움에 얼어붙지 않게 준비해야 한다. 모의 발표를 할 때는 중간에 멈췄다가 다시 시작하는 식으로 연습하지 말고 한 번에 발표를 끝내야 한다.

네이비실 지휘관으로서 성과 부진자 상담은 가장 힘들고도 중요한 일이다. 인사평가, 특히 성과가 낮은 팀원에 대한 평가는 쉽지 않지만, 그가 성장할 수 있게 돕는 매우 유용한 도구다. 그러나 인사평가를 제대로 하지 않으면 나중에 적대감이나 억울함을 낳을 수도 있다. 이를 운에 맡겨서는 안된다. 믿을 만한 사람에게 문제의 팀원 역할을 맡겨서 모의면접을 하며 당신에게 실탄을 쏘게 해서 실제 평가 전에 최대한 X에 가까이 다가가보라.

최고 경영진과 대화하는 법 역시 실제 행동을 통해 배워보라. 까다로운 임무를 자원해서 맡아보라. 스스로를 최대한 자주 X와 가까운 상황에 밀어 넣어라. 급박한 상황에서 집중포화를 받으면, 어쩔 수 없이 최고의 실력을 발휘하게 될 것이다.

솔직함이라는 무기

실패는 네이비실의 계획에 없다. 모든 임무가 실패가 용납되지 않는 임무이기 때문이다. 훈련 과정에서 현재 능력을 정확히 파악하기 위해 스스로를 밀어붙이는데, 이를 통해 솔직함과 더 중요하게는 겸손함을 기른다 VUCA(변화무쌍하고volatility 불확실하며uncertainty 복잡하고complexity 모호한ambiguity) 상황에서 겸손은 이해, 학습과 발전, 지속적인 개선으로 나가는 길이다. 반면 자만은 이 길을 막는다.

사회심리학에서 더닝 크루거 효과는 사람들이 자신의 능력을 과신하는 인지편향을 보인다는 이론이다. 1999년 심리학자 데이비드 더닝David Dunning과 저스틴 크루거Justin Kruger는 학생 참가자들을 대상으로 문법과 논리, 유머 시험을 보게 했다. 시험을 마친 뒤 두 사람은 학생들을 면담하고 시험을 친 각 분야에서 자신의 능력이 어느 정도라고 생각하는지 물었다. 평균에 훨씬 못 미치는 실력을 보인 참가자들은 해당 영역에서 자신이 평균을 크게 웃돈다고 생각한 반면, 가장 높은 점수를 받은 학생들은 자신의 능력을 과소평가했는데, 이는 시험이 쉬워서 누구에게나 쉬웠을 거라고 생각했기 때문이다. 위험한 것은 오만에 찬 무의식적 무능력으로, 스스로 능력이 있다고 믿지만 실은 그렇지 않은데도 오만 때문에 배우려고 하지 않기 때문이다.

90퍼센트에 달하는 사람들이 자신의 운전 실력이 평균 이상이라고 믿고, 95퍼센트에 가까운 대학 교수가 자신이 동료 교수들보다 낫다고 생각한다.[4] 어떻게 이럴 수 있을까? 아는 것이 적은 사람일수록 자신이 잘 안다고 생각하는 경향이 강하고, 더 많이 알수록 자신이 모르는 게 있다는 사실을 더 잘 아는 듯하다. 이와 관련해 찰스 다윈은 이런 말을 남겼다. "무지가 지식보다 더 자주 자신감을 불러일으킨다. 박식한 사람이 아닌 지식이 부족한 사람이야말로 이런저런 문제를 과학으로는 결코 해결할 수 없다고 단언한다."[5]

발전과 학습에 대한 블루칼라 학자의 접근법은, 자신이 모른다는 사실을 알고 능력 부족을 겸허하게 인정하는 마음가짐을 출발점으로 삼아 최대한 X에 가깝게 다가가는 것이다. 이때 X는 변화하고 성장하지 않을 수 없게 만드는 실재적인 위험을 수반하는 상황을 뜻한다. 실탄보다 더 솔직한 것은 없고, 성공하는 모든 조직은 탁월한 성과를 내기 위한 노력의 일환으로 솔직함을 활용할 필요가 있다. 무자비한 솔직함은 일종의 실탄이다.

> " 전투 현장에 서면 의식적 무능이 무의식적 능력이 된다. "

약점을 스스로 드러내라

사실 우리는 모두 자기 자신에게 거짓말을 한다. 너그럽게 말하자면 우리는 스스로를 기만하고 진실을 외면한다. 체육관에서 누군가가 스피드백을 눈에 보이지 않을 만큼 빠르게 두들겨 대는 모습을 볼 수 있다. 하지만 그가 일단 링 위에 올라가 얼굴에 펀치를 얻어맞고 나면 모든 것이 바뀐다. 스피드백은 펀치를 되받아치지 않지만, X에서 맞닥뜨린 상대 선수는 그렇지 않기 때문이다. 정기적으로 스파링을 해 충분히 펀치를 맞아봤다면 이에 대처하는 법을 알 것이다. 난생 처음 얼굴에 펀치를 얻어맞았을 때의 느낌은 학습을 통해 배울 수 있는 것이 아니며, 오직 경험을 통해서만 배울 수 있다. 네이비실 대원들은 최대한 열심히 훈련하지만, 난생 처음 총상을 입는 순간- 이를 '총알 세례'라고 부른다-총에 맞지 않았더라면 알 길이 없었을 미묘한 차이를 배우게 된다. 보다 열심히 그리고 자주 실탄 훈련을 할수록, 향후 X에 섰을 때 두려움을 덜 느끼게 된다. 실탄을 사용해 훈련하면 X에 가까운 경험을 할 수 있다.

> **"** 난생 처음 얼굴에 펀치를 얻어맞았을 때 느낌은 학습을 통해 배울 수 있는 것이 아니며, 오직 경험을 통해서만 배울 수 있다. **"**

　자라면서 나는 아놀드 슈워제네거에 흠뻑 빠져 그처럼 보디빌딩을 하기 시작했다. 챔피언이 되겠다는 그의 투지가 너무 좋았다. 내가 결국 대학 야구 1부 리그 팀의 장학금을 받을 수 있었던 것은 그 덕이 크다.

　보디빌딩계의 정상에 오르는 과정에서 슈워제네거는 자신

이 상체는 충분히 발달했지만 종아리가 작고 평범하다는 사실을 깨달았다. 하지만 종아리 근육을 키우려고 노력해야 할 성취동기를 찾을 수 없었다. 저서『아놀드 슈워제네거의 보디빌딩 백과』에서 그는 10대 후반에 종아리가 잠길 정도 깊이의 물에서 찍은 자신의 사진을 소개했다. 이 약점을 알아채고 스스로는 이 결점을 해결할 수 없다는 사실을 깨달았을 때 그는 실탄을 사용하도록 스스로를 몰아붙였다. 당시 상황을 그는 이렇게 설명했다.

가장 먼저 나는 트레이닝복 바지의 아랫단을 잘라냈다. 그러자 나 자신과 모든 사람들이 볼 수 있게 종아리가 겉으로 드러났다. 종아리 근육이 완전히 만들어지지 않으면-당시 상태는 그랬다-그 사실을 숨길 수가 없게 된 것이다. 내가 상황을 바꿀 수 있는 유일한 길은 종아리 운동을 아주 열심히 해서 다리 뒷부분을 거대한 바윗돌처럼 만드는 것뿐이었다. 처음에는 창피했다. 체육관에 있는 다른 보디빌더들은 내 약점을 훤히 볼 수 있게 되자 끊임없이 말참견을 했다. 하지만 이 계획은 결국 성공을 거두었다. 더 이상 모른 척 할 수 없기 때문에 나는 종아리를 내 몸에서 최고의 부위로 만들겠다고 다짐했다. 심리적으로 볼 때는 가혹한 방법이지만 효과가 있었고, 그게 내가 진정 바라는 일이었다. 종아리 근육을 키우기 위한 피나는 노력을 시작한 지 2년이 흐른 뒤 어느 대회에서 무대에 올라 관중을 향해 등을 보였을 때, 내 종아리가 너무나 우람해서 근육을 움직여 과시하기도 전에 박수갈채가 쏟아졌다.

인생에서 X를 찾아낸다는 의미는 약점을 고칠 수 있도록 스스로 약점을 드러낸다는 뜻이다. 솔직해지지 않을 수 없는 상황을 만드는 것이다.

이런 노력이 어떤 의미가 있고, 어떤 도움이 될 수 있을까? 당신의 과제는 스스로 무언가 성취하기를 바라는 영역에서 자신만의 실탄을 찾아낸 다음, 솔직한 태도로 어떤 상황에서 가장 많이 발전을 이뤄낼 수 있는지 찾아내는 것이다. 가령 체중을 몇 킬로그램 정도 빼고 싶을 때면 나는 해변에 가는 것을 망설이는 대신 해변으로 달려가 셔츠를 벗어던졌고, 체지방률 측정 도구도 구입했다. 슈워제네거처럼 행동한 것이다. 나 자신의 목표를 정면으로 마주하지 않을 수 없는 위치에 스스로를 밀어넣는 행동은 효과가 있었다.

능력을 기르는 최선의 방법

첫 책을 기획하면서 나는 강연자로 나서기 위한 준비를 시작했다. 나는 네이비실 팀에서 정기적으로 사람들 앞에서 수백 건의 작전과 전략 분석을 수백 명의 사람들에게 브리핑했다. 그래서 꽤나 자신감에 차있었지만, 군 장병을 앞에 두고 하는 브리핑과 기업가 수백 명 앞에서 하는 연설이 다르다는 것쯤은 알고 있었다. 작전 브리핑을 할 때는 듣는 이들과 정서적으로 교감하는 일은 중요치 않다. 중요한 것은 오로지 작전 관련 정보 제공으로, 용기와 자신감을 드러내는 일 말고 다른 건 필요 없었다. 듣는 이들의 관심을 끌 이유도 없었다. 집중하지 않을 수 없는 상황이었으니까.

나는 X에 섰을 때 더 잘 해내고 싶었기 때문에 지역 단체들을 찾아가 가능할 때면 언제든 자원해서 행사 연설을 하는 방법으로 실탄 훈련을 했다. 나는 곧 내가 얼마나 아는 것이 없고 얼마나 많이 배워야 하는지 깨달았다. 고통스러운 순간이었다. 나는 취약성을 드러내고 싶지 않았다. 사람들 앞에서 이에 대해 말하기를 꺼렸고, 당연히 청중과 소통하는 데도 서툴렀다. 그 결과 로봇처럼 어색한 연설을 했다. 솔직히 꽤 따분한 연사였을 것이다. 하지만 소수의 사람들 앞에서 끊임없이 연설을 하며 결국 나만의 리듬을 찾기 시작했고 연단 위에 선 내 자신이 편안하게 느껴지기 시작했다. 나는 또 새로운 것들을 경험하기 위해 즉흥 코미디 수업도 들었다. 거울 앞에서 연습하는 것도 큰 도움이 되지만, 일단 연단에 올라가면 두려움과 부끄러움이 밀려들고, 청중의 얼굴을 바라보면-대부분은 연사를 바라보지만 일부는 휴대전화를 보거나 꾸벅꾸벅 졸기도 한다-거울이 가르쳐줄 수 없는 진실을 배우게 된다. 나는 매번 행사 때마다 무엇을 잘했고 어떤 부분은 개선의 여지가 있는지 찾아냈다. 아직도 완벽에 이르지는 못했지만, 여전히 노력 중이다. 자연스러운 발전 과정이다.

이렇게 익힌 기술은 예상치 못한 방식으로 나를 변화시켰다. 나는 전국방송과 지역방송 뉴스 프로그램에 몇 번 출연했다. 또 히스토리 채널 시리즈에도 나갔고, 제작사 두 곳으로부터 기획 중인 프로그램의 진행을 맡아달라는 요청을 받기도 했다. 내가 실탄을 사용하지 않았더라면 이 중 어떤 일도 일어나지 않았을 것이다. 나도 처음부터 전국 규모 회의에서 청중 2천 명을 앞에 두고 연설을 한 것이 아니다. 소수의 무리를 상대로 연설하는 것부터 시작했다. 작게 시작해서 서서히 규모를 늘려갔고, 그 과정에서 자신감을 키우고 두려움에 대한 면역력을 길렀다. 실탄 몇 발이 큰 효과를 발휘한 것이다.

딱 한 가지 기술만 추천한다면 대중 연설 훈련을 권하고 싶다. 사람들 앞에 서서 청중과 교감할 수 있는 이야기를 하는 법을 배워라. 리더와 셀프 리더는 소통 능력이 뛰어난 사람이어야 하는데, 이런 능력을 기르는 최선의 방법은 실탄을 사용하는 것이다.

여러분 각자의 실탄이 무엇이든 그 실탄의 사용이 두려움과 의심을 높인다는 사실을 나는 안다. 실탄을 사용하려면 동기 부여가 필요하다. 버거운 일일 수도 있지만, 실탄을 사용하고 이에 대해, 그리고 자기 자신에 대해 솔직한 태도를 취한다면, 결국 보상을 받게 될 것이다.

인생에서 나에게 중요한 분야를 살펴보고 어떻게 하면 실탄 사용을 통해 그 분야에서 발전을 이뤄낼 수 있을지 고민해보라. 가령 당신이 리더라면 자신의 통솔 방식에 대한 다면 평가를 준비해보라. 자기 개선을 위해 노력을 기울여라. 그 출발점은 팀원들에게 당신이 노력하고 있음을 알리고, 당신이 나쁜 습관이나 비생산적 행동에 의지할 때마다 책임을 물어달라고 요청하는 것이다. 무자비한 솔직함을 요구하라. 탁월한 성과로 보답받게 될 것이다.

- 실전처럼 훈련하고, 훈련하듯 실전에 임하라. 행동을 대신할 수 있는 것은 그 무엇도 없다.
- 실탄을 사용해 X에 가까워지는 것은 스스로를 최대한 실제 상황에 밀어 넣음으로써 솔직한 태도로 발전하게 만드는 전략이다.
- X에 서는 순간 포기는 있을 수 없다.
- X에 섰을 때 의식적 무능에서 무의식적 능력으로 발전하게 된다.
- X는 학습 도구로 시작해서 변화의 발판이 된다.
- 무자비한 솔직함은 탁월한 성과를 이끌어내는 특성이다.

GUTS

4장

몰입의 힘

가고 싶지 않은 쪽은
쳐다보지도 마라

아프가니스탄 파병을 앞두고 나는 위장차량 운전을 위해 경주용 차량 전문 운전학원에서 훈련을 받았다. 첫 강의가 끝나고 트랙으로 나가기 전, 강사가 중요한 사실을 하나 지적했다. "벽을 빤히 쳐다보지 말아요." 역대 최고의 자동차 경주 선수 마리오 안드레티Mario Andretti도 세계 최고의 챔피언이 된 비결을 묻는 질문에 같은 충고를 한 적이 있다. 그는 우리가 초점을 맞추는 방향으로 나아가기 때문에 벽을 쳐다보면 벽에 부딪치게 될 가능성이 크다고 경고했다.

> "
> 우리가 초점을 맞추는 방향이 우리가 나아가게 될 방향이다.
> 가고 싶지 않은 쪽은 쳐다보지 마라.
> "

가늠쇠 정조준

전투의 세계에서는 가능한 최고의 사수가 돼야 한다. 무기를 팔처럼 느끼고 미묘한 차이를 민감하게 알아챌 수 있어야 한다. 훌륭한 사수가 되는 데 필요한 핵심 동작은 몇 가지에 불과하지만, 세계 최고 수준에 올라서기 위해서는 이를 완벽하게 익혀야 한다. 네이비실에서 기본화기인 M4 소총 다음으로 사용하는 보조 무기인 권총은 가장 까다로운 무기 중 하나다. 작은 실수라도 저지르면 그 실수가 증폭되는데, 이는 권총의 뒷가늠쇠와 앞가늠쇠 간의 길이인 조준 반경이 짧기 때문이다. 수십 년 동안 내가 지켜온 권총 사격 방법은 마음속으로 이렇게 되뇌거나 종종 큰 소리로 내뱉는 것이다. "앞가늠쇠, 앞가늠쇠, 앞가늠쇠." 네이비실로 복무하는 동안 이 말을 수천 번은 되풀이했다.

이 방법은 표적에 눈의 초점을 맞춰 표적이 흐릿해지지 않도록 총의 앞가늠쇠에 초점을 맞춰야 한다는 사실을 상기시킨다. 사격 경험이 없는 사람들은 이상하게 생각하겠지만, 앞가늠쇠 대신 목표물에 초점을 맞추면 총알이 빗나간다. 우리 눈은 한 번에 하나의 거리에만 초점을 맞출 수 있기 때문에 또렷이 초점을 맞춰야 할 대상은 앞가늠쇠다. 초점을 조절하는 능력은 삶에서 어떤 성공을 꿈꾸든 꼭 필요한 기술이다.

기초수중폭파훈련 과정이 진행되는 '지옥 주간'을 주관하는 네이비실 교관을 맡았을 때, 나는 중도 포기하는 훈련병들과 짧은 상담 시간을 갖고 그 이유를 파악하고, 그들이 스스로에게 솔직한지를 확인하고자 했다. 훈련병들은 "천국이 보였습니다"라든지 "동료들을 다치게 하고 싶지는 않습니다" 같은 변명을 늘어놓았지만, 이들이 왜 포기하는지 솔직해질 필요가 있었기 때문에 나는 계속 다그쳐 물었다. 심리 훈련 프로그램 개선을 위해서라도 그 이유를 알 필요가 있었다. 그러면 이내 훈련병들은 춥고 비참했다고, 그리고 도저히 이런 훈련을 20주 더 할 수는 없다고 털어놓고는 했다.

훈련병들은 지금 이 순간에 대한 초점을 잃고 주의가 흐트러진 것이다. 미래에 눈길이 쏠리며 스스로와 목표 사이의 간극을 본 것이다. 훈련병들은 이 훈련을 20주 더 해야 할 필요가 없었다. 그저 1초 더, 1분 더, 1시간만 더 하면 될 뿐이었다. 이들은 이런 혹독한 훈련을 계속 할 수는 없다고 걱정했는데, 그런 걱정은 일어나지도 않은 미래의 실패와 고통을 미리 염려

하는 것일 뿐이었다.

성공의 9할은 자리 지키기다

훈련의 유형과 수반되는 고통의 수준은 훈련병들에게 지금 이 순간에 몰두하고 초점을 미래가 아닌 현재에 맞출 것을 요구한다. 내 지도를 받으며 기초수중폭파훈련을 받은 훈련병들은 모두 그저 6주차까지 버틸 수 있기를 바랐다. 일주일을 통틀어 눈을 붙일 수 있는 시간이라고는 4시간이 고작인 6일짜리 집중 훈련 프로그램 '지옥 주간'까지 말이다. 우리의 '장기적' 초점은 '지옥 주간'을 시작하는 것으로, 그 다음 일은 생각하지 않는 것이 중요했다.

이 책을 쓰며 내가 초점을 맞춘 것은 하루에 8시간씩 자리에 앉아 글을 쓰는 일이 아니었다. 내 목표는 그저 첫 글자를 쓰기 시작하는 것이었다! 내가 공격적으로 잡은 주안점이라고 해봐야 그저 손을 키보드에 얹어놓는 것이었다. 두어 시간 지나면 나만의 아이디어와 내 목소리를 찾아내기 시작할테니까. 그때 중단한다면 다시 시작하기까지 다시 먼길을 돌아와야 하니까 절대 멈추지 않을 것이다. 하지만 이 모든 것의 핵심은 출발선에 서서 손가락을 키보드에 올려놓는 것이었다.

많은 사람들이 책을 쓰고 싶다고 말한다. 내 생각에 진짜 목표는 '작가가 되는 것'이어야 한다. 작가에게 중요한 것은 인내와 성취동기, 절제력, 그리고 글을 써야할 때 준비를 갖추고 자리를 지키는 것이다. 인생의 90퍼센트는 일단 자리를 지키는 것이라는 말이 있다. 성공 역시 마찬가지다.

집중력 도둑 물리치기

네이비실 팀에서 우리는 종류 여하를 막론하고 무기를 소지할 때면 군기를 다잡는다. 총구가 어디를 향해 있는지 항상 파악하는 '총구 군기'는 다른 무엇보다 중요하다. 총을 쏘기 4주 전부터 훈련병들은 장전되지 않은 총을 소지한다. 이들을 매의 눈으로 관찰하며 절대 총구가 목표가 아닌 방향으로 향하지 않게 한다. 이 '총구 군기'와 마찬가지로 네이비실 팀에서는 '집중 군기' 역시 작전 성공에 절대적으로 중요하다.

세상에는 우리의 주의를 끌려는 '집중력 도둑'들이 넘쳐난다. 팝업 광고와 광고 방송, 문자메시지, 이메일, 뉴스 알림, 한꺼번에 주어지는 여러 가지 임무 등 집중력 도둑은 수천여 가지에 달한다. 현대인들의 주의력 지속 시간이 점점 짧아지면서, 주의력 결핍 장애가 갈수록 늘고 있다. 전투 현장에도 얼마나 많은 집중력 도둑이 도사리고 있을지 짐작이 가겠지만, 이는 민간 영역의 집중력 도둑들에는 비할 바가 못 된다.

스마트폰에 중독된 사람과 대화를 나누는 것이 어떤 기분인지 우리는 모두 안다. 상대의 주의를 끌지 못하는 상황은 굉장히 짜증나고 슬프기까지 하다. 자녀가 축구경기에서 골을 넣거나 야구경기에서 안타를 치는 것을 '지켜보면서도' 스마트폰에 온통 정신이 팔린 부모들을 종종 목격한다. 그 부모들은 몸은 그 장소에 있어도, '온전히 집중하지' 않기 때문에 상황을 제대로 경험하지 못한다. 집중력 결핍은 크게 집중하지 않아도 되는 일들은 처리할 수 있지만 그 어떤 일도 완전히 숙달하지 못하는 사람들을 만들어냈다. 변혁형transformational 인간이 아니라 거래형transactional 인간이 된 것이다. 거래형 인간은 조직은 물론 자기 자신조차 변화시킬 수 없다.

> **"**
> 집중력이 없으면 우리는 변혁형 인간이 아닌
> 거래형 인간으로 전락한다.
> **"**

그때그때의 자극에 따라 주의가 흐트러지는 거래형 인간이 직장이나 가정에서 무언가 중요한 목표를 이루려고 애쓸 때 어떻게 변화의 성과를 훼손할 수 있을지 짐작하기란 어렵지 않다. 성취 간극을 뛰어넘어 변화 목표를 달성할 수 있는 효과적인 셀프 리더십은 자신이 세운 목표와 이를 이루기 위한 수단에 보다 꾸준히, 보다 명확하게, 그리고 보다 진지하게 집중할 것을 요구한다. 물론 전투 상황뿐 아니라 가정이나 직장에서도 우리 눈앞에 놓인 자극 가운데 일부에는 대응할 필요가 있고, 그렇지 않을 경우 상황 대처나 경쟁, 변화에 둔감해지고 만다. 하지만 주어지는 자극에 반응해 갈팡질팡하고 그 과정에서 목표를 잃어버리면 그 어떤 것도 이룰 수 없다.

몰입 훈련

네이비실 팀에서는 훈련을 위해 출장이 필요한지에 대해 논쟁이 벌어지곤 했다. 네이비실은 정기적으로 세계 곳곳에 파병되기 때문에 훈련을 받을 때만큼은 최대한 이동을 줄이려고 노력했다. 고위 간부들의 해결책은 주둔지 가까운 곳에 훈련 시설을 더 많이 지어서, 밤시간이나 훈련이 없는 낮시간에 집에서 가족과 함께 지낼 수 있게 하는 것이다. 하지만 훈련 교관 입장에서는 이 문제가 보기보다 더 복잡했다. 출장을 가면 훈련에 온전히 몰두할 수 있다. 자녀의 축구경기나 잔디 깎는 일이 아닌 임무에 집중할 수 있기 때문이다. 출장 중에는 훈련 시간이 아닐 때도 여전히 임무에 몰두해서 장비를 점검하거나, 전술과 중요한 진행 관련 지식을 공부하거나, 팀워크를 다질 수도 있다. 집에 갔다가 집중력을 잃으면 훈련이 더 위험해지고 더 많은 사고를 유발한다. 게다가 재배치가 임박해지면 관심이 빠르게 가족 생각으로 옮겨가기 때문에 치명적인 결과를 초래할 수도 있다.

직장에서 주의가 산만하다고 생명을 위협받지는 않겠지만, 성과에 지장을 초래하는 것은 분명하다. 중요한 그룹 프로젝트를 준비할 때나 정기적으로 팀원들이 함께 사무실을 벗어나는 것도 나쁘지 않다. 몰입이 사람들을 집중하게 만들기 때문이다. 회사 밖에서 회의를 하는 것만으로도 좋지만, 스마트폰을 회수하거나 회의 시간 동안 이메일 답장을 하지 못하게 하는 등의 조건을 달지 않으면 기대만큼 성과를 얻지 못할 것이다.

완전히 다른 두 환경에서 각각 계획을 세우거나, 문제를 풀거나, 개념을 고안해내는 등의 시도를 해보면 좋다. 한 번은 사무실처럼 '방해요인이 많은' 공간, 또 한 번은 외부 방해요인으로부터 세심하게 격리된 공간에서 작업을 해보는 것이다. 둘 중 어떤 환경이 집중하기에 더 좋은지, 더 나은 성과를 내는 데 더 도움이 되는지 살펴보라. 시간이 절약되는가? 더 나은 결론에 도달하게 되는가? 모든 팀원의 참여를 더 빨리 이끌어내는가? 세심하게 조성된 환경이 집중력에 얼마나 도움이 되는가?

"현재에 '올인'해 잡념을 최소화하면 최상의 결과가 뒤따른다."

명상의 힘

책을 펼쳐 들고 한두 장 읽었는데 방금 읽은 내용을 기억하지 못한다는 사실을 깨닫고 다시 읽어야 했던 적이 있을 것이다. 집중력은 일종의 근육으로, 다른 근육처럼 학습과 훈련으로 단련할 수 있다. 몇 해 동안 동남아시아에서 외국 국내안보 작전*을 수행하는 동안 나는 참선과 명상에 매료됐다.

> " 집중력은 일종의 근육으로, 학습과 훈련으로 단련할 수 있다. "

태국은 근무지 중 가장 마음에 드는 곳이었다. 그곳에서 오래 머물며 태국 네이비실 대원들과 함께 일한 시간들이 너무나 즐거웠다. 20여 년 전 태국에서 명상과 마음챙김을 시작하면서, 나는 명상이 집중력을 갈고닦는데 매우 효과적이고, 나를 더 뛰어나고 더 생산적인 네이비실로 만들어준다는 사실을 금세 깨달았다.

결국 네이비실 조직 차원에서도 명상의 힘을 깨닫고 훈련 과정에 명상을 도입했다. 명상을 회복 프로그램의 일부로 포함시키는 과정에 내가 기여한 것이 뿌듯하다. 명상은 네이비

---

* 미국 특수부대가 제3국에 주둔하며 펼치는 작전.

실 대원들에게 중요한 집중력 강화 운동이다. 처음에는 명상에 대한 뿌리 깊은 고정관념과 맞서 싸워야 했다. 전통적 군사 교본에는 보통 명상이 포함돼 있지 않기 때문이다. 그러나 영적인 면을 비롯한 명상의 많은 측면이 특수부대 대원이자 전사, 그리고 블루칼라 학자로서 우리가 올바른 마음가짐을 갖추고 이를 유지하는 데 도움이 된다. 명상은 네이비실 대원들에게 효과가 있었고, 네이비실에 효과가 있다면 여러분에게도 효과가 있을 것이다.

2015년 《워싱턴포스트》에 실린 기사에 따르면 한 과학자가 뇌 촬영을 통해 명상과 마음챙김의 효과를 확인했다. 8주 동안만 명상을 해도 우리 뇌의 다섯 개 부위의 체적이 증가하는 것으로 나타났다. 이 부위는 잡념과 학습, 기억, 감정 조절, 공감과 연민, 신경전달 물질 생성을 통제하는 영역들이다.

현재에 집중하라

현재에 집중하지 못한다면 이는 아직 존재하지 않는 무언가(미래) 또는 다시는 갖지 못하게 될 무언가(과거)에 골몰한다는 뜻이다. 우리는 명확한 인식을 토대로 우리의 집중력을 적극 활용해야 한다. 집중력을 통제할 수 있도록 스스로 훈련해야지, 집중력이 제멋대로 날뛰도록 내버려둬서는 안 된다.

집중력이 흐트러질 때면 나는 현재에 집중해 지금 내 행동에 몰입할 수 있는 마음상태를 회복할 때까지 "집중, 집중, 집중"하고 주문을 외운다. 전쟁 중에 사람들은 전투에 참여하지 않고 집으로 돌아가야 할 때조차 종종 불안감을 느낀다. 로켓포나 박격포 공격에 겁을 먹고 상황을 파국화해서 지금 자신이 처한 순간이 아닌 미래의 위협에 골몰하게 된 것이다.

일본인에는 일행삼매一行三昧라는 철학이 있는데, 이는 '한 가지 행동에 온전히 집중한다'는 뜻한다. 이 철학을 실천하는 사람들은 언제나 한 가지 행동에만 집중함으로써 삶을 예술로 경지로 승화시킨다. 우리는 모두 무언가를 하고 있으면서도 다른 무언가를 해야 한다고 생각하는 함정에 빠진다. 미래를 살면서 현재에 좌절감을 느끼는 바람에, 지금 우리가 살아내고 행동하는 현실을 제대로 경험하지 못한다.

> "
> 미래에 골몰하면,
> 아직 존재하지도 않는 무언가에 골몰하는 것이다.
> 과거에 골몰하면,
> 두 번 다시 갖지 않게 될 무언가에 골몰하는 것이다.
> 현재에 집중하자.
> "

고통에 빠지지 않는 법

네이비실은 훈련병들에게 무엇을 기대하는지 분명히 밝힌다. 편한 날은 어제뿐이었다. 네이버실로 복무하는 내내 고통을 느낄 것이다. 고통은 직무의 일부분이다. 훈련병들도 추위에 떨고, 몸이 흠뻑 젖고, 겁에 질리고, 기진맥진한 최악의 순간에도 최고의 성과를 내야한다는 사실을 안다. 때문에 훈련 과정에서 이들에게 고통과 불편을 느낄 때 집중하는 법을 가르친다. 종종 플랭크 운동을 하듯 팔굽혀펴기 자세를 취하게 한 다음 한 시간 정도 그대로 있게 하는데, 강의 도중에 하는 경우도 있다. 훈련병들이 몸을 부들부들 떨며 신음을 내뱉기 시작할 때 교관은 괴로워하는 모습으로 주위 모든 사람에게 피해를 주지 말라고 말한다. 동일행동isopraxism은 주변 사람들이 내 행동을 무의식적으로 따라하는 현상인 거울 효과를 말한다. 만약 동료 부대원 가운데 누군가가 고통에 굴복하면 그 모습은 질병처럼 빠르게 번져간다. '고통에 굴복한다'고 표현한 것은 고통은 선택이고, 우리는 자신의 선택을 통제할 수 있기 때문이다.

이쯤에서 나는 훈련병들에게 관심을 다른 곳으로 돌리기 위한 선제공격법을 설명한다. "자세를 바꿔 봐요. 왼손에 좀 더 체중을 싣고, 허리를 조금만 굽혀서 불편이 사라질 때까지 조정해 봅시다. 마인드 컨트롤을 하며 최대한 많은 신체부위를 활용해요." 이 과정을 통해 훈련병들은 어떤 대상에 집중할지를 통제하는 법과 스스로 고통에서 멀어지는 법을 배운다. 계속 고통에 마음을 빼앗기면, 이는 고통스럽다는 생각을 강화하고, 고통과의 끔찍한 관계를 굳힌다. 반면 적극적 태도로 아무리 작은 일이라도 행동을 취하는 데 온전히 집중하면, 고통과 이별할 수 있다.

> **"** 적극적 태도로, 무엇에 집중할지를 통제하면서
> 고통과 이별하라. **"**

훈련병들의 목표는 자신의 몸을 골고루 지치게 만드는 것, 즉 팔과 허리뿐 아니라 모든 신체 부위에 공평하게 짐을 지우는 것이다. 몸의 중심을 옮기고 관심을 다른 곳으로 돌림으로써 고통에 점점 더 빠져들지 않을 수 있게 된다. 이는 육체적 측면뿐 아니라 삶의 모든 면에서 유용한 도구가 된다. 여러 신체 부위에 무게를 골고루 나눠 지우면 고통이 아니라 그 신체 부위에 집중할 수 있다. 고통은 점점 희미해지겠지만, 적극적 태도로 선제공격을 취해야 한다. 우리 몸은 하나의 유기체, 하나의 팀이므로 짐을 나눠져야 한다. 삶에 끊임없이 변화를 주고, 관심을 바꿔가며, 경험과 결과를 변화시켜라.

베트남전쟁 초반이던 1963년 베트남의 불교 승려 틱꽝득은 종교적 평등과 자유를 보장해달라며 정부에 저항했다. 사이공 거리에서 가부좌를 틀고 앉은 틱 스님의 몸에 다른 두 스님이 휘발유를 붓고 불을 붙였다. 그런데도 틱 스님은 조금도 자세를 흐트러뜨리지 않고 온전히 명상에 집중했다. 말콤 브라운 Malcolm Browne이 이 장면을 카메라로 담아냈는데. 길거리 한복판에서 온몸에 불길을 뒤집어쓰고도 미동도 없이 평온하게 앉아 있는 이 스님의 사진으로 그는 퓰리처상을 수상했다. 틱 스님은 오랜 세월 수행을 하며 집중력을 제어하는 법을 배우는 데 거의 평생을 바쳤다. 이를 통해 그는 우리가 겨우 짐작만 할 수 있을 뿐인 엄청난 고통으로부터 벗어날 수 있었다. 집중력의 극단적인 사례지만, 집중의 엄청난 힘과 이를 통해 우리가 무엇을 이겨낼 수 있는지를 분명히 보여준다.

> " 전투 중에 몰입하다 보면 모든 감각이 확대되고 의식이
> '설명을 할 수 있기 전에' 주변의 모든 일들이 이해가 된다. "

걷기로 배울 수 있는 것들

1990년대 말 어느 아파치족 원주민이 나와 동료 부대원에게 수색 전문가가 되는 법을 가르쳐주었다. 우리는 숲에 움막을

짓고 자급자족으로 끼니를 해결하면서 얼굴을 땅에 파묻고 하루 종일 추적 기술을 배웠다. 우리가 배운 아파치 전통 기법 중 하나는 처음에 좀 이상해 보였다. '여우 걸음fox walk'이라고 불리는 기법이었다. 우리는 풀밭에서 여우처럼 걷는 법에 대해 상세한 설명을 들은 다음, 땅을 잘 느낄 수 있게 신발을 벗었다. 여우는 군더더기 동작이라고는 전혀 없이 고도의 목적의식을 가지고 걷는다. 여우는 '정합 보행direct register'을 하는데, 앞발을 디뎠던 자리에 정확히 뒷발을 디디기 때문에 흙 위에 두 개의 발자국만 남아 두 다리 동물이 지나간 것처럼 보인다. 정합 보행은 소음 발생도 최소화하므로, 여우는 새로 밟는 땅을 어지럽히지 않는다. 야생 고양이도 똑같이 행동하지만, 집고양이는 그렇지 않다. 집고양이는 사냥으로 먹고 살지 않아 대충 걸으며 소리도 내도 상관이 없기 때문이다.

여우 걸음은 우리를 '영적 세계'로 인도하고 자연에 눈뜨게 했다. 여우 걸음은 세세한 부분에 집중해 고도로 신중하게 걷게 만든다. 집중력을 잃으면 엉성하고 서툴러지므로, 걷기의 핵심 동작에 집중해야 한다. 이는 적극적인 역진화reverse evolution* 기법으로, 몰래 뒤를 쫓듯 걷는 것이다. 세밀한 부분들

---

* 통상적인 진화의 방향성을 거스르는 진화 방법.

에 집중할 때 마음가짐이 바뀐다. 혼잣말이 끝나고, 세상의 근심도 사라지고, 몸의 감각들이 깨어난다. 바로 이곳이 당신의 '영적 세계'가 머무는 곳, 즉 바로 지금 이 순간이다. 비로소 당신은 주변 환경을 느끼기 시작하고, 잠재의식이 새로운 정보와 직관에 눈을 뜬다.

이 같은 훈련을 나는 '걷기 명상'이라고 부른다. 세부적인 걷기 동작에 마음을 집중해 몸을 계획적으로 움직이며 반복 가능한 리듬을 만들어냄으로써 알파 상태*의 반대로 만드는 것이다. 행진하는 해병대원들을 떠올려보자. 해병대원들은 완벽한 행진을 위해 수없이 많은 시간을 들여 동작을 갈고닦아 손가락을 가지런히 모으고, 배를 집어넣고, 머리를 똑바로 고정하고, 눈은 전방을 주시하며, 발을 정확히 땅에 내딛는다. 신중하게 계획한 대로 움직이면 현재에 집중할 수 있게 된다.

* 현저한 알파 뇌파의 활동을 수반하는 이완 및 오회한 긱성 상내.

현재에 집중하면 감각이 살아나고 직관이 발동해 주변 환경을 느끼게 된다. 집중해서 머리부터 시작해 가까운 곳에서 먼 곳으로 퍼져가는 레이더 탐지 화면을 떠올리면서, 두 눈과 귀를 그 화면에 실어보라. 집중해서 귀를 기울이면 3미터, 그 다음은 6미터, 그리고 그 이상까지 들리기 시작한다. 파티에 참석했을 때 3미터쯤 떨어진 곳에서 들려온 소리가 관심을 끌면, 그 대상에 극도로 집중해서 바로 옆에서 말하는 사람의 말도 무시하게 되는 것처럼, 무엇을 집중해서 들을지 그 대상을 통제할 수 있다. 집중력을 기르기 위해 몸을 움직여야 할 필요도 있다. 움직이지 않고 가만히 있어도 되지만, 중요한 점은 주의력을 통제하고 스스로에게 빠져들지 않는 것이다.

지금까지 한 번도 보지 못한 것들을 알아채게 될 것이다. 식당이나 공원 벤치 아니면 사무실에 앉아 있을 때도 레이더 탐지 화면을 만들어 주변 사물들에 집중해보라.

집중력을 고도로 발휘하면, 마음속의 수다쟁이가 입을 다문다. 신경과학에서는 이를 디폴트 모드 네트워크default mode network* 라고 부른다. 뇌 중에서 현재가 아닌 미래와 과거에 집중하는 '미me' 영역이 있다. 명상가를 비롯해 집중력이 뛰어난 사람들은 뇌의 이 영역을 의도적으로 둔화시킬 수 있다. 바로 이곳에 우리의 상황 인식이 존재한다.

이제 동료와 대화를 나눈다고 상상해보라. 상대의 말에 어떻게 대답할지 생각하지 말고, 집중력을 발휘해 적극적이고 계획적으로 상대의 말을 들어라. 이렇게 하면 성과를 만들어내면서 자존심 때문에 일을 그르치지 않을 진실한 대화를 나눌 수 있다.

---

* 우리 두뇌가 외부의 감각과 정보에 집중하지 않고 휴식 상태일 때 활성화되는 부위

- 우리가 초점을 맞추는 방향이 우리가 나아가게 될 방향이다.

- 가고 싶지 않은 곳은 쳐다보지 마라.

- 절제가 집중이고, 집중이 곧 절제다.

- 집중은 우리를 거래형 인간에서 변혁형 인간으로 변모시킨다.

- 완전한 집중은 완전한 몰입과 전념을 요구한다. 잡념을 최대한 없앨 때 최상의 결과를 낼 수 있다.

- 명상은 마음을 가라앉히고, 공감하고, 집중하는 데 도움이 된다.

- 적극적 태도로, 바로 앞에 놓인 것들에 집중하고 현재에 집중하면서 고통에서 벗어나라.

- 뭔가 다른 일을 하며 명상을 하는 '걷기 명상'은 집중력을 유지하며 앞으로 나가는 동시에 주변 상황에 대한 감수성을 높인다.

- 고도의 집중력은 그렇지 않았다면 흘려버렸을 것들을 알아챌 수 있게 한다. 적극적 경청을 가능케 하고, 그 결과 보다 친밀하고 진솔한 대화를 할 수 있게 된다.

GUTS

5장

언어라는
무기

말에는 마음과 성과를 만들어내는 힘이 있다

호주 노스 퀸즐랜드주의 어느 원주민 부족은 언어가 얼마나 중요할 수 있는지, 언어가 어떻게 우리가 세계와 인생을 바라보는 전반적인 방식을 형성하는지에 대해 상당한 통찰을 제공한다. 구구이미티르Guugu Yimithirr족은 어디에 있든 자신의 위치를 파악해서 길을 잃지 않고 돌아다니는 능력의 소유자들이다. 이들에게는 지구 자기장을 감지할 수 있는 보이지 않는 나침반이라도 있는 것일까?

이 부족의 언제든 자신의 위치와 방향을 파악하는 능력의 비결은 무엇일까? 답은 간단하다. 바로 언어다. 우리들이 사용하는 언어는 대부분 '자기중심적' 방향을 사용해서, 사물이나 장소의 관계를 자기 자신과 관련지어 설명한다. 우리가 중심에 서서 우리 자신의 위치와 비교해 왼쪽, 오른쪽, 앞쪽, 뒤쪽이라고 말한다. 반면 구구이미티르족은 '기본' 방향 즉 '지리적' 방향인 동쪽, 남쪽, 서쪽, 북쪽을 사용한다.

이 부족에게는 가리키는 방향의 중심에 자기 자신을 놓는 단어 자체가 없다. 이들은 이렇게 말하지 않는다. "주차장 오른편에 빌딩이 있어요. 첫 번째 문으로 들어가 왼쪽 세 번째 복도로 간 다음 끝까지 가서 오른쪽으로 난 복도로 가세요." 대신 이렇게 말한다. "주차장 북쪽에 있는 건물로 가세요. 첫 번째 문으로 들어간 다음, 서쪽으로 방향을 틀어 세 번째 복도로 들어가세요. 끝까지 간 다음 북쪽으로 난 복도로 가세요." 이 부족이 라인 댄스*를 춘다면, 이런 식으로 구령을 붙일 것이다. "북쪽으로 돌아서, 두 걸음 동쪽으로, 두 걸음 서쪽으로. 그리고 동쪽으로 돈 다음, 서쪽으로 회전."

구구이미티르족에게는 '왼쪽', '오른쪽', '앞쪽', '뒤쪽'에 해당하는 단어가 없다. 이들은 자녀가 일곱 살이 되면 지리적 방위를 가르친다. 이렇게 언어를 습득한 아이들은 자신의 물리

---

* 여러 사람이 줄지어 추는 춤.

적 환경과 이 환경이 주는 단서에 주의를 기울이며 성장한다. 아이들은 해와 달, 바람이 어디에 있는지 느끼고, 이들과의 관계를 통해 거의 모든 사물을 찾아낼 수 있다.

언어에는 우리의 마음을 빚어내고 결과를 만들어내는 힘이 있다. 언어는 인식과 기억, 관심을 걸러내는 여과장치로, 우리에게 유익한 도구로 쓰일 수도 있고 해로운 수단으로 사용될 수도 있다. 언어를 어떻게 사용하느냐는 우리의 선택에 달렸다.

결과가 아닌 원인이 돼라

'선제공격'과 '선제공격 사고방식'은 네이비실 교본에서 따온 금언으로, 주도권을 쥐고 먼저 행동하거나 움직여서 우위에 선다는 뜻이다. 적에게 주도권을 뺏겨 상대 움직임에 대응하는 상황 대신, 적이 내 움직임에 대응하게 만드는 것이다. 선제공격의 기본 개념은 일종의 역진화로, '초래된 결과가 아닌, 결과의 원인이 되는' 것이다.

진화론의 믿음에 따르면 살아남는 종은 가장 강한 종도 가장 똑똑한 종도 아니고, 변화에 가장 잘 적응하는 종이다. 내 목표는 여러분이 계획에 의해, 특히 언어를 통해 자신만의 세계를 형성해 발전시키도록 돕는 것이다.

> **"**
> 스스로 선택한 것처럼 싸워라.
> 그리고 스스로 선택한 것처럼 삶을 살아라.
> **"**

말 한마디로 주도권을 쥐는 법

내적·외적으로 사용하는 언어를 모두 통제하면 우리는 삶과 그 안에서 우리가 차지하는 위치와 새로운 관계를 형성하기 시작한다. 어떤 언어를 사용할지 통제하는 절제력을 기르면 신념까지도 바꿀 수 있다. 어려운 일이 아니다. 이런 사실을 자각하고, 내 행동이 나를 변화시킬 것이라는 믿음을 가지기만 하면 된다.

명심해야 할 점은 우리가 삶에 대한 책임을 온전히 떠안을 때 삶을 더 사랑하게 된다는 사실이다. 이는 우리가 미래에 대한 책임을, 우리를 여기까지 오게 한 과거의 모든 일들을 받아들인다는 뜻이다. 내가 희생양이라는 사고방식과는 정반대다. 희생양은 현재에 대해 다른 사람을 비난하고 핑계를 대는데, 이는 모호한 나의 과거가 미래를 집어삼켰다는 의미이다. 이런 마음가짐은 분노와 두려움, 부정적 태도와 함께 통제력을 상실했다는 걷잡을 수 없는 느낌을 준다. 통제력을 상실했다는 느낌은 우울증과 무관심으로 이어질 수 있다.

> **"**
> 언어는 우리가 나아가고자 하는 방향으로
> 우리를 이끌어줄 수 있는 나침반이다.
> **"**

"아마"는 없다

영화 〈스타워즈 5-제국의 역습〉에서 요다가 한 유명한 대사처럼 "하든가 하지 말든가. 해보겠다는 것 따위는 없다." '아마'는 강력한 실패의 언어다.

온라인 초대장 발송 업체 에비트Evite는 유료 프리미엄 서비스 구독자에게만 상대방의 회신 선택 란에서 '아마'를 제거할 수 있게 한다. 상대방은 무조건 참석을 약속하거나 안 하거나 둘 중 하나를 선택하는 것이다. '아마' 버튼을 제거하려면 돈을 내야 하는 이유는 분명하다. 약속에는 가치가 있기 때문이다.

> **"**
> 우리가 살아가는 초대의 세계에서는
> 수락하든 아니든 둘 중 하나를 선택해야 한다.
> **"**

삶의 변화를 꾀할 때 나는 내 위치를 받아들이고, 내 언어를 통해 생각을 통제해야 했다. 한번 상황을 파국화하기 시작하면 가속도가 붙는다. 내 삶에 '아마'가 끼어들 여지는 없었다. 하거나 하지 않거나 둘 중 하나를 선택해야 했고, 내 삶과 행복의 책임이 내게 있는 만큼 내가 선택할 문제였다. 네이비실 시절 내가 내린 모든 명령들처럼, 나는 스스로에게 빠져나갈 구멍을 허용하지 않았다. 나는 스스로에게 이렇게 명령했다. "잘 들어둬! 이렇게 할 거니까."

내가 깨달은 법칙이 하나 있다. 명령을 내릴 때는 '아마'라는 말은 절대 써서는 안 된다는 것이다. "이러기로 결정했다"라는 말로 얼버무릴 생각조차 하지 마라. 명령을 내리는 방법은 명확하게 밝히는 것뿐이다. "우리는 이렇게 할 겁니다!"라고 말하라. 다른 선택의 가능성을 배제하고 논의가 끝났음을 분명히 해두는 것이다.

> " 인생은 내 생각과 믿음을 그대로 되비추는 거울과 같다. "

조직문화로서의 언어

네이비실에서는 구성원들을 하나의 조직으로 묶어주는 문화적 단어와 표현을 공유한다. 네이비실이든 아니든 모든 개인과 모든 팀은 열정적으로 지키는 문화적 언어가 있어야 한다. 작전 수행 중 정찰을 할 때 네이비실은 지형 상황에 따라 매시간 한 차례 휴식을 취하며 재정비를 하기도 한다. 그때 그냥 털썩 땅에 주저 않는 것이 아니라, 사전에 정한 대로 지형지

물 주위를 최대한 원에 가깝게 둘러싸고 경계선을 구축한다. 이 경계선을 따라 화력을 골고루 분산 배치해서 균형 잡힌 보호망을 갖춰 어느 방향이든 맞서 싸울 수 있는 태세를 갖춘다. 경계선은 신성불가침이다. 무엇이든 경계선 안쪽에 있으면 괜찮지만, 바깥쪽에 있으면 그게 무엇이든 잠재적 위협으로 간주한다. 우리가 쓰는 언어도 경계선처럼 다뤄야 한다. 언어를 보호해서 패배주의나 불평불만, 파국화, 부정적 태도가 파고들지 않게 막아야 한다.

> "
> 언어는 조직문화의 일부로,
> 조직과 조직의 기풍을 지키는 경계선을 분명히 드러낸다.
> "

기초수중폭파훈련 때면 담당 의사와 의료진에게 조직 언어와 문화의 개념을 사전에 설명해준다. 훈련병들이 진료를 받으러 갔다가 그 자리에서 중도 포기하는 경우를 수도 없이 경험했기 때문이다. 훈련병이 진료를 받으러 가면 의료진은 의식적으로든 무의식적으로든 종종 이들을 안쓰럽게 여긴다. 그러면 그 훈련병은 자기 연민에 빠지며 훈련을 포기하고 만다. 기초수중폭파훈련에서 진료는 훈련 포기의 지름길로 불려, 대부분의 훈련병이 기피한다. 훈련병이 부상을 당하면 진료를 받아야 하므로, 네이비실 교관을 진료실에 배치해 의사들이 우리 조직 문화를 존중하는지 확인한다. 균형을 맞추기가 쉽지 않다.

잘못된 집중은 실패를 낳는다

인간의 마음은 위험을 살피고 그 위험에 집중하도록 타고났기 때문에, 생각을 의도적으로 통제하지 않으면 위험에 연연하게 된다. 나는 지금까지 한 번도 두려움이나 의구심을 입 밖으로 드러내지 않았을 뿐 아니라, 그런 느낌이 내 귀와 내 마음에 들어가는 것 역시 절대 원치 않았다. 가장 위험한 지역에서 작전을 지휘할 때면 나는 정보장교에게 브리핑 시간에 사제폭탄ED을 여러 번 언급하지 말라고 분명하게 지시했다. 어떤 도시에서는 도처에 사제폭탄이 깔려 있어서 맞닥뜨릴 게 거의 확실해 보였다. 거대한 흰색 섬광과 함께 즉사하거나 불구가 되는 상상을 좋아하는 사람은 없다. 하지만 두려움과 의구심은 전염성이 있어서 들불처럼 번져나간다.

내가 이렇게 사람들을 훈련시키면, 이들의 두려움이 곧바로 수면 위로 모습을 드러낸다. 사람들은 "교관님은 이해 못합니다. 이런저런 일이 제게 일어났거든요"라든지 "늘 성공만 하는 건 아니잖습니까. 실패하는 때도 있는 거죠"라고 말한다.

내 대답은 한결같다. "물론 실패할 때도 있지만, 실패에 집착하면 그럴 가능성이 더 높아질 뿐이지."

" 어떤 언어를 사용할지 통제하면,
자신의 삶을 통제할 수 있다. "

감사의 언어

지난 삶을 되돌아볼 때면 나는 감사한 마음으로 내 성공에 감사를 드린다. 어린 시절 어려운 환경에서 자란 것을 감사하게 생각하는 까닭은 그런 환경이 나를 강인하게 만들어주고 네이비실이 되게 해주었기 때문이다. 가난 때문에 시련을 겪어야 했던 것에도 감사한 마음인데, 가난으로 고생하는 사람들일수록 타인에 대한 공감 능력이 강해지기 때문이다. 나는 세 차례 전쟁에 참전해 전투에 투입됐다. 그런 경험을 하지 않았더라면, 이 나라에 대해 그리고 나라가 나에게 제공해준 기회에 대해 지금처럼 깊은 감사의 마음을 갖지 못했을 것이다. 미국이 완벽하지 않다는 것은 알지만, 나는 나라가 내게 주지 않는 것이 아니라 주는 것에 집중하기로 마음먹었다. 전 세계를 돌아다니며 다양한 나라에 머물다보면, 균형 잡힌 관점과 함께 넘치는 감사함을 갖게 된다. 나는 나를 성공으로 이끌어준 모든 일들, 그 일이 힘겨웠던 과거일지라도 전부 다 감사하게 생각한다. 사람들은 힘겨웠던 성장 환경이 자신이 성공을 거둔 힘이 됐다고 생각하지 않지만, 이는 늘 염두에 둬야 할 유익한 개념이다. 현재 나 자신의 모습을 사랑할 수 있다면, 그건 지금까지 내게 일어난 모든 일들이 현재의 내가 되는 데 기여했다는 뜻이다.

잔에 절반이나 남았다

긍정적인 부분에 집중하는 태도를 이끌어내기 위한 강력한 소통 전략 중 하나가 '관점의 전환'이다. 온몸이 흠뻑 젖은 채 추위에 사시나무처럼 떠는 훈련병에게 나는 종종 이렇게 말했다. "지금 이곳에서 지구상에서 가장 강인한 사람들과 함께 떨고 있다니 자네는 운이 좋군. 얼마나 큰 축복인가!" 훈련병의 눈에는 당혹스러운 기색이 스치지만, 결국에는 그도 이해하게 된다. 네이비실은 공감은 하되 동정은 하지 않는데, 훈련병들이 자기 연민에 빠지게 만들고 싶지는 않기 때문이다. 동정은 여지없이 훈련병들의 임무 완수 능력을 저해한다.

직장에서 만약 'CEO와 임원들에게 발표를 해야 하잖아'라는 생각이 든다면, 'CEO와 임원들에게 발표를 할 기회가 생겼네'라고 관점을 바꿔보라. 개인 생활에서 '체육관에 가야 하잖아'라는 생각이 든다면, '체육관에 갈 수 있게 됐네'라고 사용하는 언어를 바꿔보라. 당신이 느끼는 두려움을 감사하는 태도로 바꿔 문장과 생각을 감사함으로 끝맺어보라. 9·11 테러 공격이 발생한 뒤 아프가니스탄에 첫 파병되는 부대에 내가 포함되지 않았을 때 우리 가족은 "정말 다행이야! 가지 않아도 되다니"라며 기뻐했다. 하지만 나는 "갈 기회를 못 잡았네요"라고 대답했다. 두세 마디 단어가 모든 것을 바꿀 수 있다. 시간이 흐르면 그 말들이 당신의 성과를, 궁극적으로는 당신의 인생관을 바꾸어놓을 것이다.

동정이 아닌 공감하기

2007년 이라크 팔루자에서 임무를 수행하던 네이비실 팀의 제이슨 레드먼 중위는 직접타격 작전 중에 집중 사격을 받아 부대원 두 명과 함께 부상을 입었다. 레드먼 중위는 팔에 두 발의 총상을 입고, 얼굴에도 직격탄을 한 발 맞았다. 그가 쓰고 있던 철모와 야간투시경, 방탄복에도 총알 구멍이 났다. 수풀이 우거진 곳에서 벌어진 근거리 총격전이었기 때문에, 교전은 격렬했다. 레드먼 중위와 부대원들은 포기하지 않았고, 전투에서 승리했다. 하지만 이 때문에 레드먼 중위가 전설이 된 이유는 전투가 끝난 다음에 그가 한 행동 때문이었다.

치명적 부상에서 회복하는 동안 레드먼 중위는 편지를 한 통 쓴 다음 해군병원 의료진에게 자신의 병실 문 앞에 걸어달라고 부탁했다. 편지에는 이렇게 쓰여 있었다.

알립니다-여기 들어오는 모든 분들께. 만약 내가 입은 부상이 슬프고 안쓰러워 이 방에 들어오는 거라면 다른 곳으로 가세요. 내가 입은 부상은 내가 사랑하는 일을 하다가, 내가 정말 사랑하는 사람들을 위해, 내가 너무나 사랑하는 국가의 자유를 지키려다 입은 겁니다. 나는 믿을 수 없을만큼 강인하므로 완쾌할 겁니다. 완쾌는 육체적으로 내 몸이 회복할 수 있는 최대 한도까지 회복하는 것을 말합니다. 그 다음에는 정신력으로 20퍼센트 정도 더 몸 상태를 끌어올릴 겁니다. 지금 당신이 들어서려는 이 방은 즐거움과 긍정, 그리고 치열하고 빠른 재활의 공간입니다. 이를 받아들일 준비가 되지 않았다면 다른 곳으로 가시기 바랍니다.

관리자 드림

레드먼 중위는 공격적으로 회복에 매달려야 한다는 사실을 알고 있었다. 알파는 희생양이 아니기에 자기 연민에 빠져들지 않는다. 레드먼 중위는 자신이 처한 상황을 새롭게 만들어내야 한다는 사실을 알았다. 그는 책임을 이해했기에 과거가 아닌 미래에 집중했다. 자신을 둘러싼 언어가 회복에 도움이 되도록 언어를 통제했다. 자신이 나아갈 방향을 통제할 수 있도록 주변에서 오가는 대화를 새롭게 만들어냈다. 여기까지 해낸 다음 레드먼 중위는 혼잣말을 되뇌었다. "제기랄. 이제 털고 일어날 시간이야." '제기랄'이라는 말에 담긴 강력한 감정은 레드먼 중위가 과거에 연연하거나 희생양 사고방식을 버리고, 결단을 내리고 앞으로 나아가는 데 도움이 됐다. 일단 그런 결정을 내리자 앞으로 나아갈 수 있었지만, 그전에는 그렇지 못했다. 모든 것은 선택에 달린 문제였고, 그는 결단을 내린 것이다.

레드먼 중위는 사람들이 당연히 자신을 안쓰럽게 여길 것이라는 사실을 알았다. 그가 마음먹고 편지 문 앞에 걸었을 때, 이는 스스로 다짐한 사실을 지켜야 한다는 외적 동기까지 그에게 부여했다. 그는 자신이 무엇을 하고 있는지 알았다. 스스로 성취동기를 만들어낸 것이다.

> " 동정이 아닌 공감을 하라. 농징은 사람들을
> 자기 연민에 빠뜨리기 때문이다. "

할 수 있다는 마음가짐

네이비실의 주된 특성 가운데 하나는 문제해결 능력이다. 네이비실은 사용하는 언어를 바꿔 문제를 해결하려는 태도를 만들어냄으로써, 대원들이 문제를 포기하는 일이 없게 만든다. 네이비실은 포기는 선택지가 아니라고 배운다. 네이비실 복무신조는 다음과 같다. "결코 포기하지 않겠다.", "끝까지 싸우겠다.", "실패하지 않는다." 이는 네이비실이 매일 쓰는 언어의 일부이자, 팀 내에서 서로를 평가하는 기준의 일부가 된다.

미국은 네이비실이 극도로 압박 받는 힘겨운 상황에서도 문제를 해결해내기를 기대한다. 방법을 모른다면 찾아내야 한다. 애매한 상황에서 토의를 해봐도 답을 모를 때면 나는 찾아내겠다고 말한다. 그런 말로 문장이나 논의를 끝내면 발전적으로 문제를 해결하려는 사고방식이 생겨난다.

이 책을 읽는 지금 당신은 직장이나 개인 생활에서 그렇게 생각하지 않을지도 모르지만, 아직 포기하기엔 이르다고, 반복 훈련하라고 말하고 싶다. 훈련만이 살아남는 길이며 완벽한 훈련만이 완벽하게 살아남는 길이다. 할 수 있다는 태도를 길러내는 데 있어, 내적·외적 언어를 통제하는 훈련이 선제공격을 위한 기본 사고방식을 기르는 데 도움이 된다.

> " 내적·외적 언어를 통제하는 훈련은 선제공격하는
> 기본 마음가짐을 기르는 데 도움이 된다. "

"아직은 아니지만"의 가치

자기 자신이나 다른 사람과 대화할 때 사용하는 언어를 통제하면 자신의 정체성과 세계에 반응하는 방법을 새롭게 만들고, 다른 사람들에게도 똑같은 영향을 끼칠 수 있다. 훈련병들이 고통을 느낄 때 불평이나 나약한 소리를 늘어놓지 못하게 하는 이유가 바로 여기 있다. 네이비실은 훈련병이 주변의 다른 훈련병들에게 부정적인 감정을 퍼뜨리는 것을 원치 않는다.

패배적 언어는 두려움과 의구심을 불러일으키고 의욕을 해쳐 자기 자신과 주변 사람들에 대한 믿음에 영향을 미친다.

네이비실은 종종 훈련병들이 가진 능력과 지식으로는 해결할 수 없는 과제를 부여한다. 이들에게 무언가를 아는지 또는 무언가를 할 수 있는지 물을 때, 유일하게 허용되는 대답은 "예" 또는 "아직은 아니지만 알아내겠습니다" 뿐이다. '아직은'이 발전적 단어인 까닭은 결국에는 길을 찾아낼 것이라고 생각하도록 스스로를 단련하기 때문이다. 이 단순한 개념이 불가능은 아무것도 없다는 믿음을 심어준다.

"(이러이러한 일은) 잘 못합니다"나 "(이러이러한 일은) 이해하지 못하겠습니다", "이렇게는 안 됩니다" 같은 말들은 문제를 불러일으킨다. 이런 생각들로 대화를 마무리하는 습관을 그대로 방치하면, 우리는 중요한 의미가 있는 분야에서 발전을 멈추게 된다. "아직은"이나 "알아내겠습니다" 같은 말로 문장이나 생각을 끝맺어야 한다. 절대 부정적 생각으로 끝맺지 않도록 스스로를 다그쳐라. 말을 긍정적으로 끝맺고, 패배주의를 버려라. 스스로 상황을 파국화한다고 생각되면, 확신이 들지 않더라도 사용하는 언어를 바꿔야 한다! 문장 하나, 단어 하나, 그리고 생각 하나하나가 우리 마음에 긍정적 결과의 증거를 보여주며, 증거가 더 많이 모일수록 생각과 믿음을 바꿀 가능성이 더 높아진다.

> **"**
> 스스로 상황을 파국화한다고 생각되면,
> 확신이 들지 않더라도 사용하는 언어를 바꿔라!
> **"**

선제공격 언어

선제공격법은 공격적인 자세로 목표를 높게 잡고 역경을 적극적으로 품어 안을 것을 요구한다. 피그말리온 효과Pygmalion effect가 타인의 기대가 우리의 성과에 영향을 미치는 현상을 일컫는다면, 갈라테아 효과Galatea effect는 우리 자신에게 거는 개인적 기대가 우리가 거두는 성과에 영향을 미치는 현상을 지칭한다. 성과는 대체로 자기주도적 노력의 결과지만, 타인에 의해 크게 영향을 받을 수도 있다. 어느 쪽이든 성취는 절제력 있고 적극적인 마음가짐에서 비롯된 선제공격 언어에서 시작된다.

> " 성취는 절제력 있고 적극적인 마음가짐에서 비롯된
> 선제공격 언어에서 시작된다. "

고통은 나의 편

네이비실 훈련소 입구에는 '편한 날은 어제뿐이었다'라고 적힌 표지판이 있다. 이 세계에 발을 내딛는 순간 고난을 각오하라는 뜻이다. 네이비실은 또 이런 말도 한다. '험한 일이 아니면 우리는 하지 않는다.' 두 구절 다 네이비실 대원의 삶이 어떨 것인지에 대해 기대치를 분명히 규정하는 말이다.

네이비실은 고통을 즐긴다는 말을 자주 듣는다. 사실은 그렇지 않다. 이런 삶을 자원했고 우리가 선택한 삶이기에 마침내 고통과 새로운 관계를 맺는 방법을 터득했을 뿐이다.

네이비실에서는 선제공격 언어를 사용해서 자신을 변화시키는 환경을 만들어낸다. 주변 환경이 언어를 결정하게 해서는 안 된다("짜증나네, 이렇게 할 필요가 없는 일이잖아" 같은 말들이다). 나

는 이를 '선제공격 역진화'라고 부른다. 불편함이나 고통에 관한 언어를 바꾸면 그 두 상황에 대해 우리가 느끼는 감정도 바뀐다.

체력단련 시간 동안 훈련병들이 불평하거나 투덜대거나 칭얼거리거나 한숨을 쉬거나 입을 삐죽이거나 고함을 치지 못하게 하는 까닭은 자기 연민이 실패로 가는 지름길이기 때문이다. 이런 태도는 훈련병들의 마음속에 압박과 고통은 끔찍한 것이라는 생각을 강화시키기 때문에, 고통에 몰두하게 만든다. 네이비실에서는 훈련병들에게 고통을 받아들이라고 가르친다. 사람들은 자신이 느끼는 감정을 고통이라고 설명하지만, 네이비실에서는 이를 나약함이 몸을 빠져나가는 것이라고 말한다고 훈련병들에게 설명한다. 이런 가르침에 훈련병들은 "후야!"나 "예!" 같은 힘찬 구령으로 화답한다. 그 결과 독일 철학자 프리드리히 니체가 말했듯 '나를 죽이지 않는 것은 나를 더욱 강하게 만든다'는 믿음이 훈련병들에게 뿌리내리기 시작한다.[6]

통제되지 않은 언어가 우리의 생각과 감정을 여과 없이 드러낸다면, 통제된 언어는 우리의 생각과 감정을 새롭게 만들어낼 수 있다.

내가 훈련병으로 훈련을 받던 시절이 기억난다. 150여 명으로 시작한 훈련병 동기 중에 남은 사람은 20명도 되지 않았다. 우리는 추위에 오들오들 떨며 해변가에 서 있었다. 담당 교관은 지극히 무덤덤하고 사무적인 말투로, 개인 상담이라도 하듯 내게 이렇게 말했다. "하이너, 주변을 둘러봐. 한밤중에 이 망할 놈의 해변에 서서 이 정신 나간 사람들과 함께 뒹굴 GUTS가 있었더라면 하고 바라는 사람이 세상에 얼마나 많을까? 하지만 그 사람들은 너같은 GUTS가 없거든. 넌 정말 대단해. 그러니까 이제 망할 놈의 파도로 뛰어들어 바닷물과 모래를 뒤집어쓰라고." 얼음장처럼 찬 파도에 뛰어들어 몸을 흠뻑 적시는 일은 언제나 훈련에서 가장 힘든 부분이지만, 내 대답은 우렁찼다. "후야!" 그날 밤 나는 전율을 느꼈고, 내가 고통과 맺는 관계도 영원히 바뀌었다. 힘들 때마다 내가 다시 곱씹어보는, 감정이 북받치는 순간이었다. 그날을 떠올릴 때마다 나는 소름이 돋는다.

압박과 고통, 두려움과 맺는 관계를 잘 발전시켜야 한다. 어떤 상황에 대해 사용하는 언어를 바꿀 때, 그 상황과 맺는 관계가 변화하기 시작한다. 지옥 주간의 어느 밤, 나흘 동안 한잠도 자지 못하고 맞은 수요일이었다. 나는 수온이 10도에 불과한 태평양 바다에서 막 나와 흠뻑 젖은 채로 모래 위에 서서 바다에서 불어오는 7도의 거센 바람을 맞고 있었다. 발작이라도 일으킨 듯 사정없이 떨며 서 있는데 교관 한 명이 내게 다가오더니 가족 모임에라도 온 것처럼 태연하게 말을 걸었다. 그는 내 고통은 전혀 아랑곳하지 않았다. 나를 걱정하지 않아서가 아니라는 깨달음이 뇌리를 스쳤다. 반대로 그는 나를 몹시 걱정했고, 그래서 나를 안쓰럽게 여기지 않은 것이다. 그는 내가 발전하고 있음을 알고 있었다.

　자신이 무슨 말을 하고 어떻게 말하는지 주의를 기울여보라. 기본적으로 사용하는 방어적 언어가 무엇인지 적어 보라. 방어적 언어를 내뱉는 순간, 즉시 이를 스스로 바로잡고 원하는 결과를 얻을 수 있도록 자신의 언어와 생각을 재구성해보라. 이는 중요한 마인드 트레이닝 방법으로, 뒤에서 더 자세히 소개하겠다.

- 언어에는 우리의 마음과 우리의 성과를 만들어내는 힘이 있다.

- 찰스 다윈에 따르면 "살아남는 종은 가장 강한 종도 가장 똑똑한 종도 아니고, 변화에 가장 잘 적응하는 종이다."

- "결과가 아닌 원인이 돼라"는 네이비실의 핵심 금언은 소통과 행동 모두에 적용되는 말이다.

- 언어는 강력한 도구다. 사용하는 언어를 통제함으로써 주도적 태도로 자신과 타인의 신념을 변화시키고, 조직과 삶에서 자신의 역할을 명확히 규정할 수 있다. 언어는 선제공격 사고방식의 필수 요소가 된다.

- 조직 언어와 조직 문화는 중요하다. 부정적 사고방식은 들불처럼 번지고 실패로 이어진다.

- 절대 부정적인 생각으로 끝맺지 마라. 바람직한 결과에 부합하도록 생각을 재구성하라.

- 절제된 선제공격 언어와 감사의 언어는 긍정적 집중과 성취로 이어진다.

- 동정 대신 공감하라. 동정은 사람들이 자기 연민에 빠지게 만들어 실패로 가는 길을 연다.

- 업무 환경에서 선제공격 사고와 할 수 있다는 태도로 무장하면, 이런 긍정적 사고방식이 주변에 전염되면서 스스로 탄력이 붙어 훌륭한 성과들을 만들어낸다.

GUTS

6장

승리하는
습관

절대 패배를
연습하지 마라

코로나도 해안에서 기초수중폭파훈련을 받을 때면 멀리서 교관들이 외치는 소리가 들려온다. "승자는 반드시 보상을 받는다, 제군들!" '기동연습'이라고 여섯 명씩 한 조가 돼 보트를 타는 경주를 비롯해 다양한 활동을 펼치게 된다. 보트마다 무게가 골고루 분산되도록 키가 비슷한 훈련병끼리 조를 구성한다. 오직 승리하는 조만이 보상을 받는다. 실제 총격전에서 2등을 하면 상을 받지 못할뿐더러 관에 실려 집에 돌아와야 하기 때문이다. 2등 따위는 없다는 태도는 엘리트 조직은 물론 가능한 한 최고가 되려는 개인에게 필수적인 개념이다.

훈련에서는 보트 경주를 펼칠 훈련병들을 일렬로 해변에 세워놓고 브리핑을 한다. 각 조는 90킬로그램짜리 고무보트를 머리 위에 이고 있는데, 썩 즐거운 상황은 아니다. 고무보트는 훈련병들을 불편하게 만들어 팀워크를 발휘하게 만드는 수단이다. 경주는 이렇게 진행된다. 모든 조가 해변을 따라 500미터 달리기를 한 다음, 매 경주의 승자만이 보트를 내려놓고 앉아서 휴식을 취할 수 있다. 나머지 조들이 다시 경주를 벌이고 역시 승리한 조가 앉아 휴식을 취하는 식으로, 마지막 한 팀이 남을 때까지 경주가 이어진다. 최종 패배한 조에게는 파도를 탈 '기회'가 주어지는데, 바닷물과 모래를 뒤집어쓰는 것만큼 훈련병들이 질색하는 일도 없다. 승자는 휴식으로 보상받고 패자는 바닷물과 모래 세례까지 포함해 전체 경주를 다 뛰어야 한다는 사실을 훈련병들은 잘 안다. 2등을 하지 말아야 할 성취동기는 아주 강하고, 여기서 엄청난 집중력이 생겨난다.

승리할 때까지 싸운다

결점과 실패에 집중하는 것은 인간의 본성이다. 조직에서는 어떤 일이 제대로 안 풀리는지, 직원들이 무엇을 잘못하고 있는지에 초점을 맞춘다. 반면 훌륭한 리더와 셀프 리더십이 잘 돼가는 일에 초점을 맞추고 그 행동에 보상을 세공하는 까닭은 피드백이 성공을 더욱 북돋고 뛰어난 조직의 습관을 만들어내기 때문이다. 성과가 뛰어나고 제대로 인정받는 팀은 모범 사례를 개발하고 유지해서 다른 팀의 귀감이 되는 반면, 실적이 부진한 팀은 성공이 무엇인지조차 모른다. 만약 성공하는 팀조차도 보상을 받지 못하면 모범 사례를 계속 유지하지 못할 수도 있다. 리더가 좋은 일에만 초점을 맞춰야 한다는 뜻은 아니지만(실수를 바로잡는 것도 중요하다) 긍정적 행동에 역점을 두면 더 나은 결과를 더 빨리 얻어낼 수 있는데, 이는 대부분의 사람들이 잘못을 깨닫는 데는 아무런 문제가 없기 때문이다.

> " 결점을 들춰내지 마라. 그런 행동은 패배의식을 불러일으킬 뿐이다. 나 자신과 내 팀이 잘 하고 있는 일에 집중하라. "

보트 경주에서 어떤 조가 가장 많이 승리할 것 같은가? 대개는 ('스머프들'이라고 불리는) 키가 가장 작은 훈련병들로 구성된 조다. 왜 스머프들이 더 잘 승리하는지 과학적으로 조사해본 적은 없지만, 내 경험에 비춰볼 때 이들이 승리하는 것은 자신들이 보폭이 더 짧고 체중에 비해 더 무거운 짐을 머리에 지고 있다는 사실을 알고 팀워크와 전략에 집중하기 때문이다. 신체 조건이 불리하기 때문에, 더 영리하게 움직인 것이다.

"
순전히 재능에만 의존하기 보다는
팀워크와 전략에 집중하라.
"

훈련을 받을 때 네이비실은 절대 죽은 척하는 법이 없고, 총에 맞거나 '전사'한 듯한 상황에서도 결코 멈추지 않고 싸운다. 절대 포기하지 않고, 승리할 때까지 계속해서 싸운다. 2장에서 언급한 중사처럼 싸운다. 네이비실은 결코 패배를 연습하지 않는다. 당연해보일 수도 있지만, 사람들은 마음속으로 자기 비하에 빠져들며 끊임없이 패배하는 연습을 한다. 일과 삶에서 우리가 방어적 언어를 사용하거나 파국적인 생각에 굴복한다면, 어떤 의미에서는 실패를 연습하는 것이다. 우리 입에서 나오는 말이 우리 마음속 생각을 보여준다는 사실을 명심하라.

"
절대 패배를 연습하지 마라.
아니면 죽어라 연습만 하게 될지도 모르니.
"

한 번에 한걸음씩

승리는 중독이고, 패배는 질병이다. 잠시 한숨 돌리며 이 문장에 블루칼라 과학을 덧붙여보자.

우리 몸에는 100개가 넘는 신경전달물질이 있는데, 이 물질들은 우리의 신경과 근육, 분비샘에 정보를 전달하는 화학적 전령들이다. 신경전달물질은 뇌가 소화와 호흡, 심장박동 조절을 돕는 데 사용된다. 신경전달물질은 집중력과 수면, 기분에 영향을 미치고, 우리의 행동을 유발한다. 이 책에서 나는 네 가지 핵심 신경전달물질인 도파민dopamine, 옥시토신oxytocin, 세로토닌serotonin, 엔돌핀endorphin에 대해 다루려고 한다. 이 네 가지를 묶어 DOSE라고 부르겠다.

쾌락이라는 보상

여러 가지 기능 중에서도 도파민은 우리가 무언가를 성취하도록, 원하는 목표를 달성하기 위해 행동하도록 자극한다. 도파민은 습관성과 중독성이 있는 신경전달물질로, 분비되면 우리에게 쾌락을 선사한다. 코카인이나 아편, 암페타민, 니코틴, 알코올 같은 약물은 모두 도파민 농도를 증가시키고, 그 결과 늘어난 도파민은 몸의 보상 체계에 신호를 보낸다. 도박이나 섹스, 식사 등이 도파민의 보상으로 유발되는 행동들이다.

긍정적 습관을 만들어내기 위해서는 도파민을 이해하고 도파민을 만들어내는 선제공격법을 취해야 한다. 칭찬과 포상, 찬사처럼 사기를 북돋는 말은 도파민 분비를 유발한다. 하지만 좋은 습관은 종종 보상이 행동을 하는 순간이 아니라 그 뒤에 따라온다. 건강한 식사에 대한 보상은 시간이 걸려서, 하룻밤 사이에 체중이 줄지는 않는다. 웨이트 트레이닝도 근육이 반응해서 커지는 데 시간이 걸린다. 이에 반해 나쁜 습관은 즉각적 만족이 보상으로 주어진다. 약물을 복용하거나 팬케이크를 한 조각 먹자마자 도파민 농도가 치솟는다. 도박꾼이 카지노에 들어와 딩딩딩 하는 슬롯머신 소리와 코인 떨어지는 소리를 들으면 도파민 주사를 한 대 맞게 되는데, 그 효과는 무일푼이 될 때까지 계속 이어진다. 나쁜 습관이 쉽게 생기는 이유가 바로 여기 있다.

> **"** 절제력의 핵심은 만족을 지연시키는 것이다. **"**

만족을 지연시키는 비결은 현재에 집중해 순간을 이겨내는 것이다. 지옥 주간 동안 훈련 대신 선택 가능한 대안은 멈춰서 쉬면서, 담요로 몸을 감싸고, 머리 위에서 보트를 내려놓는 기쁨에 굴복하는 것이다. 문제는 일단 멈추고 나면 다시 그 순간에 몰입하기가 쉽지 않을 뿐 아니라, 다시 몰입한다 해도 전보다 더 힘들게 느껴진다는 것이다. 순간에 집중해 그 상태를 유지하는 편이 역경을 보다 빨리, 덜 괴롭게 이겨내는 길이다. 그렇게 해서 마침내 보상을 손에 넣고 나면, 고통은 아득한 옛 일이 된다.

셀프 리더십 기르기

좋은 습관을 기르는 데는 시간이 걸릴 뿐 아니라 단순한 의지 이상의 적극적 행동이 필요하다. 개인이나 팀으로 성공을 경험할 때 우리 몸에서는 즉각적으로 도파민이 분비된다. 이때 우리가 제대로 해낸 모든 일에 보상을 주며 올바르고 긍정적인 행동을 축하할 필요가 있다. 이런 성공의 경험이 나 자신과 내가 속한 팀에 대한 믿음의 증거를 만들어내므로 이 작은 축하는 습관과 '습성habitude'의 형성으로 이어진다.

소셜 미디어가 우리의 믿음과 행동을 만들어내는 방식에 대해 생각해보라. 우리를 팔로우하는 사람은 '좋아요' 버튼을 누름으로써 우리의 행동을 통제한다. 모든 '좋아요'가 우리의 행동에 대한 작은 보상이다. '좋아요'를 더 많이 받을수록 우리는 비슷한 콘텐츠를 더 많이 올리게 된다. 직장과 가정생활에서 '좋아요' 버튼을 찾아낸 다음 주저 없이 그 버튼을 눌러 승리를 축하하라. 리더라면 '좋아요'로 이끌어야 한다. 사람들이 무엇을 잘 하는지 찾아내 칭찬하라. 자기 자신을 위해서도 '좋아요'를 눌러라. 스스로 무언가를 잘 해냈을 때 이를 인정해야 한다.

타인은 물론 나 자신을 이끄는 비결은
'좋아요'다.
"

처음 글 쓰는 습관을 붙여갈 때 나는 새벽 4시30분에 일어나 컴퓨터 키보드에 손가락을 올려놓은 나 자신에게 MCT 오일과 버터를 살짝 섞은 맛좋은 방탄커피 한잔으로 보상을 제공했다. 정말 꿀맛이었다! 글쓰기와의 새로운 관계를 만들어내면서, 한때는 끔찍이도 싫었던 일이 재미있고 즐거워졌다. 이제 잠에서 깨면 설레는 마음으로 지체 없이 컴퓨터 앞에 가 앉는다.

마음속에서 '생각의 금덩이'를 캐내는 데 성공하면, 스스로에게 축하를 건네면서 사무실에서 살짝 춤을 출 때도 있다. 운동이나 음악, 명상 등 도파민을 만들어내는 좋은 방법이 무척 많다. 이런 방법을 이용하면 우리가 원하는 습관을 만들고 우리가 바라는 성공을 성취하는 데 한 걸음 더 다가설 수 있다. 우리는 성취동기를 스스로 만들어낼 수 있다. 필요한 것은 단지 적극적 태도뿐이다.

"
우리는 성취동기를 스스로 만들어낼 수 있다.
필요한 것은 단지 적극적 태도뿐이다.
"

사랑의 묘약

'사랑의 묘약'이라고도 불리는 옥시토신은 관계를 구축하고 신뢰와 친근감을 형성하는 역할을 한다. 임신과 출산 기간 동안 여성의 몸에서는 옥시토신 농도가 치솟는데, 이는 엄마와 아이의 유대감을 형성을 돕는다. 누군가의 몸에 손을대는 단순한 행동만으로도(물론 정중하고 적절하게 해야 하겠지만!) 유대감을 쌓고 리더로서 영향력을 강화할 수 있다. 팀원을 칭찬하면서 어깨에 한 손을 올리는 동작도 큰 도움이 될 수 있다.

인간은 무리를 지어 일하고 서로를 위해 희생하도록 타고났다. 이런 행동은 우리의 생존을 보장하는 데 도움이 된다. 우리에게는 서로가 필요하기 때문이다. 코로나19가 세계를 휩쓸며 서로 거리두기를 하고 여럿이 모이는 일을 피하도록 희생을 요구받게 되면서, 우리는 고립과 단절이 우리 사회의 정신 건강과 행복에 얼마나 큰 영향을 미치는지 목격했다. 오랜 시간 동안 서로 떨어져 지내는 것은 인류에게는 자연스러운 일이 아니다.

특히 지옥 주간을 함께 한 네이비실 대원들 간에는 평생토록 이어질 특별한 유대가 형성된다. 훈련을 받는 동안 대원들은 늘 추위에 시달리며 젖어 있기 때문에, 기회가 있을 때마다 서로 부둥켜안고 온기를 나눈다. 일렬로 서 있을 때조차 틈이 없을 만큼 앞에 있는 사람에게 바짝 기댄다. 교관이 벌을 주고 싶으면 "흩어져" 구령 한 마디면 된다. 이들은 체온을 유지하려면 신체 접촉을 유지하는 게 얼마나 중요한지 안다. 훈련 기간에 이렇게 많이 서로 몸을 부대끼면서 평생토록 이어질 유대감이 생겨나는 것이다.

행복을 부르는 화학물질

흔히 행복을 부르는 궁극의 화학물질이라고 불리는 세로토닌은 우리를 의미 있고 중요한 사람이라고 느끼게 만들어 자신감을 높이고 성공을 돕는다. 감사하는 태도 역시 세로토닌 농도를 높여 우리를 더 행복하게 만든다. 또한 세로토닌은 수면과 기억, 식욕은 물론 성욕까지, 우리의 성공과 행복에 필수적인 많은 기능에 직간접적으로 영향을 미친다.

우울증과 불안장애 치료를 위한 처방약은 대부분 세로토닌의 재흡수를 차단함으로써 더 많은 세로토닌을 활용 가능하게 해주는 선택적 세로토닌 재흡수 억제제로 이루어져 있다. 계절성 정서장애(SAD)는 줄어든 햇빛이 세로토닌 농도의 감소를 유발하고 그 결과 우울증을 야기하며 발생한다. 겨울에 노르웨이에 6주 가까이 머물면서 나도 이런 증상을 경험한 적이 있다. 해는 뜨지 않고 하루 종일 어두컴컴한 날씨가 확실히 내게 영향을 미쳤다. 노르웨이가 정말 좋으면서도 온통 바닷가에 가서 햇볕을 쬐고 싶은 생각뿐이었다.

몸이 내뿜는 진통제

엔돌핀은 고통과 스트레스에 대처하기 위해 우리 몸의 신경계에 의해 생성된다. 엔돌핀은 몸이 스스로 만들어내는 진통제로, 우리를 기분 좋게 만든다. '러너스 하이runner's high'라는 말을 들어본 적 있을 것이다. 달리기나 트레이닝 같은 운동을 한 뒤에 엔돌핀이 분비되면서 느끼는 극도의 희열을 이르는 말이다. 음악을 듣거나 웃음을 터뜨리거나 섹스를 하거나 초콜릿을 먹는 행동도 엔돌핀의 분비를 유발한다. 엔돌핀 수치가 높아지면 우리 뇌에서 사령탑 역할을 하는 부위가 각성되면서 사고와 문제해결 능력이 향상된다. 보다 생산적으로 변화하는 것이다.

패배로 가는 길

승리는 중독이고 패배는 질병이라는 말은 글자 그대로를 의미한다. 패배는 왜 질병일까? 두려움과 부끄러움, 불안, 스트레스는 코티솔의 생성을 유발하는데, 코티솔은 우리 몸에 내장된 경보장치이기 때문이다. 코티솔은 우리의 투쟁 또는 도피 본능을 자극해서 생존을 돕지만, 일정 기간 동안 너무 많은 코티솔이 축적되면 목숨이 위험할 수도 있다. 우리가 위험에 처했을 때는 코티솔이 이롭지만, 몸에 항상 코티솔이 있으면 해롭다.

끊임없이 비판받거나 모욕당하는 환경에서 일하는 사람은 코티솔의 지속적 분비를 경험한다. 코티솔은 혐오, 무관심, 생산성 저하를 핏줄 속에 떨어뜨리는 정맥주사와 같다. 스트레스를 받으면 받을수록 우리의 사고 능력은 저하된다. 복잡한 과제를 다루는 능력이 저하되면서, 결과적으로 두려움이 늘어나 더 많은 코티솔을 만들어내는 악순환에 빠진다.

코티솔은 우리 마음뿐 아니라 몸에도 이상한 영향을 미친다. 상처 회복 속도가 더뎌지고, 멍이 더 잘 들고, 피부가 더 민감해진다. 여드름을 유발하기도 한다.

이라크에 파병된 병사들은 파병 기간 동안 체중이 평균 5킬로그램 가량 늘었다. 그 이유는 바로 코티솔이 투쟁 또는 도피 반응을 위해 금세 끌어다 쓸 에너지를 쌓아두려고 자꾸 단 것을 찾게 만들었기 때문이다. 전장에서 온갖 스트레스와 고초를 겪으면 살이 빠질 것이라고 생각하겠지만, 실제로는 오히려 살이 찔 수도 있다!

스트레스와 신체의 화학작용

마지막 아프가니스탄 파병에서 돌아온 뒤 나는 네이비실 팀원들을 대상으로 연구를 수행하는 의사 한 사람에게 진찰을 받으러 갔다. 그는 전투와 스트레스가 우리 몸의 화학작용에 미치는 영향을 확인할 목적으로 실전 투입 경험이 많은 고참 네이비실 대원들의 혈액을 채취했다. 결과는 예상을 빗나가지 않았다. 코티솔의 농도가 높게 나타난 것이다. 당시 나는 정기적으로 훈련을 받아 몸 상태가 무척 좋았지만, 코티솔 농도 상승이 부정적 상승작용을 일으키면서 기분과 생산성, 수면을 비롯한 건강이 전반적으로 망가진 상태였다. 뿐만 아니라 웨이트 트레이닝을 무척 열심히 했는데도 테스토스테론 농도가 나보다 30살이나 많은 사람 수준까지 올라갔다. 끊임없는 스트레스는 일종의 질병으로, 삶의 모든 부분에 침투해 생산성을 갉아먹는다. 치료하지 않으면 목숨을 잃게 된다.

DOSE 관리하기

앞서 언급했듯 나는 신경전달물질인 도파민과 옥시토신, 세로토닌, 엔돌핀의 머리글자를 따 DOSE라고 간단히 줄여 부른다. 아울러 습관을 길러 너 나은 미음가짐을 갖출 수 있는 방법을 설명할 때도 DOSE를 사용할 것이다.

언어는 중요하다. 단 하나의 단어가 각기 다른 신경전달물질 분비를 유발해 우리에게 DOSE를 안겨주거나 질병을 초래할 수도 있다. 시간이 흐르면서 우리가 선택하는 언어는 우리가 거두는 성과뿐 아니라 우리의 건강과 관계에도 영향을 미친다. 마음먹고 집중하면 이 신경전달물질들이 생성되는 시기와 속도에 영향을 미칠 수 있다. 절제력의 핵심은 만족의 지연이다. 순간에 집중하면서 만족을 지연시킬 수 있다면 그 순간을 승리로 장식할 수 있다. 매 순간마다 우리는 작은 승리를 통해 추진력을 얻으며, 그때마다 스스로에게 DOSE를 선사한다. 분비된 DOSE는 어김없이 더욱 긍정적인 순간을 불러일으킨다. 계속 집중하기 바란다!

> " 단 하나의 단어가 우리에게 DOSE를 안겨주거나
> 질병을 초래할 수도 있다. "

오랜 시간에 걸쳐 이뤄지는 사소해보이는 이 변화는 복리 이자와 72의 법칙을 떠올리게 한다. 법칙은 간단하다. 만약 어떤 투자에서 복리 이자를 받는다면, 72를 수익률로 나누면 투자금을 두 배로 불리는 데 몇 년이 걸릴지 알 수 있다. 수익률이 연 12퍼센트라면 6년 뒤에는 원금을 두 배로 불릴 수 있다.

복리 이자처럼 오랜 시간에 걸쳐 꾸준히 이뤄내는 작은 승리들도 보다 중요한 무언가로 커질 수 있다. GUTS는 삶의 모든 영역에서 조금씩 수익을 거두는 것과 같다. 한번 상상해보라. 성취동기와 절제력, 좋은 습관을 매주 2퍼센트씩 키워간다면, 36주 뒤에는 처음 시작할 때보다 두 배 더 좋은 사람이 되어 있을 것이다!

> "
> 금융의 복리처럼 긍정적 태도가 조금씩 꾸준히 쌓여
> 만들어내는 복리 효과 역시 금세 불어날 수 있다.
> 마찬가지로 부정적 태도가 조금씩 쌓이면
> 우리를 정반대 방향으로 끌고 갈 수도 있다.
> "

모든 행동 하나하나가 투표에서 한 표를 행사하는 것과 같다. 선거에서 승리하기 위해 완벽할 필요는 없으며, 가장 많은 표를 얻기만 하면 된다. 모 아니면 도라는 태도에 빠져들기 쉽지만, 점진적으로 발전해 나가는 것이 보다 중요하다.

인지하고 수용한다

위험성이 큰 직업에서 교훈은 종종 '피로 쓰이는데', 이는 실수를 범할 경우 누군가가 목숨을 잃거나 불구가 될 수 있다는 뜻이다. 비즈니스에서는 실수가 생과 사를 가르는 문제까지는 아닐지 몰라도, 많은 대가가 따를 수 있다. 하지만 실수가 나쁘기만 한 것은 아니다. 실수는 학습하고 발전하는 기회이기도 하다.

뭔가 문제가 발생하면 네이비실은 엄청난 시간과 노력을 들여 상황의 전개 과정을 낱낱이 분석해서 실수를 범한 이유를 찾아냄으로써 다시는 같은 실수를 되풀이하지 않으려고 한다. 또한 네이비실은 잘한 일을 인정함으로써 그 행동을 강화해서 지속적으로 발전하는 좋은 습관과 습성으로 굳어지게 한다. 네이비실은 학습 기회를 결코 허비하지 않는다. 되짚어보고 학습하고 발전하는 이 과정은 사후검토Afrer Action Review, AAR라고 불린다.

사후검토 절차는 무척 간단하다. 사후검토는 대부분 인지와 수용으로 이루어지는데. 시간이 흐르면 이 절차가 습관이 되고 일상적 삶의 일부가 된다. 조직에서는 모든 학습이 생산성 향상을 위한 우선순위 설정과 간소화로 이어질 수 있도록 '동작의 절약'이 반드시 필요하다. 유용한 것은 간직하고 그렇지 않은 것은 버리는 것이다. 예를 들어 총격전을 벌일 때의 목표는 총알을 원하는 곳에 최대한 빠르고 정확하게 적중시키는 것이다. 이 목표에 도움이 되지 않는 모든 동작은 없앤다. 쓸데

없는 동작은 존재하지 않는다.

기동훈련을 끝내고 나면 네이비실은 어김없이 사후검토를 실시한다. 방금 전 우리가 한 행동을 낱낱이 분석해서 무엇이 잘되고 무엇이 잘못됐는지, 어떤 실수를 범했는지, 무엇을 바로잡을 것인지 찾아낸다. 우리는 이런 절차를 꾸준히 일관되게 수행한다. 이는 단련의 과정이다. 세계 최고가 되려면 끊임없이 발전해야 하며, 언제나 완벽을 추구하고, 결코 현실에 안주해서는 안 된다. 사후검토 절차는 삶의 방식이 된다.

AAR이란 무엇인가?

AAR의 구조는 무척 간단하다.

- 목표: 나/우리가 무엇을 하려고 했는지
- 실제로는 어떤 결과가 나왔는지
- 무엇이 잘됐고
- 무엇이 잘못됐는지
- 아쉬운 점 또는 나/우리가 고칠 것은 무엇인지

AAR의 규칙

직업에서든 개인 생활에서든 사후검토를 수행할 때는 기분이 아닌 사실이 지배할 수 있도록 경계선을 그어야 한다. 사후검토는 자존심 싸움이 아니며, 스스로나 타인을 공격하는 시간도 아니다. 사후검토의 목적은 무슨 일이 일어났는지 객관적으로 파악함으로써 나 자신과 우리 팀이 발전할 수 있는 길을 모색하는 것이다.

해야 할 일

- 포용적 태도를 보여라
- 공정하고 전문적인 태도로 임하라
- 적극적인 태도를 보여라(세상에 나쁜 아이디어는 없다)
- 자존심은 접어두라
- 귀 기울여 듣고 존중하라
- 견해 차이가 나는 부분을 찾아내라
- 열린 마음을 가져라
- 학습에 주력하라
- 배운 점을 정리하고 되새겨라

해서는 안 될 일

- 전체 과정을 좌지우지하거나 상대를 괴롭히지 마라
- 연공서열을 앞세우지 마라
- 점수나 등급을 매기지 마라

- 인사평가로 활용하지 마라
- 선입견을 가지고 예단하지 마라
- 인신공격 하지 마라
- 기분 나쁘게 받아들이지 마라

물론 이 규칙 가운데 일부는 개인적으로 수행하는 사후검토에는 적용되지 않지만, 요점은 분명하다. 객관적 자세로 임하라는 것이다.

> **"**
> 사후검토는 목표, 일어난 일, 잘된 점, 잘못된 점,
> 개선사항 등을 포함한다.
> **"**

사후검토 절차는 네이비실 전 조직에 널리 보급돼 있다. 두명 남짓한 작은 팀도 사후검토를 한다. 6개월의 파병 주기마다 전 부대 차원에서 하는 사후검토는 사령부 AAR이라고 부른다. 이 사령부 AAR을 실시하는 동안 소규모의 '타이거 팀'* 이 정보를 수집하고 완료일을 명시해 해야 할 일 목록의 담당자를 배정한다. 살아남기 위해서는 발전해야 하며, 가장 잘 적응

---

* 특정 과업 수행을 위해 구성된 전문가 그룹.

하는 자가 살아남는다. 모든 기술기업과 모든 시장 주도 기업들은 너무 오래 안주하면 멸종하고 만다는 사실을 알고 있다.

> " 사후검토는 객관적이고 솔직하고 포용적이고
> 정중하면서도 행동으로 이어져야 한다. "

AAR 피드백

사후검토를 통해 피드백을 받는 일은 발전을 위해 필수적이다. 정확하면서 시기적절한 피드백을 받는 것이 무엇보다 중요하다. 나쁜 피드백은 피드백을 전혀 받지 못하는 것보다 나쁘며, 나쁜 행동을 습관이나 습성으로 고착화할 우려가 있다. 삶의 모든 측면에서 조언을 구하고, 검토의 대상을 소속 팀이나 자기 자신에게 국한하지 마라. 기술도 활용하면 좋다. 스마트워치 같은 기기가 간단한 예다. 처음 명상을 시작할 때 나는 머리띠처럼 차는 웨어러블 뇌 센서를 사용해 언제 마음이 평온해지고 알파 뇌파를 방출하는 상태에 이르는지 즉각적인 피드백을 받았다. 처음에는 평온한 시간이 무척 짧았지만 단기간 내에 높은 비율로 증가했는데, 이는 내가 즉각적인 피드백을 받은 덕분이다. 이제는 아주 빠르게 평온한 상태에 이를 수 있다. 심박동수와 혈압, 걸음 수, 체지방, 근육 밀도 등을 추적 관찰하면서 나는 삶의 모든 면에 사후검토 피드백 개념을 접목한다.

스스로 무엇을 잘하는지 알게 될 때마다 DOSE가 분비되며, 이를 통해 발전을 이루고 궁극적으로는 좋은 습관을 만들어낼 수 있다.

블록버스터가 남긴 교훈

2000년 당시 고전을 면치 못하던 신생기업 넷플릭스의 창업자는 업계 거물 블록버스터 비디오와 협상을 시도했다. 당시 블록버스터는 비디오 대여 업계의 제왕으로, 미국 전역에 수천 개의 점포를 두고 수백만 명의 고객을 상대로 막대한 이윤을 거두고 있었다. 넷플릭스는 블록버스터의 온라인 사업을 맡아 운영하는 대가로 블록버스터가 전국의 점포에서 넷플릭스를 홍보해주기를 희망했다. 블록버스터와의 협상 테이블에서 넷플릭스는 비웃음을 사며 쫓겨났지만, 2010년 블록버스터는 파산했다.

당시 상황을 놓고 이뤄진 많은 사례 연구 가운데 몇 가지 사실에 주목할 만하다. 첫 번째는 이렇다. 당시에는 비디오테이프를 대여하고 싶으면 블록버스터 매장에 가서 빌려야 했다. 원하는 테이프가 가게에 남아 있으면 다행이고, 없다면 대신 대여 가능한 다른 비디오를 고르곤 했다. 영수증에 서명할 때 블록버스터는 비디오의 반납일을 알려주었다. 반납일은 해당 영화의 인기도에 따라 달라서, 신작이거나 인기 있는 비디오일수록 반납 기한이 짧았다. 블록버스터는 영화를 기한 내에 반납하지 않으면 연체료를 부과했다. 반납일 이후에는 날마다 추가 연체료가 발생했기 때문에, 원래 대여료보다 연체료가 더 많이 부과되는 일도 많았다. 블록버스터는 연체료로 해마다 2천억 원 이상을 벌어들였다. 이는 큰 수입원이었고, 블록버스터는 이를 포기하고 싶지 않아 했다. 하지만 고객 입장에서는 무척 화나는 일이었기 때문에, 넷플릭스가 온라인 서비스를 시작하자마자 나는 기꺼이 거래업체를 바꾸었고, 이후 블록버스터가 파산하는 모습을 기쁘게 지켜봤다. 블록버스터는 고객에게 벌칙을 부과해 수익을 만들어내지 말았어야 했는지도 모른다. 어쩌면 블록버스터는 잘못에 대한 요금을 청구하는 대신 영화를 제때 반납하는 고객들에게 보상을 제공했어야 했는지도 모른다.

오만은 내가 발견한 블록버스터의 두 번째 문제점이다. 블록버스터는 발전에는 별다른 관심을 보이지 않는 고정된 사고 방식을 가지고 있었다. 블록버스터의 CEO는 넷플릭스와 협상이 끝나자 상대를 비웃었다. 오만과 자만은 새로운 아이디어를 탐구하는 능력을 저해하고 새로운 가능성을 가로막는데, 가장 큰 이유는 자신이 이미 모든 것을 다 안다고 생각하기 때문이다. 이런 상황에서는 사후검토도 거의 효과가 없다.

> **"**
> 사후검토는 변화에 적응할 수 있게 해준다.
> 변화에 적응하는 종이 살아남는다.
> **"**

조직문화로 녹이기

현재 나는 '네이비실 정신'이라는 프로그램을 운영하며 성인과 아이들에게 정신력과 GUTS를 가르치고 있다. 캘리포니아 남부의 입양 청소년을 위한 고등학교 샌파스칼 아카데미에서 진행한 첫 여름 캠프 프로그램 기간 동안 나는 블록버스터 이야기를 발전과 비대칭적 문제 해결의 사례로 활용했다. 학생들 가운데 누구도 블록버스터가 어떤 회사인 모르는 걸 보면, 블록버스터가 멸종한 게 분명했다! 애리조나에 위치한 반도체 회사 마이크로칩 테크놀로지의 수석 부사장인 내 친구는 이렇게 말하곤 했다. "우리는 포도나무 위에 달려 자라는 초록색 포도 송이거나, 더없이 무르익어 이제는 죽어가는 포도 다발이거나 둘 중 하니죠."

결점에 집중하며 사는 삶은 우리의 생산성과 우리의 비즈니스, 우리의 관계를 망가뜨리고, 우리의 행복까지 앗아간다. 우리가 원하는 바가 올바른 사람이 되는 것일까, 아니면 성공하는 것일까? 보람찬 승리와 성공에 대한 집중은 제로섬게임이 아니다. 다른 사람을 칭찬한다고 우리가 잃는 것은 아무것도 없다. 성공에서 교훈을 얻는 개인과 조직은 좋은 습관을 만들어내고, 이 습관이 규율로 발전해 궁극적으로는 조직문화의 일부가 된다. 플라이휠*처럼, 승리하는 문화는 스스로 추진력을 얻는다. "우리 일인데요, 뭘"이라는 말을 들을 때 비로소 습관과 규율이 조직문화로 완전히 정착됐음을 알 수 있다.

> **"**
> 성공에서 교훈을 얻는 개인과 조직은
> 좋은 습관을 만들어낸다. 이 습관이 처음에는 규율로
> 발전하고 결국 조직문화의 일부가 된다.
> **"**

* 자동차 엔진에서 발생한 회전 에너지의 관성을 극대화해 바퀴에 전달하는 장치

삶의 모든 면에서 승자는 반드시 보상받는다는 마음가짐을 가져라. 사람들이 무엇을 잘하는지 주목하고, 상대방이 이를 알게 하라. 상대방의 행동을 칭찬하라는 말이다. 이런 칭찬이 좋은 습관을 더욱 북돋아준다. 이런 행동을 꾸준히 반복하면 주변 사람들의 행동이 긍정적으로 변화하는 것을 목격하게 될 것이다.

- 절대 패배를 연습하지 마라. 결점을 들춰내 패배의 메시지를 강화하지 마라. 성공과 승리에 초점을 맞춰라.

- 신경전달물질인 DOSE는 집중력과 수면, 기분, 행동에 영향을 미친다.

- 칭찬과 포상, 감사, 승리를 비롯한 긍정적 결과들이 DOSE의 지속적 분비를 유발한다.

- 코티솔은 유해한 환경, 부정적 피드백, 고통, 스트레스에 의해 유발된다. 코티솔이 과다 분비되면 통증과 고통이 더욱 증가해 건강 문제를 야기할 수 있다.

- DOSE가 조금씩 꾸준히 분비되면 마치 복리 이자처럼 긍정적 효과가 갈수록 배가된다. 코티솔 역시 부정적 효과를 갈수록 증가시킨다.

- 언어의 힘은 강력하다. 단 하나의 단어로도 DOSE를 안겨주거나 질병을 초래할 수 있다.

- 사후검토는 목표했던 바와 실제 결과, 무엇이 잘 됐고 무엇이 잘못됐는지, 그리고 개선 가능한 부분은 무엇인지를 요약하는 것이다. 사후검토는 균형 잡히고 객관적이고, 공개적으로 논의되고, 진지하게 다뤄지고, 행동으로 이어져야 한다.

- 타인의 긍정적(또는 부정적) 피드백을 마냥 기다리고 있지 마라. 자기반성과 사후검토를 꾸준히 실천하라. 적극적 태도로 성취동기를 만들어낼 수 있다.

- 가장 강한 자나 가장 똑똑한 자가 살아남는 것이 아니라, 변화에 가장 잘 적응하는 자가 살아남는 것이다. 제대로 수행하면 사후검토는 이 같은 변화를 가능케 하고 촉진한다.

- 사후검토는 승리하는 조직문화를 만드는 데 기여한다.

GUTS,

7장

신체가 마음을
따라주지 않을 때

포레스트 검프의 성취는 달리기부터 시작했다

인생에서 가장 중요한 가치가 무엇이냐고 질문을 받으면 나는 언제나 "인생 그 자체"라고 답한다. 삶은 그 자체로 가치다. 우리의 건강이 곧 삶이다. 우리는 건강을 잃기 전까지는 숨쉬는 공기처럼 이를 당연시한다. 세상을 마음껏 느끼고 바라는 모든 것을 성취하기 위해서는 이를 가능케 하는 수단인 우리 몸을 소중히 보살펴야 한다. '건강한 몸에 건전한 마음이 깃든다'는 라틴어 구절은 우리가 종종 간과하는, 신체와 정신의 떼려야 뗄 수 없는 관계를 일컫는 말이다.

우리는 뇌를 복잡하고 강력하게 진화시켜서 언어 구사와 논리적 추론, 문제 해결 같은 수준 높은 인지 능력을 구현하고, 신체 동작과 번식 그리고 궁극적으로는 생존을 이룰 수 있게 됐다. 우리 몸은 자동차의 차대처럼 우리 마음을 담는 뼈대다. 기초가 되는 뼈대가 약하면 비포장도로 주행으로 조금만 충격을 받아도 뼈대가 흔들리며 자동차가 망가지고 만다. 인간의 뼈대는 네 개의 주요 요소 위에 세워져 있다. 신체 능력, 자연 세계, 영양, 수면이다. 이 장에서는 이 각 요소들을 어떻게 유지 개선할 수 있는지, 그리고 이 요소들이 하나로 합쳐졌을 때 어떻게 정신을 뒷받침하는 신체를 만들어낼 수 있는지 설명하겠다.

" 우리 몸은 우리 마음을 담는 틀이다. "

튼튼한 도구로서의 몸

네이비실 대원은 우리 몸이 우리가 가진 도구의 일부이며, 중요한 임무를 완수할 수 있게 해주는 무기고의 무기라는 사실을 안다. 네이비실에는 '장비를 소중히 돌보면, 장비가 우리를 돌봐줄 것이다'는 말이 있다. 낙하산이나 암벽 등반용 밧줄 얘기라면 이런 생각을 받아들이기 쉽지만, 우리 몸에 관해서라면 이런 생각을 무시하는 사람들이 많다.

기초수중폭파훈련 마지막 단계의 선임 교관을 맡았을 때 나는 마지막 지상항법 과정에서 탈수증세를 보이며 쓰러진 한 훈련병을 탈락시킨 적이 있다. 훈련에서의 압박감을 높이기 위해 모든 훈련병은 20킬로그램짜리 배낭을 짊어진다. 정해진 시간 내에 완주하려면 훈련병들은 길찾기에 능하거나 무거운 짐을 잘 짊어져야 한다. 결승선에 가면 A급 훈련병은 피곤함을 느끼지만, C급 훈련병은 기진맥진해 쓰러진다.

덥고 건조한 날씨에 무거운 짐을 지고 장거리를 이동했으니 탈락한 그 훈련병의 잘못이 아니라고 생각할 수도 있다. 훈련병은 현장에서 링거주사를 맞은 뒤 심사위원회의 평가를 받았다. 그 훈련병은 길 찾기에 능하지 않았기 때문에, 물을 덜어내 짐을 줄이기로 결정했다. 배낭에 짊어지는 짐 중에는 무거운 모래주머니가 있는데, 코스가 끝난 뒤에 주머니 무게를 재기 때문에(훈련병들이 모래를 뺐다가 결승선에 도착하기 전에 다시 모래를 채우지 못하게 모래주머니를 밀봉한다) 무게 변경이 가능한 부분은 물이다. 우리는 훈련병들에게 반드시 받아가야 하는 최소량의 물을 정해주었다. 대부분의 훈련병은 몸이 버티지 못하면 완주하지 못한다는 것을 알기 때문에 정해진 양 이상으로 물을 받아간다.

그 훈련병은 내가 자신을 탈락시키자 놀랐다. 몸에 문제가 생겨 쓰러졌으니 실패를 너그럽게 봐주고 한 번 더 기회를 줄 것이라고 생각했던 모양이다. 하지만 네이비실은 빠르게 적응하고 학습해야 한다. 그건 이 직업에서 반드시 갖춰야 할 요건이다. 그 훈련병은 이 과정을 통과하지 못했지만, 그게 문제가 아니었다. 최소한의 물을 짊어지고 가라는 것은 제안이 아니라 명령이었으므로, 그는 명령에 불복종한 것이다. 뿐만 아니라 네이비실 대원의 몸은 하나의 장비이자 임무의 일부분이다. 임무 수행에 필수적인 모든 장비가 그렇듯 자신의 몸을 소홀히 다루면 임무 완수에 실패할 뿐 아니라 책임을 추궁 받는다. 총기 청소를 한 번도 안 해 녹이 슬고 먼지와 모래 투성이가 되는 바람에 정작 총이 필요한 순간 제대로 작동하지 않았다고 생각해보라. 나는 그 훈련병에게 자신의 몸을 잘 보살펴야 하는 까닭은 네이비실이 그의 건강을 바라기 때문이 아니라 그의 몸이 임무 완수를 위한 도구로 제대로 작동하게 할 책임이 자신에게 있기 때문이라고 설명했다. 그의 몸이 제구실을 하지 못하면 그가 속한 팀이 제 역할을 하지 못하게 되고, 팀이 역할을 못하면 임무를 그르치고 만다.

> "
> 몸은 임무 완수를 위한 도구다. 우리 몸이 제 구실을
> 하지 못하면 우리가 속한 팀이 제 역할을 하지 못하고,
> 팀이 역할을 못하면 임무를 그르치고 만다.
> "

네이비실 대원의 성과를 측정하는 일곱 가지 평가 범주가 있다. 첫 번째는 '군인다운 태도와 기개'로, 외모와 품행, 육체적 건강을 포함하는 항목이다. 진급을 눈앞에 둔 대원은 같은 계급의 네이비실 대원들과 경합한 뒤 상급자들의 평가를 받는다. 각 진급 후보자는 똑같은 조건에서 똑같은 제복을 입고 똑같은 카메라로 똑같이 사진을 찍는다. 후보자의 경력을 논의할 때 모든 사람이 볼 수 있게 대형 화면에 그의 사진을 띄운다. 우리 자신의 몸을 어떻게 다루는가는 우리의 절제력과 셀프 리더십의 자취를 보여준다.

비즈니스 세계에서도 마찬가지다. 내키지 않아도 인정해야 한다. 사람들은 종종 외모를 근거로 서로를 평가하며, 때로는 외모 하나만 보고 상대가 지혜나 능력 같은 뛰어난 자질까지 갖췄다고 생각한다. 전문직 종사자 중에서도 특히 리더는 역할에 맞는 외모를 갖추는 것이 중요하다. 역할에 맞는 외모는 상급자나 하급자에 대한 존중의 표현이기도 하다.

나만의 방아쇠를 찾아라

신체 능력은 상황이자 환경이며 삶의 방식이다. 체육관에 가서 '몸 만들기'가 일회성 사건이라면, '신체 능력'은 체육관에 가고 바르게 먹고 충분한 수면을 취할 수 있는 상황을 만들어내는 삶의 방식이다. 체육관에 가는 것이 의지력을 요구하는 따분한 일이 아니라, 우리 삶에서 건강한 신체를 유지하기 위한 신체 능력이라는 더 큰 맥락의 일부가 될 것이다.

살면서 항상 나는 신체 건강을 유지해왔고, 삶에서 내리막을 탔다고 느낄 때면 내 신체 능력에 의지해 성공과 의욕, 행복을 이끌어냈다. 두려움과 불안으로 잠을 설치고 새벽녘에 눈을 뜨면 나는 일어나 운동화 끈을 졸라맨다. 두려움과 불안이 마음에서 비롯된다는 것을 알기 때문에 나는 '역진화' 접근법을 취한다. 몸을 움직여 마음을 진정시키는 것이다. 비가 오든 눈이 오든 밖으로 나가 달린다. 어떤 날은 두 시간 정도 달리고, 어떤 날은 녹초가 될 때까지 원 없이 달리기도 한다. 나는 몸을 움직이고 달리기를 하면 DOSE가 분비되면서 두려움과 불안이 사그라든다는 것을 안다. 적극적 태도로 내 신체 능력에 다시 집중하는 것이 내가 규칙적으로 실천하는 치료법이다. 어떤 날은 달리기 시작하기 전에 가볍게 걸으며 혼잣말을 할 때도 있다. 밖으로 나가는 행동은 달리기를 촉발하기 위해 내가 사용하는 방아쇠로, 일단 그 방아쇠를 당기기만 하면 나머지는 저절로 일어난다. 자리를 지키는 것이 중요하며, 때로는 자리를 지키는 것만이 중요할 뿐 나머지는 저절로 뒤따르기 마련이다. 나만의 방아쇠를 찾아내 잡아당겨야 한다.

"

불안감이나 초조함이 엄습하면
몸을 움직여 마음을 진정시켜라.

"

부정적 고리 잘라내기

1994년 개봉한 영화 〈포레스트 검프〉는 역대 최고의 배우로 꼽히는 톰 행크스가 주연을 맡았다. 행크스가 연기한 포레스트 검프는 공원 벤치에서 옆에 앉은 낯선 사람에게 자신의 인생 이야기를 펼쳐놓는다. 아주 어렸을 때 다리 보호대를 차고 다니던 검프는 어느 날 집단 괴롭힘을 당하던 중에 친구 제니가 "달려! 포레스트! 달려!"라고 외치자 달리기 시작했다. 그러자 그가 차고 있던 보호대가 다리에서 떨어져 나갔고, 그 순간 그는 자신의 재능에 눈을 떴다. 지능은 낮지만 마음만은 따뜻했던 검프에게 달리기는 엄청난 인생의 성취를 안겨주었다. 어른이 된 검프는 몇 년째 시달려온 약물 중독에서 회복 중이던 제니와 함께 살게 되지만, 어느 새벽 그녀는 말도 없이 집을 떠났다. 제니를 사랑한 검프는 슬픔에 잠겼고, 그래서 자신이 가장 잘 아는 일을 했다. 달리기 시작한 것이다! 그는 3년 동안 쉬지 않고 달려 미국 전역을 횡단했고, 그 덕에 엄청난 유명인사가 됐다. 더는 달릴 필요가 없을 때까지 달린 것이다.

어떤 날은 나도 포레스트 검프의 마음으로 달린다. 기분이

풀릴 때까지 달리는 것이다. 나 자신에게 집중해서 다른 누군가를 상담하듯 스스로에게 조언을 건넬 수 있는 속도로 달리며 음악을 듣는다. 부정적 생각이 영화 장면처럼 끊임없이 머릿속을 맴돌지 않게 하고, 스스로에게 말을 건네는 것뿐 아니라 자신의 말을 귀담아 듣는 일도 이제는 꽤 익숙해졌다. 부정적 피드백의 고리를 잘라낸 것이다.

> "
> 부정적 생각이 영화 장면처럼 머릿속을 맴돌지 않게 하라.
> 상담사가 상담해주듯 스스로에게 말을 걸어 보라.
> "

DOSE를 부르는 운동

만약 내가 정신과 의사라면(물론 그렇지 않지만) 언제든 불안증 치료제 대신 운동화 한 켤레를 처방할 것이다. 많은 연구 결과도 경도나 중등도 우울증 치료에는 규칙적인 유산소 운동이 우울증 치료제만큼이나 효과가 있음을 보여준다.

인간은 달리기를 하도록 타고났다. 달리기는 자연이 DOSE로 우리에게 보상을 제공하고 활력을 불어넣는 방편으로, 더 많이 달릴수록 더 많은 DOSE가 분비된다. 길 위에서 나는 내가 누구인지 그리고 어떤 사람이 되고 싶은지에 대해 더 많이 깨달았다. 달리고 나면 내 심리상태가 완전히 바뀌는데, 그 상태는 보통 몇 시간씩 이어진다.

습관의 흥미로운 점은 대개 2차 또는 3차 효과를 수반한다는 사실이다. 가령 패스트푸드를 과식하는 습관은 과체중을 야기한다. 이에 따른 2차 효과로 몸을 움직이면 불편하거나 아프기까지 해서 운동을 하지 않게 되고, 그래서 몸 상태가 나빠진다. 당뇨병과 우울증이 3차 효과로 나타나는 경우도 종종 있다. 다행스럽게도 이는 운동 같은 좋은 습관의 경우도 마찬가지다!

지금 바로

이라크와 아프가니스탄에서 작전의 속도는 몹시 빨랐다. 우리는 매일 18~20시간씩 근무하며 고강도 작전 계획과 실행을 반복했다. 전쟁은 모든 면에서 사람의 진을 빠지게 만드는 일이다. 신체 단련은 네이비실의 문화적 '습관'으로, 삶의 모든 부분에 깊이 뿌리내리고 있다. 이렇게 기나긴 하루를 보내면서도 대원들은 운동을 했다. 가는 곳마다 철봉과 평행봉이 있었다. 대원들은 파병지로 운동 기구를 가져갔다. 그리고 하루에 한 시간을 따로 내 웨이트 트레이닝을 할 수 없는 날에는 대략 한 시간마다 5~10분씩 전력을 다해 턱걸이와 팔굽혀펴기, 스쿼트, 플랭크를 했다. 스스로와 서로를 격려하기 위해 실적 통계를 게시판에 적어두었다. 물론 네이비실이라면 강인한 체력을 유지해야 하지만, 더 중요한 건 그게 아니다. 늘 움직이며 몸을 사용하는 습관은 정신적 체력을 길러주었다. 몸을 움직이는 것은 훌륭한 문제 해결 방법으로, '잠시 걸으며 이야기하는 것'만으로도 한 번도 떠올려본 적 없는 아이디어를 이끌어낼 수 있다. 철봉을 하러 갈 때마다 대원들은 건강에 좋은 DOSE를 받고 활력을 되찾았다.

> " 잠깐 짬을 내 빠르게 걷거나 스쿼트, 플랭크 아니면 원하는
> 운동이면 무엇이라도 해서 DOSE가 분비되게 하라. "

조직 내의 모든 사람이 DOSE를 통해 한숨 돌린다고 생각해보라. 그리고 그 2차 효과와 3차 효과를 생각해보라. 직원들의 집중력 증가와 생산성 향상, 건강과 행복 증진 같은 것들 말이다. 안락함은 우리를 망친다. 우리의 의욕과 건강을 앗아가기 때문이다. 2015년 CNN의 '운동을 해도 앉아만 있으면 목숨을 잃을 수 있다'는 보도에 따르면 장시간 계속 자리에 앉아 있으면 2형 당뇨병에 걸릴 확률이 높아지는데, 앉아 있는 시간이 하루 8~12시간에 달하면 확률이 90퍼센트나 증가한다고 한다.[7]

이제는 바꿔 보자. 어서 자리를 털고 일어나라. 그리고 다리를 펴라. 몸을 움직여라. 안락함은 우리를 망친다. 반면 신

체 능력은 우리를 지탱해준다.

> " 안락함은 우리의 생산성을 죽이고 우리의 목숨을 앗아간다. "

자연 세계와의 상호작용

신체 능력을 향상시키면 우리 삶의 모든 측면에서 잠재적 경험이 확대된다. 신체 능력은 단순한 운동 이상이다. 신체 능력이 우리를 변화시키는 힘은 자연 세계 자체 그리고 우리가 세계와 맺는 관계의 본성에 내재돼 있다.

열역학 제1법칙은 에너지는 생성되거나 소멸되지 않으며 위치나 형태가 바뀔 뿐이라고 규정한다. 자연계와 상호작용할 때 우리는 물리적 우주의 흐름에 몸을 담그고, 이 우주를 관통하며 흐르는 에너지의 일부가 된다. 네이비실 대원들은 끊임없이 자연 속에서 훈련한다. 몇 주에 걸쳐 정글과 숲, 사막, 극지에서 맨땅에서 잠을 청하며 산다. 또 몇 시간이나 차가운 물속에서 헤엄을 치고 다이빙을 하며 바다와 하나가 된다. 이때 물론 차가운 물이 DOSE를 선사한다. 사람들은 종종 가벼운 우울증 치료법으로 차가운 물로 샤워를 하는데, 찬물 샤워는 주의력과 활력을 높이는 효과도 있다. 차가운 물에서 두어 시간 수영이나 서핑을 하고 나면 머릿속이 더없이 또렷해진다. 중요한 행사가 있는 날이면 찬물 샤워를 길게 한 다음에 어떤 기분이 드는지 확인해보라.

네이비실로 복무하는 동안 가장 좋았던 기억은 알래스카주 코디악에서 몇 주 동안 눈 신발을 신고 50킬로그램이 넘는 배낭을 짊어진 채 쌓인 눈을 헤치며 걷고, 눈 동굴과 텐트에서 잠을 청하며 강행군을 했던 일이다. 동틀 무렵부터 해질녘까지 순찰을 돌고, 하루가 끝나면 곯아떨어지곤 했다. 자연과 함께하며 엄청난 DOSE를 선사 받은 행복한 순간이었다.

자연 세계 안에 머물면 생각과 판단, 논리가 변화한다. 자연이 우리를 변화시켜서 우리 안에 내재된 타고난 본능적 지혜를 활용할 수 있게 해준다.

막 네이비실 훈련 과정을 마친 수료생들은 형언하기 힘든 알파의 존재감을 내뿜는데, 정신력 훈련을 받았기 때문만은 아니다. 자연 세계와의 상호작용에도 원인이 있다. 모든 훈련이 실외에서 진행됐기 때문이다. 수료생들이 발산하는 신호는 주위 사람에게 영향을 미친다. 비즈니스 세계에서 우리의 물리적 존재감과 그 존재감 뒤에 깔린 신호들은 당장은 두드러지지 않을지 몰라도 다른 사람들에게 영향을 미친다. 자연 세계에 머물며 존재감을 강화하라.

인공적 환경에서 벗어나기

1905년 결핵과 탄저병, 콜레라 같은 질병의 원인균을 발견한 공로를 인정받아 노벨상을 수상한 독일 과학자 로버트 코흐Robert Koch는 이런 말을 남겼다. "인류가 콜레라 같은 전염병과 맞서 싸우듯 소음과도 끊임없이 맞서 싸워야 할 날이 올 것이다."[8] 오늘날 우리가 사는 도시에서 들려오는 소음들을 생각해보라. 자동차 경적, 건설 현장 소음, 사이렌, 제트기 소리 같은 소음들 말이다. 우리 귀에 들리는 소리는 대부분 인공적이다. 하지만 우리는 현재 우리가 듣는 소리들을 받아들일 정도로 진화하지 않았기 때문에, 이 소리들이 우리 삶의 모든 면에 부정적 영향을 끼치면서 질병과 스트레스, 수면장애를 야기한다. 파병지에서는 모든 전기가 차량만한 크기의 대형 발전기에서 공급되기 때문에 밤낮없이 계속해서 웅웅거리는 발전기 소리를 듣는다. 귀국했을 때 나는 실외에 앉아서 고요에 빠져드는 게 정말 좋았다.

명심해야 할 것은 시끄러운 소음이 우리가 타고나는 두 가지 두려움 중 하나로, 우리가 듣는 이 인공 소음 대부분이 우리의 투쟁 또는 도피 본능을 자극해 우리를 천천히 죽인다는 사실이다. 조용한 시간을 가져보라. 자연 속이라면 더욱 좋다. 지금 당장!

강인해진다는 것

신입 네이비실 대원이 알파 상태에 있는 것을 볼 때 우리는 '강인함'이라는 단어로 이들의 신체적·정신적 상태를 설명한다. 헬스클럽에서 살다시피 한다고 해서 그런 상태에 이를 수 있는 것은 아니다. 실내에서는 할 수 없는 일이고, 바깥으로 나가야 한다. 강인함은 신체 능력과 강한 정신력을 모두 갖추고 주변 자연 세계와 교감하는 상태를 말한다. 압박에 견디는 면역력을 키울수록 인내와 지구력이 커지고, 그 힘이 삶의 다른 측면에도 영향을 미친다.

> **"**
> 강인함은 신체능력과 강한 정신력을 모두 갖추고
> 주변 자연 세계와 교감하는 상태를 말한다.
> **"**

영화 〈록키 4〉는 냉전 시대인 1985년 개봉돼 미국에서 엄청난 흥행 성공을 거두었다. 미국인 권투선수 록키 발보아는 러시아 복서 이반 드라고와 대결하게 된다. 상대보다 체구는 훨씬 더 작지만 록키는 강인했다. 드라고는 첨단 장비를 이용해 훈련하고 스테로이드까지 복용하며 최고의 전문가로 구성된 팀의 도움을 받아 완전히 새로운 선수로 거듭났지만, 삭막한 환경의 실내에서 훈련을 했다. 반면 록키는 혹독한 러시아의

겨울에 바깥으로 나가 외딴 오두막에 살며 자연 속에서 훈련했다. 도끼로 나무를 찍어 넘기고 통나무를 나르고 얼음으로 뒤덮인 산을 올랐고, 그 결과 강인해졌다. 물론 록키는 경기에서 승리했다. 물론 영화에 불과하지만 〈록키 4〉는 우리가 직관적으로 아는 사실을 활용했다. 바깥으로 나가 자연에 머물며 신체를 단련하면 직접 경험하기 전에는 이해할 수 없는 방식으로 우리 자신이 변화한다는 것이다.

음식은 어떻게 적이 되는가

유럽 주둔 미군 사령관과 7군 사령관을 지낸 마크 허틀링 중장에 따르면, 미국 국가 안보의 가장 큰 적 가운데 하나는 뜻밖에도 비만이다. 청년들의 비만과 신체 능력 부족은 이미 군복무 연령대인 잠재적 신병의 수를 고갈시키는 결과를 낳았다. 이런 추세가 계속될 경우 2030년이면 전 미국인의 42퍼센트, 그중 39개 주에서는 주민의 50퍼센트, 그리고 일부 주에서는 아동의 65퍼센트가 비만이 될 것으로 예상된다. 단순한 과체중이 아닌 비만 상태 말이다.[9]

비만 역시 2차 효과와 3차 효과가 뒤따른다. 비만은 곧바로 건강 문제를 야기하고 우리를 굼뜨게 만들어 운동의 혜택을 누릴 수 없게 한다. 그 결과 우울증과 부정적 자아상이 심화되는데, 이는 시간이 지날수록 더 악화된다. 끔찍한 기분으로는 최상의 컨디션을 유지하기 힘들다. 과식의 끝에는 죽음이 기다릴 뿐이다.

네이비실에서 전역한 뒤 새로운 삶을 설계하면서 나는 정신적·육체적으로 최적의 기량을 발휘하기 위해서는 양질의 식사를 통해 내 몸에 영양을 공급해야 한다는 사실을 알았다. 그래서 이런저런 영양 계획을 시험하며 각 식단이 어떤 결과를 낳고 내게 어떤 느낌을 주는지 관찰했다. 내 몸에 귀 기울이고 절제력 있는 삶을 실천하면서 나는 내 몸을 건강하게 그리고 내 마음을 예리하게 유지할 수 있는 건강 상태에 이르렀다.

절식하는 삶

2년 전 간헐적 단식을 시작했는데, 정말 좋다! 요즘의 나는 지난 몇 년 동안 가져보지 못한 명쾌함과 활력, 의욕을 느낀다. 18시간 넘게 음식을 섭취하지 않는 것은 만족을 지연시키는 방편이기도 해서, 이를 통해 절제력도 키울 수 있다. 단식의 역사는 수천 년에 달하고, 단식의 실천은 모든 주요 종교의 일부분이 됐다.《뉴잉글랜드 의학저널》에 따르면 단식이 "스트레스 저항력 증진과 수명 증가, 암과 비만을 포함한 질병 발생률 감소"로 이어진다는 오래된 지혜가 사실임이 확인됐다.[10]

무언가를 바꾸기를 원한다면 그것과 맺는 관계를 바꿔야 한다. 나쁜 습관을 좋은 습관으로 바꿀 필요가 있다. 예를 들어 일부 연구에서 설탕은 코카인보다 중독성이 강한 것으로 드러났다. 설탕을 섭취하면 즉각적으로 DOSE가 분비되며 뇌가 설탕을 더욱 갈망하게 된다. 설탕을 과도하게 섭취하면 비만뿐 아니라 당뇨병과 염증, 우울증, 불안을 야기할 수 있고 학습과 기억 장애를 유발하기도 한다. 우리 몸이 설탕을 먹는다고 죽게 만들어지지는 않았지만, 미국인의 연평균 설탕 섭취량은 무려 70킬로그램에 달한다![11] 우리 사회 전체가 설탕과 관계를 바꿔야할 필요가 있다.

버리고, 더 낫게, 조금 덜

이 책은 영양학 서적이 아니고 최선의 식사 방법이 무엇인지에 대해서는 전문가들조차 의견이 갈리지만, 나는 많은 시도 끝에 내게 가장 좋은 식단이 무엇인지 찾아냈다. 나는 스스로 '버리고, 더 낫게, 조금 덜'이라고 이름 붙인 식사 프로그램을 따른다. 가공식품과 알코올, 설탕, 탄수화물 섭취를 줄이거나 아예 끊고, '더 나은' 음식(다량의 과일과 채소)을 '조금 덜'(양을 절반으로 줄여) 먹는 것이다. 식당에 가면 나는 보통 1인분의 절반만 먹는다. 시간이 조금 지나면 위가 줄어들어 양의 많은 음식을 먹지 못하게 된다.

> 음식이 곧 약이고 약이 곧 음식이어야 한다.
>
> - 히포크라테스

평생 자신의 몸을 도구로 사용한 적이 없는 사람들을 도울 때면 나는 이들에게 몸에 깊이 밴 습관을 바꾸는 게 어떤 기분인지 깨닫기를 요구한다. 내가 고안한 '버리고, 더 낫게 조금 덜' 프로그램을 실천해보라. 튀긴 음식과 글루텐 섭취를 줄이고 채소 양을 늘리면서 식단에 프리바이오틱스, 프로바이오틱스 같은 유산균을 곁들여 보라. 순간순간을 이겨내는 데 집중하라. 처음부터 생활방식을 완전히 바꾼다고 생각하지 말고, 작은 변화들을 통해 복리 효과를 만들어내라. 이는 나쁜 관계를 끝내는 것과 비슷하다. '잠시 멈춰 서서' 어떤 기분이 드는지 살펴보는 게 보통 더 쉽다. 거리를 두고 바라보면 종종 더 명료하게 보이기 때문이다. 삶의 중요한 부분에 변화를 꾀할 때면 너무나 익숙한 무언가를 포기한다는 상상만으로도 힘이 든다. 이런 결별을 시작할 때 첫 2주 정도는 스스로 어떤 기분과 생각이 드는지, 어떤 행동을 하는지 세심하게 주의를 기울여보면 좋다. 어떤 기분이 들고 어떤 싱취농기를 가지고 있는가? 글로 적어보자. 실험은 필수적이다. 도움이 되는 것은 유지하고, 그렇지 않은 것은 과감히 내버리면 된다. 그 과정에서 스스로 거둔 성공을 축하하라! 자신의 행동이 마음에 드는지 아는 사람은 우리 자신뿐으로, 스스로를 더 잘 알게 된다면 우리 모두에게 이로운 일이다.

> " 스스로를 더 잘 알게 된다면 우리 모두에게 이로운 일이다. "

장은 두 번째 뇌다

소화관, 즉 장은 건강과 전반적인 행복에 매우 중요해서, 장을 두 번째 뇌라고 일컫는 연구와 책이 이제는 무척 많다. 장은 뇌의 감정 중추인 변연계와 연결돼 있다. 초조할 때면 속이 울렁거리는 이유는 내장 안쪽에 깔린 수억 개의 뉴런이 발화하면서 만들어내는 느낌이다. 모두 육감gut feeling이라는 걸 느껴본 적이 있을 것이다. 미주신경*은 뇌와 장 사이를 오가며 정보를 전달하는 역할을 한다. 또한 행복 호르몬인 세로토닌의 약 95퍼센트가 장에서 만들어진다. 스트레스와 우울증, 불안은 장과 뇌가 만들어내는 양방향 관계로, 두 기관 중 어느 한 쪽이 이 문

---

* 뇌와 위, 장, 심장, 폐를 연결하는 신경.

제의 원인이거나 결과일 수 있다. 기분이 좋지 않을 때 장 상태가 나빠질 수 있고, 내장이 안 좋으면 기분이 나빠질 수 있다.[12]

나는 내 장 상태에 세심한 주의를 기울인다. 케피어*와 콤부차**를 마시고, 김치를 먹고, 프리바이오틱스와 프로바이오틱스 유산균을 섭취한다. 우리 몸에 최고급 연료를 집어넣으면 더 나은 실적과 성과를 얻을 수 있다. 장을 잘 돌보라, 그리하면 장이 우리를 돌볼 것이다.

> " 장을 잘 돌보라. 그리하면 장이 우리를 돌볼 것이다. "

코로나도의 밤

차디찬 바닷물과 끊임없이 이어지는 격렬한 신체 활동 외에 지옥 주간 동안 네이비실 지원자들의 인내를 시험하기 위해 사용하는 주된 수단은 수면 부족이다. 훈련병들은 일요일 아침에 눈을 떠서 금요일 오후까지 깨어 있게 되며 일주일을 모두 합쳐 네 시간 밖에 자지 못한다. 화요일 아침이면 수면 부족과 육체적·정서적 탈진의 급격한 영향을 목격할 수 있다. 이

---

* 요거트와 비슷한 우유 발효 음료.
** 차를 우려낸 물에 효모를 넣어 발효시킨 음료.

때쯤이면 대부분 훈련병들이 중도 포기하고, 남은 훈련병들도 사고와 문제 해결 능력에 문제가 생기며, 지시에 집중하고 주의를 기울이는 데에 어려움을 겪기 시작한다. 환각을 경험하거나 걸음을 멈추자마자 꾸벅꾸벅 졸기도 한다.

보통 수요일쯤 되면 훈련병들은 잠시 몸을 말리며 눈을 붙일 기회를 갖게 되는데, 불과 몇 초만에 곯아떨어진다. 이때 훈련병들이 거의 곧바로 램 수면 상태로 들어가는 것을 볼 수 있다. 한 시간쯤 자고 나면 사이렌이나 확성기로 잠을 깨워 느닷없이 현실로 되돌아오게 만든 다음 차가운 파도에 다시 몸을 던지게 한다. 내 경험으로는 이 순간이 잠을 못 자는 것보다 더 괴로울 뿐 아니라, 지옥 주간에서 가장 고통스러운 부분이다.

수면을 취하는 능력과 잠을 자지 않고도 제 역할을 하는 능력은 전쟁뿐 아니라 직장과 가정생활에서도 리더십의 근간을 이루는 핵심 요소다. 수면을 방해하는 장애물은 분명히 존재하는 장벽으로 모두에게 시련을 안겨준다.

수면과 회복력

10년 가까이 실전에 투입되고 나자 네이비실 팀들은 즉각적인 조치를 필요로 하는 문제들에 직면했다. 훈련 및 준비 담당 교관으로서 내가 준비 태세 부분에 추가한 사항은 회복력이었다. 교관들은 대원들이 처한 피로감을 이겨내는 데 도움이 될 만한 프로그램을 고안해냈다. 네이비실 팀에 가해지는 압박이 큰 타격을 입혔기 때문이다. 전담 의료진 중 한 의사는 여러 차례 파병 경험이 있는 고참 네이비실 대원들의 몸에서 일어나는 화학작용과 수면에 초점을 맞췄다. 우리는 모두 외상후스트레스장애가 무엇인지 알고 그 결과가 매우 해롭고 참전 용사들에게 평생토록 영향을 미칠 수도 있다는 사실도 안다.

우리 의료진이 주목한 요인은 외상후스트레스장애 그 자체가 아니라 수면 부족이었다. 임무를 마치고 귀환한 네이비실 대원의 상당수가 심각한 수면 장애를 앓았는데, 나도 그중 하나였다. 두 번째 파병에서 복귀한 뒤 나는 또다시 강도 높고 부담이 큰 임무를 부여받았는데, 기본적으로 일주일 내내 하루도 쉬지 못하고 장시간 근무하며 비상 상황에 대응하며 여러 상관에게 보고를 해야 했다. 제로 다크 서티(밤 0시 30분을 뜻한다)에 출근을 하면서 어떤 위기가 닥칠지 전혀 알지 못하는 상황이 긴장을 푸는 방법일 리 없다. 우리는 심각한 인력 부족과 업무 과중에 시달렸지만, 전쟁은 여기저기서 자꾸만 일어났다. 이 일을 맡은 지 두 달 만에 나는 10시간 후 긴급 작전배치 통보를 받았고 또 다른 전장을 향해 떠났다.

이쯤 되자 나는 밤이 두려워졌는데, 멍하니 누워 시계를 노려보며 아침이 되기를 기다리는 일이 밤마다 되풀이되리라는 사실을 알았기 때문이다. 위험도가 높은 해외 파병 현지에서는 아예 큰 수면제 병을 침대맡에 놓아두었다. 잠자리에 들 준비가 되면 권장 복용량의 두 배쯤 되는 약을 삼키고 네 시간 정도 눈을 붙였다. 우리는 뱀파이어처럼 밤에 작전을 벌였기 때문에 햇빛을 볼 일이 드물었다. 이 때문에 내 수면 장애가 크게 악화된 게 틀림없었다.

수면제를 끊으려고 애쓰다가 72시간 내리 잠을 자지 못한 적도 있었다. 그래서 나는 술을 마셨는데, 단기적으로는 도움이 돼도 사실은 효과가 없었다. 취하는 것은 제대로 잠을 자지 못한 채 인사불성이 된 상태에 가까워서 수면 부족의 영향은 계속됐고 불안감도 낮아지지 않았다.

담당의는 수면 부족이 당시 네이비실이 가진 가장 큰 건강 문제라고 봤다. 많은 네이비실 대원이 나처럼 악순환에 빠졌고, 일부는 거의 정신 이상 증세로 임무를 제대로 수행하지 못했다. 담당의는 숙면을 취하려는 선제공격법의 중요성에 집중해 대원들이 수면 효율을 높일 수 있도록 천연 보조식품 관련 정보를 제공했다. 처음에는 기존 방식을 따르는 의사들의 반발을 샀지만, 그의 방식은 부대원들이 회복하는 데 큰 도움이 됐다. 담당의는 전역 후에 천연 수면제를 자체 개발했고, 지금은 프로 운동선수들과 협업하고 전 세계를 돌며 수면과 행복에 관해 강연하고 있다.

불면으로부터 나를 보살피는 법

미국 질병통제예방센터CDC에 따르면 성인 3명 중 1명이 매일 수면 부족을 경험하는 것으로 나타났다.[13] 그 결과 우리의 생산성이 저해될 뿐 아니라. 극도의 피로감이 소심함을 불러일으킨다. 잠을 충분히 못 자 지쳤을 때 중요한 일들을 더 쉽게 포기하게 된다. 수면 부족은 집중력과 논리적 추론, 복합적 사고와 판단력을 해치고 인슐린의 분비를 증가시킨다.

"
극도의 피로감은 우리를 소심하게 만든다.
"

수면은 우리의 건강과 행복, 생산성에 몹시 중요하다. 수면은 몸이 근육을 회복하고, 뇌가 기억을 강화하고, 성장과 식욕을 비롯한 신체 기능을 관장하는 호르몬을 분비하는 시간이다. 궁극적으로 수면은 우리 몸의 계기판을 다시 맞춘다.

많은 전문가가 보조제의 효능에 의문을 제기해왔다. 그러나 내게는 보조제가 도움이 됐다. 나는 비타민 D3와 마그네슘,

가바GABA, HTP, 비타민 B 복합제제, 철분, 아연, 종합비타민제, DHEA, 오메가3 지방산을 먹는다. 오메가3 지방산은 심혈관 건강에 좋을 뿐 아니라 기분을 좋게 하고 외상후스트레스장애 환자들에게도 도움이 될 수 있다.

요즘 나는 여행 중에 수면 주기가 깨졌을 때가 아니면 알람을 사용하지 않는다. 그래도 매일 아침 새벽 4시30분이나 5시면 자연스레 눈을 뜬다. 만약 그 시간에 자연스럽게 잠에서 깨지 못하면 다음 날 밤에는 더 일찍 잠자리에 든다.

충분한 수면을 취하기 위해 내가 규칙적으로 하는 또 한 가지는 앞에서 언급한 명상이다. 명상을 한다고 인도 전통의상을 입고 가부좌를 틀고 앉을 필요는 없다. 나는 침대에 누운 채 명상을 할 때도 있다. 명상을 할 때는 집중력을 제어하면서 전전두엽 피질을 이완시킨다. 마음이 고요해지면 더 빨리 잠든다.

좋은 잠을 자는 방법에 관해 얻을 수 있는 정보는 무척 많다. 약간의 호기심과 적극적 태도만 있으면 자신에게 맞는 방법을 찾아낼 수 있다. 수면에 대해 진지하게 고민하고, 최적의 환경을 만들어낸 다음, 실천에 옮겨야 한다.

자기 자신을 잘 보살펴라. 미루지 말고 지금부터 당장.

실천 과제

종이 한 장을 가지고 자리에 앉아 나를 지탱하는 뼈대가 되는 네 가지의 구성요소인 신체 능력, 자연 세계, 영양, 수면에 해당하는 네 개의 열을 그려보라. 자신의 삶에서 이 각각의 영역에서 처한 상황을 솔직히 평가한 뒤 1에서 10까지 스스로에게 점수를 매겨보자(10점이면 완벽하므로 더 나아지려 할 필요가 없다).

각 범주마다 점수를 높이기 위해 할 수 있는 일들을 몇 가지씩 적어보라. 그리고 그 행동들을 실천에 옮겨 갖고자 하는 습관을 기르기 시작하라.

뒤에서 목표 설정과 STICKS 기법을 통해 습관으로 굳어지도록 실천하는 방법에 대해 설명하겠다.

- 우리 몸은 우리 마음을 담는 틀이다.
- 우리 몸의 건강은 4개의 주요 구성요소에 달려 있다. 신체 능력, 자연 세계, 영양, 수면이다.
- 우리 몸은 우리 마음이 작동할 수 있는 토대를 제공한다. 토대가 튼튼하면 집중력과 추론 능력, 판단력, 복합적 사고, 반사 신경, 준비 태세가 개선된다.
- 신체 능력: 우리 몸은 우리 각자가 지닌 도구의 일부로, 장비처럼 신중하게 다뤄야 한다. 우리 몸은 우리 마음을 담는 그릇으로, 그 자체가 임무의 일부분이므로 절대 무너져서는 안 된다.
- 몸은 우리 뇌에서 무슨 일어나는지를 보여준다. 우리 몸을 어떻게 다루는가는 우리의 절제력과 셀프 리더십을 드러내는 징표다.
- 신체 능력은 상황이자 환경이며 삶의 방식이지 이따금 하는 행동이 아니다
- 두려움과 불안은 마음에서 비롯되는 것이므로, 불안하거나 초조할 때는 몸을 움직여서 마음을 진정시켜라.
- 자연 세계: 자연과 실외 공간과 하나가 되라. 에너지가 넘쳐흘러 신체적·정신적 행복이 증진될 것이다.
- 자연은 우리 안에 내재된 타고난 본능적 지혜를 활용할 수 있게 해준다.
- 강인함은 신체 능력과 강한 정신력을 모두 갖추고 주변 자연 세계와 교감하는 상태를 말한다.
- 영양: 우리 몸이 최적의 육체적·정신적 성과를 낼 수 있도록 몸에 연료를 공급하라
- 단식은 그 유익함이 이미 입증된 대로 스트레스 저항성을 높이고 수명을 연장하고 질병 발생률을 낮추고 명확한 사고와 활력, 의욕을 북돋는다.

- 내가 제안하는 '버리고, 더 낫게, 조금 덜' 식단을 실천해보라. 가공식품과 알코올, 설탕, 탄수화물을 거의 또는 전혀 먹지 말고, 과일과 채소는 많이 섭취하되, 한 끼 식사량은 줄여라.
- 장은 제2의 두뇌로 뇌와 긴밀히 연결돼 있다. 제대로 대우해줘라!
- 수면을 취하는 능력과 잠을 자지 않고도 제 역할을 하는 능력은 전쟁뿐 아니라 직장과 가정생활에서도 리더십의 근간을 이루는 핵심 요소다.
- 수면은 강한 리더십을 만들어내는 다른 요소들과 긴밀한 관련이 있다. 뛰어난 신체 능력, 자연 세계와의 교감, 영양은 수면에 도움이 되고, 반대로 수면은 이들 요소를 증진하는 데 도움이 된다.
- 숙면을 취하는 문제에 대해 적극적 태도로 자신에게 가장 맞는 방법을 찾아내라. 아는 것과 실천하는 것에는 차이가 있다. 진지하게 고민하고, 최적의 환경을 만들어낸 다음, 실천에 옮겨야 한다.

GUTS

8장

마음이 신체를
따라주지 않을 때

믿는 것을 보지 말고,
보이는 것을 믿어라

네이비실 훈련 과정을 마친 수료생들을 몇 달 만에 처음 만난 부모와 가족, 연인이 보이는 반응은 놀랍다. 부모가 아들을 경탄스러운 눈길로 바라보며 대화를 나누는 까닭은 아들이 눈에 띄게 건강하고 튼튼해져서가 아니라 뭔가 지적으로 달라졌다는 것을 느끼기 때문이다. 완전히 이해하지는 못해도 아들이 완전히 다른 사람이 됐다는 사실을 마음으로 알고 느낄 수 있다.

마찬가지로 새로 네이비실이 된 수료생들도 훈련을 시작한 뒤로 처음 가족과 친구들을 만나 대화하면서 자신이 완전히 달라졌음을 깨닫는다. 수료생들은 세상을 새로운 눈으로 바라본다. 스스로 어떻게 달라졌는지를, 자신의 의식과 잠재의식이 세상과 그 안에서 살아가는 사람들에게 어떻게 반응하는지를 처음으로 분명히 인식할 수 있다. 보다 사려 깊고 보다 자신감 있고 보다 통찰력 있고 보다 단호한 성격의 소유자가 되어 알파형 인간처럼 움직이는 것이다. 무슨 일이 있었던 것일까? 네이비실 훈련 경험이 어떻게 이들의 사고방식과 마음가짐을 새로운 방식으로 발전시킨 것일까?

의식으로 들어가는 관문

뇌는 믿기 힘들 만큼 복잡한 기관이다. 매 순간 뇌는 수십억 비트의 정보를 받아들이지만, 그 대부분을 우리는 인식조차 하지 못한다. 의식은 빙산 같아서, 얼음 덩어리의 대부분이 물 밑에 잠긴 것처럼 뇌가 받아들이는 정보의 대부분은 나중에 사용하기 위해 무의식에 저장된다. 반면 우리의 의식은 우리의 생각과 감정을 간직한 채 우리의 인식의 표면에 빙산의 맨 윗부분처럼 드러나 있다.

> "
> 우리 몸은 우리 입에 무엇이 들어가는지 말해주고,
> 우리 입에서 나오는 말은 우리 마음에
> 무엇이 일어나고 있는지 말해준다.
> "

우리의 뇌간*에는 망상활성계reticular activating system라고 불리는 신경 다발이 존재한다. 망상활성계는 어떤 정보가 무의식에서 의식으로 옮겨질지 결정하는 문지기와 같다. 우리의 의식은 일상생활에서 머무르기에 멋진 장소로, 모든 정보가 의식에 자리 잡고 싶어 한다. 『선봉에서, 빠르게, 두려움 없이』에서 나는 VUCA(변화무쌍하고 불확실하며 복잡하고 모호한) 상황에서 리더가 관련된 모든 문제를 알지 못하고도 어떻게 리더십을 발휘할 수 있는지 '리더의 계획'에 대해 설명했다. 리더가 계획을 가질 수 있게 해주는 결정적 요인 하나는 '최종 상태'가 어떻게 될 것인지를 제대로 이해하는 것이다. 무엇을 해야 하는지 그 수단을 이해하는 것만으로는 충분하지 않다. 최종 목표까지 이해해야 언제 성공을 거두는지 알 수 있다. 이 대목에서 망상활성계가 중간 관리자 역할을 맡아 리더의 계획을 해석하고 모든 정보를 무의식적으로 걸러내고, 무엇이 '보스'인 의식에 중요한지 결정을 내린 다음 그 정보가 들어오도록 허용한다. 망상활성계는 우리의 신념을 인정하는 정보가 들어오는 것을 허용한다. 이 인식의 '문지기'를 적절히 훈련시켜 리더의 계획을 알려주는 것은 몹시 중요하다.

---

* 뇌와 척수를 이어주는 줄기 역할을 하는 부위.

가장 완벽한 하루를 계획하라

2002년, 나는 경영 리더십 석사 과정을 밟고 있었다. 전설적 리더십 전문가이자 『1분 경영The One Minute Manager』를 비롯해 여러 베스트셀러의 저자인 켄 블랜차드Ken Blanchard의 배우자 마지 블랜차드가 부여한 과제 중 하나는 10년 뒤의 어느 완벽한 하루에 관한 이야기를 써보라는 것이었다. 나는 네이비실에서 전역한 뒤 여름휴가 기간 동안 아내와 아들일지 딸일지 모를 아이와 함께 미국 횡단 여행을 하는 하루에 관해 썼다. 나는 내 아이에게 이 나라를, 내가 지키기 위해 싸우고 더없이 감사하게 여기는 나라를 보여주는 순간을 꿈꿨다. 당시 나는 미혼이고 자녀도 없었지만, 그로부터 10년 뒤인 2012년에는 정확히 내가 썼던 대로 행동했다. 전역을 하고, 아내와 다섯 살 아들과 함께 미국 횡단 여행에 나선 것이다. 몇 년 뒤 낡은 서류 서랍을 정리하다 강의 시간에 쓴 뒤로 까맣게 잊고 있던 그 이야기를 발견했다. 계획은 중요하다. 설사 계획이 가진 힘을 우리가 알아차리지 못하더라도.

망상활성계 길들이기

우리가 "나는 이건 정말 못해" 같은 방어적 언어를 반복해서 사용하면, 우리 뇌의 문지기인 망상활성계가 이 말을 '듣고' 이 정보와 관련 증거를 우리의 의식에 들어오도록 허용하기 시작한다. 우리가 핑계 대기를 멈추고 "예", "아니오"나 "제가 망쳤습니다" 같은 말로 사용하는 언어를 바꾸면, 문지기도 핑계가 우리의 의식에 들어오는 것을 허용하기를 멈춘다.

여행은 어떻게 우리를 변화시킬까? 새로운 문화에 빠져들 때 우리는 망상활성계에 새로운 정보를 제공하기 때문에, 새롭게 접한 환경에 대해 우리가 보이는 반응에 따라 망상활성계가 우리의 신념을 바꾸거나 신념을 더욱 굳히기 시작한다. 의식은 '보스'로서 클럽에 적절한 손님을 들이려는 욕구를 무척 신중하고 계획적으로 다뤄야 한다. 사람과 사건 또는 삶 전반에 대한 우리의 생각과 감정은 우리의 선택으로, 의식이 무엇을 받아들이고 생각하고 느끼는지는 우리가 결정할 수 있다.

훤히 보이는 무의식

숲에서 아파치족처럼 추적하는 법을 배울 때 나는 며칠씩 얼굴을 땅에 파묻고 발자취를 추적했다. 망상활성계가 그게 내게 얼마나 중요한지 알았기 때문에, 숲을 떠날 무렵 나는 도처에서 발자취를, 내 주변의 누구도 볼 수 없는 자취들을 볼 수 있게 됐다. 이 '은밀한' 세계는 오직 나만의 것이었다. 그리고 얼마 지나지 않아 나는 일본에 가서 전투탐색구조작전CSR 훈련을 지도하는 임무를 맡았는데, 내가 적군 역할이었다. 조종사 한 명이 황무지에 추락한 가운데 그의 곁에 길잡이이며 생존 전문가인 네이비실 대원 한 명이 함께 있는 상황이었다. 그 네이비실 대원도 숲속에서 나와 함께 추적법을 훈련했기 때문에, 내가 그 상황에 대해 무얼 알고 있는지 알고 있었다. 조종사들은 격추당했을 때 적의 수중에서 벗어나 포로 신세를 면하는 법을 배워야 한다. 이 조종사들이 뛰어난 조종술을 갖췄더라도 지상에서 길을 찾아 미리 정해진 구출 장소로 가는 법을 따로 배운다.

조종사가 숲에 들어간 지 몇 시간 뒤 나는 그 조종사를 찾아내기 위해 다른 네이비실 대원 한 명과 함께 같은 장소에 투입됐다. 7시간 뒤 어둠이 깔리기 직전에 내가 조종사를 체포했다. 내 눈에는 보이는 발자취들을 동행한 네이비실 대원은 보지 못한다는 사실을 깨달았다. 얼굴을 땅에 파묻고 오랜 시간을 보낸 덕에 땅이 미세하게 흐트러진 것을 마음으로 감지할 수 있었다. 내 문지기가 소임을 다하고 있었던 것이다! 조종사가 생존 장비까지 들고 이동 중이었기 때문에 그 흔적을 찾아내는 일은 진흙 위에 난 자국을 찾아내는 것처럼 쉬웠지만, 발자취를 볼 수 없었던 내 파트너에게는 그렇지 않았던 모양이다. 그의 뇌는 그 메시지를 알아보는 법을 배우지 못했지만, 메시지는 분명 거기에 있었다.

우리는 무엇을 보는가

우리 마음은 우리가 집중하는 대상의 영향을 받는다. 집중은 우리의 시간과 주의력을 지배하며 우리 경험을 매개한다. 그리고 이 경험들이 우리의 신념을 증명하고 강화한다. 우리가 쓰는 말이 생각이 되고, 생각이 감정이 되고, 감정이 행동이 되고, 행동이 습관이 되고, 습관이 가치와 신념을 뒷받침한다. 그 가치와 신념이 우리의 정체성이 된다. 살면서 우리는 항상 눈에 보이는 것을 믿지 않고, 종종 우리가 이미 믿는 것을 보게 된다.

> "
> 우리는 항상 눈에 보이는 것을 믿지 않고,
> 종종 우리가 이미 믿는 것을 보게 된다.
> "

사람은 자신과 생각이 비슷한 사람에게 끌리는데, 소셜 미디어가 이 현상을 확대해왔다. 소셜 미디어는 전 세계 사람들을 연결해주는 동시에 지금까지 만들어진 기술 가운데 가장 분열을 초래하기도 한다. 우리가 이미 가진 신념이 옳든 그르든 그 신념을 승인하고 강화하기에 가장 적합한 수단이 소셜 미디어다. 소셜 미디어가 우리를 현실에 눈멀게 하고 객관성을 억압하는 것처럼, '집단 사고'는 조직의 창의성을 말살한다.

마음의 독소를 끊어내라

나는 두려움에 사로잡힌, 유해하고 부정적인 사람들을 멀리한다. 매사에 불평불만이거나 반대만 하는 사람, 세상이 끔찍하다며 실패에 집착하는 사람들 말이다. 이런 사람을 알거나 함께 일한 적이 있다면 내가 무슨 말을 하는지 알 것이다.

네이비실에서 전역한 뒤 GUTS를 회복해갈 무렵 나는 분노 때문에 세상을 지금과는 다르게 바라보았다. 두려움에 사로잡힌 마음가짐으로 세상을 바라보자 내 망상활성계가 세상은 전쟁터만큼 위험하므로 경계를 늦추지 말고 위협에 대비해야 한다는 근거를 내게 보내고 있었다. 이런 시각은 내가 원하던 게 아니었기 때문에, 나는 스스로에게 새로운 계획과 근거를 제시해야 했다. 내 망상활성계에 새로운 거름망을 설치해야 했던 것이다.

내가 가장 먼저 한 일은 뉴스 시청을 중단한 것이다. 대신 내가 원하는 일에 시간과 공격적으로 주의력을 집중했다. 마음은 몸과 달리 독소를 제거할 수 있는 간과 신장이 달려 있지 않기 때문에, 우리가 의식적으로 그렇게 할 필요가 있다. 우리의 집중력과 시간, 주의력을 우리가 세운 목표와 우리가 원하는 삶의 방식에 집중하는 것이야말로 셀프 리더십을 실천하는 길이다.

심리상태 관리하기

우리의 심리상태는 힘이 막강해서 우리가 정보를 처리하고 행동하는 방식을 결정한다. 우리의 집중력과 우리의 언어, 우리의 뼈대인 몸은 모두 우리의 심리상태와 직접적으로 원인과 결과를 주고받는 양방향 관계를 맺고 있다. 만약 우리가 소파에 앉아 정크푸드를 먹으면서 밤새도록 케이블TV 뉴스를 보며 자기패배적 언어를 내뱉는다면, 어떤 심리상태를 갖게 될 가능성이 클까? 만약 우리가 규칙적으로 운동을 하고 열심히 일을 해서 얼마 전에 파격적인 승진을 했다면 우리의 심리상태는 또 어떨까? 우리의 심리상태는 우리를 성공 혹은 실패로 이끌 수 있기 때문에 항상 주의깊게 관찰할 가치가 있다.

몇 차례 전투 파병을 마치고 돌아온 뒤 나는 정기검진을 위해 병원을 찾았다. 이상하게 검진을 하기도 전에 의사가 대뜸 "많이 아픈가요?"라고 물었다. 당시만 해도 나는 외상후스트레스장애가 육체적 고통, 특히 허리 통증을 유발할 가능성이 매우 높다는 사실을 몰랐다. 불안감이 극에 달하면 정신적 고통이 실제로 신체 통증으로 나타날 수 있다. 의사의 질문은 적절했다. 허리가 결려 꽤나 고생하고 있었기 때문이다.

스트레스를 받는 심리상태는 고혈압, 소화불량, 비만, 당뇨, 우울증을 야기할 수 있다. 또 면역체계가 약해져 병에 걸리기 더 쉽다. 과도한 스트레스는 대단히 해로우므로, 적극적으로 이를 완화해야 한다. 하지만 스트레스를 완전히 없애는 것 역시 좋지 않다. 적당한 수준의 스트레스는 활력과 자극을 불어넣고 성취감을 안겨준다. 우리에게 필요한 것은 균형이다.

유해함에 대처하는 법

스트레스는 매우 다양한 원인들로부터 조금씩 받거나 단 하나의 원인 때문에 크게 받을 수도 있다. 관리자나 리더가 취하는 방식이 엄청난 스트레스를 유발할 수도 있다. 무능하고 경솔하면서 숨기는 게 많고 소통 능력이 떨어져 신뢰하기 힘든 관리자를 생각해보라. 마음속에 떠오르는 사람이 있나? 그럴 줄 알았다. 경제 매거진 《Inc.》에 소개된 기사에 따르면 최근 연구 결과 상사에게 이런 특성이 있는 경우 직원이 심장마비를 일으킬 가능성이 60퍼센트 더 높아지는 것으로 밝혀졌다.[14] 유해한 리더는 실제로 우리를 죽일 수도 있다!

리더십 관련 컨설팅과 교육 분야에 처음 뛰어들었을 때 나는 규모가 큰 어느 기업을 자문했는데, 이 회사는 내가 경험해본 최악의 환경을 갖추고 있었다. 회의실 한 곳에 20여 명의 고위 임원이 모여 있었는데, 회의실 안에 있는 사람 모두 대표를 두려워한다는 사실을 분명히 확인할 수 있었다. 이들이 사용하는 언어에서 대표가 얼마나 유해한 존재인지가 드러났고, 회의실 안 공기에 가득한 유해함을 느낄 수 있었다. 어느 순간 대표가 모습을 드러내자 회의실 안은 긴장감으로 숨이 막힐 듯했다. 위압적 태도에 웃음기 없는 표정의 대표는 임원들과 전혀 교감하지 못했다. 입을 열기만 하면 대표는 리더십 훈련에서 임원들이 무엇을 배우기를 기대하는지에 대해 말했다. 임원들의 얼굴 표정은 점점 굳어갔다.

이런 유해함과 숨막힐 듯한 두려움이 조직 전체에 만연한 결과 보신주의와 배신 같은 해로운 행동이 난무했다. 어느 순간, 임원 한 사람이 두 눈에 눈물이 고인 채 회의실 반대편에 있는 다른 임원을 바라보며 미안하다는 표정을 지어보였는데, 대표의 격노를 피하려고 잘못을 그의 탓으로 돌린 데 따른 죄책감 때문이었다.

이들이 처한 상황은 정말 가혹했다. 회사를 그만두거나 대표를 몰아내려고 시도하거나 아니면 항명이라도 해야 했을까? 이들은 발생한 원인에 좌우되는 결과가 됐으며, 이로 인해 파국적인 심리상태를 가지게 된 것이 분명했다. 부정적 사고와 유해함이 뒤엉키며 만들어낸 악순환이 할 수 있다는 긍정적 사고방식으로 무장한 팀이 돼 성과를 낼 수 있는 이 조직의 능력을 훼손했다. 경영진에 큰 변화를 주거나 사고방식을 완전히 바꾸지 않는 한 이들의 앞길은 험난했다.

만약 당신이 이런 상황에 처한다면 전자를 통제할 수는 없지만 후자는 확실히 통제할 수 있다. 가능한 한 긍정적으로 생각하고 문제는 내가 아니라는 사실을 깨달아야 한다. 유해함과 두려움이 마음을 파고들어 당신과 당신의 심리상태를 바꾸게 내버려둬서는 안 된다. 기회를 봐서 대표에게 더 나은 결과를 만들어낼 수 있는 소통 방법을 조심스레 제안하라. 이런 노력을 비판이 아닌 더 나은 리더가 되기 위한 방편으로 여겨라. 만약 직속 부하가 있다면 그 부하를 유해함으로부터 지켜내라. 상황이 폭포수처럼 그들에게 흘러내리지 않도록 보호막이 되어주라는 것이다. 상황마다 차이는 있지만 고난과 역경은 늘 성장할 기회를 제공한다는 사실을 명심하고, 어떻게 하면 더 나은 리더이자 더 나은 인간이 될 수 있는지에 집중하라.

> **"** 유해한 환경에 휘둘려 심리상태가 바뀌지 않게 하라. 대신
> 유해함을 긍정적 행동을 통해 성장할 수 있는 기회로 활용하라. **"**

우리의 반응에 성장이 달려 있다

자칫하면 우리를 둘러싼 환경이 심리상태를 좌지우지하고 결국 우리의 행복을 빼앗도록 방치하기 쉽다. 인생에서는 성

공이 행복을 좌우하는 것이 아니라, 반대로 행복이 성공을 좌우한다. 홀로코스트 강제수용소에서 살아남아 베스트셀러 『죽음의 수용소에서』를 쓴 빅터 프랭클Victor Frankl 박사는 이런 말을 남겼다. "자극과 반응 사이에는 공간이 있고, 그 공간에 자신의 반응을 선택할 수 있는 우리의 힘이 있다. 우리의 반응에 우리의 성장과 자유가 달려 있다." 우리가 어떻게 반응하느냐는 우리의 선택에 달려 있고, 오직 우리 자신만이 선택을 할 수 있다. 우리는 신중하고 계획적인 태도를 취해야 한다.

> "
> 자극과 반응 사이에는 공간이 있다.
> 그 공간에 자신의 반응을 선택할 수 있는 우리의 힘이 있다.
> 우리의 반응에 우리의 성장과 자유가 달려 있다.
> - 빅터 프랭클
> "

누구나 살다 보면 언제든 심리상태를 흩뜨리는 요인과 맞닥뜨리게 된다는 사실을 명심하라. 코로나19 팬데믹만큼 좋은 사례는 없다. 코로나 바이러스의 심각한 영향이 건강과 경제적 안정에 대한 쌍둥이 두려움을 불러일으키면서, 대다수 사람들을 지금까지 한 번도 경험해보지 못한 심리상태로 몰아갔다. 수동적으로 위축돼 주저하며 아무것도 하지 못하거나 누구와도 교감하지 못하는 상태 말이다. 넘치는 자신감으로 주도적으로 살아가던 사람들도 무력감에 빠져들었다. 개인 간, 기업 간 상호작용도 크게 훼손됐다. 이번 사건에서 특히 두드러지긴 했지만 보다 일반적으로 '정상적인' 상황에서 우리는 다른 사람들의 행동에 근거해 이들이 어떤 기분인지를 엿보게 된다. 부정적 행동이 눈에 들어오면 공감이 감정 반응을 통제하는 데 도움이 된다. 타인과 그들의 심리상태에 초점을 맞추면 자존심이 발동해 심리상태가 흔들리지 않도록 하는 데 도움이 된다. 중요한 것은 인식과 반응 그리고 자제력이다.

> " 감정적 상황에서는 자제력이 힘이 된다. 자신의 감정을
> 통제하는 것이야말로 스스로를 지배하는 길이다. "

직관이 당신을 방해할 때

네이비실에서의 경험은 전장에서 망상활성계가 정보를 걸러내 직관 혹은 '육감'을 만들어내는 데 도움이 된다. 위험한 도시에 파병될 때면 나는 그곳에 오래 근무하며 거리 순찰을 하고 도시를 몸소 겪어온 병사들과 함께 나가곤 했다. 그런데 이들이 갑자기 급브레이크를 밟거나 중앙선을 침범하는 일이 여러 차례 있었다. 이들은 무언가를 '느낄' 수 있었고 이에 대

응할 줄도 알았다. 육감이 이들에게 신호를 보낸 것이다. 이들의 무의식이 이 모든 정보를 취합해서 이들에게(의식의 보고가 아닌) 느낌을 보내면, 이에 따라 반응한 것이다. 그 거리를 순찰하면서 살아남은 병사들은 비상한 집중력으로 직관을 기르고 그 직관에 귀를 기울인다.

문제가 하나 있다. 현역 복무를 마치고 집에 돌아오면 마음속을 가득 채운 이 모든 '위험' 관련 정보가 쓸모없어지지만 마음은 우리가 오랫동안 하라고 요구해온 일을 중단하지 못한다. 운전하며 거리를 지나다 보면 길가에 있는 모든 물체가 위협적으로 보이는데, 전쟁터에서는 돌더미조차 우리가 탄 차량이 접근할 때 사제폭탄을 터뜨리기 위한 표식일 수도 있기 때문이다. 고속으로 달리는 차량도 위협으로 인식될 수 있다. 심리상태가 극도로 예민해져서 과민반응을 보일 가능성이 있다. 가장 중요한 것은 과거가 어떻게 우리의 심리상태를 바꾸었는지 이해하는 것이다. 이를 인식하는 것이 상처 치유의 첫 걸음이다.

전장에서는 시간이 지날수록 두려움이 피해망상과 분노, 증오로 바뀌어간다. 그런 감정들이 심리상태를 만들어내고, 그 심리상태가 우리가 세상과 일상생활, 미래를 바라보는 방식을 형성한다. 원인에 따른 결과가 되면서 행복이나 성공과는 거리가 멀어지고 만다.

꼭 전투 현장에서만 두려움이나 부정적 태도에 기반한 심리 상태에 빠지는 것은 아니다. 이 신념체계가 우리에게 끊임없이 생각을 곱씹고 파국화하게 만들고, 그 결과 부정적 '증거'가 우리의 무의식에 뿌리를 내린다.

> "
> 세상에는 좋은 것도 나쁜 것도 없다.
> 단지 우리 생각이 그렇게 만들 뿐.
> -셰익스피어 『햄릿』 중에서
> "

내면의 언어로 심리상태 통제하기

어떻게 하면 우리 자신의 심리상태를 통제할 수 있을까? 가장 좋은 방법 하나는 우리의 몸을 잘 보살피는 것인데, 우리의 전반적 몸 상태가 우리의 심리상태에 영향을 미치기 때문이다. 몸이 좋지 않거나, 통증을 느끼거나, 제대로 말을 듣지 않으면 심리상태에 부정적인 영향을 미친다. 잠을 못 자 육체적·심리적으로 소진되면 비겁한 마음이 고개를 들어 우리가 세운 목표와 인생의 계획을 포기하기 쉽게 된다. 반면 신체를 단련하고, 잘 먹고, 장을 잘 보살피고, 규칙적으로 DOSE 호르몬을 만들어내면 기분이 좋아진다. 감정이 몸의 움직임을 이끌어내고, 반대로 몸의 움직임이 감정의 변화를 이끌어낸다.

과거에 일어난 사건(다른 사람과 한 다툼이나 끔찍한 실수, 불행한 경험)이 우리의 심리상태를 바꾸었을 수도 있음을 깨닫는 것이 중요하다. 다음 단계는 특정한 사건을 하나 골라 이에 관한 내면의 언어를 재구성하는 것이다. 과거에 경험한 거의 모든 일들이 유리컵에 물이 반밖에 안 남았기도 하지만 아직 반이나 남았기도 한, 다시 말해 부정적 측면과 긍정적 측면을 모두 가지고 있다. 적극적 태도로 물이 반이나 남았다는 사실에 집중해라.

> 감정이 몸의 움직임을 이끌어내고,
> 반대로 몸의 움직임이 감정의 변화를 이끌어낸다.

할리우드의 최고의 배우들은 '메소드 연기'로 불리는 기법을 통해 자신이 연기하는 등장인물로 변신한다. 이 배우들은 등장인물이 된 척하지 않고 등장인물로 변신해서 실제로 그 인물이 될 때까지 행동한다. 등장인물의 삶에 온전히 몰두하고, 등장인물의 모든 측면을 연구한다. 등장인물처럼 걷고 말하고 궁극적으로는 등장인물처럼 생각하고 느끼는 법을 배운다. 해당 인물이 자신의 몸안에서 어떤 기분일지 더 잘 이해하기 위해 살을 찌우거나 빼기도 한다. 다니엘 데이 루이스Daniel

Day-Lewis가 연기한 링컨 대통령과 스티븐 스틸버그 감독의 영화 〈링컨〉에서 샐리 필드Sally Field가 연기한 링컨의 아내 메리 토드 링컨이 좋은 예다.

영화 〈아메리칸 스나이퍼〉에서 브래들리 쿠퍼Bradley Cooper가 연기한 네이비실 저격수 크리스 카일도 마찬가지다. 배역을 준비하기 위해 쿠퍼는 근육을 20킬로그램 가까이 키우고, 텍사스 사투리를 완벽하게 익히고, 전직 네이비실 저격수 케빈 레이에게 저격용 소총 쏘는 법을 배웠다. 흥미롭게도 쿠퍼는 한 인터뷰에서 카일을 연기하기 위해 몸의 화학작용까지 완전히 바꿔야 했다고 말했다. 카일로 변신하려면 미국 역사상 가장 뛰어난 저격수의 심리상태를 갖춰야 한다는 사실을 그는 알고 있었다. 《LA 타임즈》에 소개된 기사에서 쿠퍼는 "사실 카일을 아직 떠나보내지 못했다"고 토로했다. 쿠퍼를 인터뷰한 기자는 그가 진짜 크리스 카일 혹은 위험한 장소에 익숙한 사람처럼 방 안을 이리저리 살핀다는 사실을 알아차렸다.[15]

요점은 이렇다. 우리는 우리의 심리상태를 바꿀 수 있다. 그건 우리의 선택이다. 우리는 몸과 마음이 양방향으로 작동하며 서로가 서로를 이끄는 균형 잡힌 기계처럼 움직이도록 몸과 마음을 활용할 수 있다.

　자신의 심리상태에 세심하게 주의를 기울이며 집중하라. 부정적이거나 두려움이 가득하다면 원하는 심리상태로 바꾸는 연습을 하라. 외적 언어와 내적 언어를 모두 바꿔 파국화를 멈춰라. 중요한 행사나 만남 전에 스스로의 심리상태를 통제해서, 마음이 나를 좌지우지하지 않게 해라. 원인에 따른 결과가 아닌, 결과에 영향을 미치는 원인이 돼라.

- 망상활성계(RAS)는 의식과 무의식을 잇는 관문 역할을 한다. 망상활성계는 인식의 '문지기'가 되어 무의식에 있는 정보를 걸러내서 어떤 정보가 의식에 들어갈지를 통제한다. 망상활성계는 우리가 가진 직관의 원천이다.

- 망상활성계의 활동은 숲속에 난 동물 발자국처럼 아주 확연히 드러날 수도 있고 무척 미묘할 수도 있다.

- 우리가 쓰는 말이 생각이 되고, 생각이 감정이 되고, 감정이 행동이 되고, 행동이 습관이 되고, 습관이 가치와 신념을 뒷받침한다. 그 가치와 신념이 우리의 정체성이 된다.

- 두려움은 쉽게 번져서, 때로는 사물을 객관적으로 바라보기보다는 우리가 이미 믿는 대로 보게 만든다.

- 우리의 집중력과 우리의 언어, 우리의 몸은 모두 우리의 심리상태와 직접적으로 원인과 결과를 주고받는 양방향 관계를 맺고 있다.

- 우리의 심리상태는 힘이 막강해서 우리가 정보를 처리하고 이를 기반으로 행동하는 방식을 결정한다.

- 부정적 태도는 대개 부정적 태도를 낳고 이는 유해한 환경으로 이어질 수 있는데, 유해한 환경은 스스로 악순환을 일으키며 창의력과 생산성, 진취성, 팀워크, 행동을 억압한다.

- 유해한 환경에 대처하는 법은 (1)내 탓이 아니라는 사실을 깨닫고 (2)긍정적 측면에 집중하면서 (3)더 나은 결과를 만들어낼 수 있는 더 나은 소통 방법을 상사에게 조심스레 제안하고 (4)유해한 환경이 자신의 심리상태를 좌우하지 않게 하는 것이다.

- 마음은 몸과 달리 독소를 제거할 수 있는 간과 신장이 달려 있지 않기 때문에, 우리가 의식적으로 그렇게 행동해야 한다.

- 빅터 프랭클 박사에 따르면 "자극과 반응 사이에는 공간이 있고, 그 공간에 자신의 반응을 선택할 수 있는 우리의 힘이 있다. 우리의 반응에 우리의 성장과 자유가 달려 있다."
- 성공은 행복으로 이어지지 않지만, 행복은 성공으로 이어진다.
- 심리상태를 개선하기 위해서는 몸을 잘 보살펴라. 신체를 단련하고 잘 먹고 잘 자면서 규칙적으로 DOSE 호르몬을 만들어내라. 우리가 한 경험이 우리의 심리상태를 해쳤을 수도 있음을 인정하고, 이에 객관적으로 대처하라.
- 감정이 몸의 움직임을 이끌어내고, 반대로 몸의 움직임이 감정의 변화를 이끌어낸다.

GUTS

9장

자기 혁명

나는 나를
통제할 수 있다

이라크전이 시작된 지 1년쯤 지났을 무렵 밤 0시 30분쯤 나는 바그다드 시내를 도보로 지나고 있었다. 사드르시티라고 불리는 바그다드 북동부 지역은 적이 도시를 장악한 상태여서 곳곳에 사제폭탄이 설치돼 있었다. 그날 밤 우리는 목표 건물에 도착하기 몇 블록 전에 차에서 내려야 했는데, 건물 안에 적의 전투병이 대거 매복 중이라는 사실을 알았기 때문이다. 차에서 내리며 발쪽을 내려다보니 전선이 매달린 사제폭탄 같은 물체가 하나 있었다. 폭탄 사이에 두 발을 걸치고 있었던 것이다. 우리는 폐허가 된 거리를 따라 조용히 이동하던 중 불을 지핀 드럼통 옆에 모여 있는 이라크인 무리 바로 옆을 지나게 됐다. 방탄복과 레이저 조준경, 재래식 병기로 무장한 나의 등장에도 이들은 조금도 놀라는 기색 없이 빤히 나를 쳐다보았다. 이런 순간에는 누가 적인지 누가 해롭지 않은지 전혀 구분이 가지 않는다. 만나는 모든 사람, 특히 한밤중에 맞닥뜨리는 사람은 누구나 나를 공격할 수 있으므로 모든 사람이 위협 요인이다. 웬일인지 그때 나는 일종의 기시감을 느꼈다. 전에 와본 곳 같았고 그곳에서 어떤 일이 일어날지 이미 알고 있다는 생각이 들었다. 그런 생각이 들었다기 보다는 그냥 그렇게 느꼈다. 나는 깊은 평온과 확신을 느꼈다. 이유가 무엇이었을까?

나는 이 작전에 투입되기 전에 이라크전에서 복귀한 네이비실 대원들과 시간을 보냈는데, 이들이 전술에 관한 조언과 함께 현지 사정에 대한 이야기를 들려주었다. 나는 거리 모습은 어떤지, 어떤 냄새가 나는지, 그곳에 가면 어떤 경험을 하게 될지 알고 싶었다. 미지의 세계와 맞닥뜨리면 우리는 파국적 생각으로 그 공백을 메우려는 경향이 있다. 동료 대원들은 전기가 공급되지 않기 때문에 현지인들이 불 주변에 삼삼오오 모여 몸을 녹이며 동네를 지키는 모습을 꽤 자주 봤다고 말해주었다. 그 뒤로 마음속으로 수백 번은 이런 상황을 반복 경험한 나는 그런 상황에서 어떻게 대처해야 할지 알고 있었다.

평온함과 확신의 감정의 중심에는 내 모든 생각과 감정, 두려움, 행동, 그리고 반응을 관장하는 '조종석'이 있었다. 그 기관은 바로 내 뇌다.

모든 것이 선택

인간의 뇌는 무게는 우리 몸 전체 체중의 2퍼센트 정도에 불과하지만 우리가 사용하는 에너지의 4분의 1 가까이를 소비한다. 사람들은 보통 뇌가 의도적 개입을 받지 않는 오토파일럿 모드로 작동하게 내버려둔다. 우리의 신체는 뇌의 활동에 영향을 미치지만, 그게 유일한 영향은 아니다. 우리가 생각하는 방식과 대상을 통제함으로써 우리는 우리 삶을 통제한다. 우리가 모든 상황에서 최고의 기량을 발휘할 수 있는 까닭은 우리가 통제력과 선택권을 가지고 있기 때문이다. 즉 우리가 초래된 결과가 아닌 결과를 만들어낸 원인이기 때문이다.

> **"**
> 우리가 생각하는 방식과 대상을 통제함으로써
> 우리는 우리 삶을 통제한다.
> **"**

근육보다 강한 마음의 힘

2004년 임상 생리학자 광예Guang Yue는 실제로 운동을 하지 않고 운동하는 상상을 하는 것만으로도 근력을 기를 수 있는지 알고 싶었다. 그래서 두 개의 테스트로 이뤄진 실험을 고안해낸 뒤 실험 참가자들을 테스트 당 2그룹씩 총 4개의 무리로 나누었다. 첫 번째 실험은 손가락 힘과 관련된 것이었다. 한 그룹은 손가락 운동을 해서 손가락 근육의 힘을 키우려고 했고, 다른 그룹은 손가락 운동을 하는 상상만 했다. 두 번째 실험은 팔의 힘과 관련이 있었다. 한 그룹은 상상만으로 팔 힘을 기르려고 시도한 반면, 다른 그룹은 아무것도 하지 않았다. 실험은 12주 동안 일주일에 5일, 하루 15분씩 이어졌다.

손가락 운동을 한 그룹의 53퍼센트가 손가락 힘이 강해진 것으로 확인됐다. 운동을 하는 상상만 한 그룹들도 35퍼센트가 손가락 힘이 강해지고 13.5퍼센트가 팔 힘이 늘어났다! 대단하지 않은가! 아놀드 슈워제네거를 숭배했던 어린 시절의 나 역시 그 같은 상상을 했고, 슈워제네거 역시 마찬가지였다.

『아놀드 슈워제네거의 보디빌딩 백과』에서 슈워제네거는 이렇게 말했다. "이두박근 훈련을 할 때면 시각화 훈련도 많이 했다. 마음속에서 이두박근이 산처럼 거대하게 부풀어 오르면서 이 초인적인 근육 덩어리로 엄청난 무게를 들어 올리는 내 모습을 상상했다." 마음이 근육을 더 강하고 더 크게 만들어주는 순간이었다. 슈워제네거는 대단한 깨달음을 얻었다. 보디빌더라면 누구나 최대한 몸을 키우기 위해서는 마음의 눈을 특정한 근육에 집중해서 '그 안으로 들어가' 그 근육을 완전히 활용해야 한다는 사실을 안다. 흥미롭게도 신경과학자들은 실제로 행동을 할 때와 단지 그 행동을 머릿속에 그려볼 때 뇌에서 똑같은 신경회로가 발화한다는 사실을 발견했다.

> " 마음속에서 내 이두박근은 산처럼 거대해졌다.
>
> -아놀드 슈워제네거 "

마음의 힘을 분명히 드러내는 또 다른 사례인 '플라시보 효과'는 사람들이 유익한 결과를 기대하는 경우 설탕으로 만든 알약이나 식염수 주사액처럼 치료 가치가 없도록 고안된 물질인 위약을 투여 받고도 치료 효과를 경험하는 현상을 말한다. 플라시보는 통증의 자각처럼 뇌에 의해 조절되는 증상에 효과가 있다. 청결하고 건강한 삶을 살고, 잘 먹으면서, 운동도 하고, 자연에 머무는 것 같은 긍정적 습관을 머릿속에 떠올리는 것 역시 플라시보 효과를 높이는 것으로 나타났다. 우리가 효과가 있다고 믿으면, 실제로 효과가 나타나는 것이다.

가능성은 마음에 달렸다

인간은 동물 가운데 유일하게 상상을 하고, 감정적으로 반응하고, 심리상태를 만들어낼 수 있다. 우리는 상황을 파국화하거나, 미래를 두려워하기도 하고, 우울증에 빠지기도 하며, 우리가 가진 잠재력에 생각을 집중하고 미래에 대한 기대로 흥분하거나 들뜰 수도 있다. 우리에게는 스스로 감정과 심리상태를 통제하는 능력이 있다.

> " 우리에게는 스스로 감정과
> 심리상태를 통제하는 능력이 있다. "

우리 몸이 우리의 차대라면, 우리의 심리상태는 우리의 엔진이고 우리의 감정은 우리를 움직이게 하는 연료다. 그리고 우리 마음은 조종석이다. 마음은 우리가 하는 모든 행동을 관장하는 지휘본부다. 뿐만 아니라 마음은 미리 연습을 해볼 수 있는 시뮬레이터이자 여행을 떠날 수 있는 타임머신 역할도 한다는 점에서 특별하다.

SF 소설이나 영화는 인간이 상상력을 통해 미래를 그려볼 수 있음을 보여주는 훌륭한 지표다. 1931년 처음 방영된 만화 〈딕 트레이시Dick Tracy〉의 주인공은 손목에 양방향 무선 통신장치를 차고 있었다. 수십 년이 흐른 뒤 주인공이 차고 있던 이 통신장치에서 영감을 받은 모토롤라사의 마틴 쿠퍼Martin Cooper 가 최초의 휴대전화를 발명했다. 이제 우리는 스마트폰으로 영상통화를 하고, 전 세계 모든 공공정보를 이용하고, 길을 찾고, 심지어는 전 세계 어느 곳에서도 집의 상황을 확인할 수 있다. SF 작가 아이작 아시모프Isaac Asimov는 1964년 뉴욕 세계박람회를 방문한 뒤 로봇 두뇌를 갖춘 자동차의 출현을 예견했다. 시간이 흘러 우리는 자율주행 자동차를 갖게 됐다.[16]

우리 마음은 과거와 현재, 미래를 넘나들며 작동한다. 마음의 오토파일럿 모드를 켜거나 끌 수도 있다(우리는 여기에 많은 시간을 들인다). 우리는 우리 손을 '핸들'에 올려놓지 않은 채 마음이 과거와 현재, 미래를 넘나들게 내버려둔다. 하지만 두려움에 대처하고, 성취동기를 만들어내고, 성공을 극대화하기 위해서는 스스로 마음을 다스리고 가다듬기 위한 신중한 계획과 수단을 갖춰야 한다.

마인드 트레이닝을 위한 사전 점검

마인드 트레이닝은 누구도 발을 들인 적 없는 동굴을 탐험하는 것과 같다. 겁두 조금 나지만 호기심도 발동한다. 우리의 변화와 성공에 한계를 부여하는 것은 우리 자신인 만큼, 충분한 믿음과 호기심을 가지고 탐구를 시작하기만 하면 된다.

애지중지하는 스포츠카 운전석에 앉아 차량의 성능을 최대한 발휘할 수 있게 고안된 계기판의 계기와 제어장치들을 내려다본다고 상상해보자. 경주용 차에 비유하는 까닭은 마인드 트레이닝을 보다 구체화해서 삶의 다양한 측면에 적용 가능하도록 하기 위해서다. 사용 가능한 구체적 도구들이 있다. 의도, 신체, 심리상태, 적극적 선제공격 언어, 시각화, 우리의 감각, 호흡 등이 모두 해당한다. 이 도구들은 모두 우리가 마인드 트레이닝을 시작하기 전에 갖추고 준비해야 할 사전 점검 항목들이다.

끝을 생각하고 시작하라

시작하기 전에 우리는 우리가 하는 행동의 의도부터 이해해야 한다. 우리가 바라는 결과는 무엇인가? 리더로서 의도를 설명할 때 나는 '목적', '핵심 과업'과 함께 '최종 상태'를 포함한다. 이는 하급자들에게 독자적으로 행동하기에 충분한 환경을 제공한다. 독자적 행동이란 예상치 못한 기회가 생기거나 제약을 만났을 때 또는 실행 중인 계획이 더 이상 적절치 않을 때 능동적으로 행동한다는 뜻이다. '목적'은 테러 위협을 제거하거나 비즈니스의 경우 제품의 경쟁력을 높여 시장점유율을 끌어울리는 등의 전반적 목표에 견주어 자신이 기울이는 노력을 보다 넓게 이해할 수 있게 해준다. 이를 통해 자신이 하는 행동의 이유를 확실히 알고 의도를 명확하게 파악할 수 있다. 어떻게 하면 이 목적을 분명히 표현할 수 있을까?

리더의 의도를 구성하는 두 번째 부분은 '핵심 과업'을 포함한다. 핵심 과업은 실행 과정에서 반드시 이뤄져야 하는 핵심 조치들을 말한다. 마지막이자 가장 중요한 부분인 '최종 상태'는 성공이 어떤 모습일지를 말해주는, 성공의 명확한 이미지다. 리더로서 권한 위임의 목적은 임무 부여가 아니라 목표로하는 결과의 공유다.

> **"**
> 리더로서 권한 위임의 목적은 임무 부여가 아니라
> 목표로 하는 결과의 공유다.
> **"**

의도를 이해하면 우리의 망상활성계가 자극을 받아 입력된 정보들을 우리가 추구하는 목표에 따라 걸러내기 시작한다. 그 과정에서 망상활성계는 정보의 조각들을 우리가 상상조차 하지 못했던 방식으로 이어 붙인다. 우리가 바라는 최종 상태에 따라 정보를 조합하는 것이다.

몸 만들기

조종석 시뮬레이터에 올라 마인드 트레이닝을 시작하기 전에 먼저 우리 몸 상태를 꼼꼼히 점검해야 한다. 준비 과정에서 DOSE를 생성해서 심리상태를 바꾸면 도움이 된다. 운동이나 자연에 머물기, 건강한 식사, 숙면을 통해 이를 이룰 수 있다.

긍정적 태도를 유지하라

우리의 심리상태는 우리 삶의 결과를 좌우할 수 있다. 목표를 이루기 위한 계획을 세울 때 나는 늘 긍정적 심리상태를 가지려고 노력한다. 다음 책을 쓸 계획을 세울 때면 비즈니스 거래의 성공, 독자들의 만족, 심사숙고해온 과업의 완료 등 온갖 긍정적 결과들을 떠올리는데, 이런 생각들이 종이에 펜을 대기도 전에 의욕과 호기심이 넘치는 심리상태를 갖게 해준다. 미래를 계획할 때는 절대 부정적인 심리상태에 빠져서는 안 된다. 그럴 경우 부정적 감정이 미래로 옮아가 미래에 일어날 일들에 달라붙게 된다. 하지만 '부정적'으로 여겨지는 감정이 유용할 때도 있다. 나는 전투 현장에서는 공격적이면서 동시에 신중한 태도를 갖추기 위해 훈련해왔다. 때로는 작전회의에 참석해 부대원들이 무척 싫어할 명령을 내리기 전에, 엄격하고 단호하게 마음가짐을 다잡고는 했다. 반대에 부딪치더라도 그 반대를 제압하기에 적절한 심리상태를 갖춘 것이다.

타이밍 역시 중요하다. 무언가 긍정적 에너지가 요구되는 일을 하기 직전에 부정적 에너지를 크게 발산할 만한 행동을 하는 것은 그다지 좋은 생각이 아니다. 예를 들어 공공기관에서 2시간 동안 줄을 서 기다렸는데 담당자가 내 서류를 잃어버려서 다음 날 다시 방문해야 한다고 생각해보자. 심리상태에 타격을 받을 수밖에 없는 상황이다. 그럴 때 집에 돌아가자마자 다음 강연을 마음속으로 연습하고 싶지는 않을 것이다. 만약 그때 강연을 연습하면, 분노가 기본 감정이 돼 연단에 섰을 때 그 감정이 드러나고 만다.

언어로 결과를 통제한다

언어가 성공의 비결인 까닭은 언어가 시각적 이미지를 만들어내고 그 이미지가 생각을 만들어내거나 자극하기 때문이다. 결과를 통제하려면 언어를 통제해야 한다.

스스로에게 최고의 코치가 되는 데 어려움을 겪는 사람도 있다. 이들은 스스로에게 하는 말이 거짓말이라고 생각해서 진정성을 느끼지 못한다. 이는 우리가 빠져들기 쉬운 자기 충족적 함정으로, 우리 삶의 발전과 진보를 가로막는다. 이런 자기대화의 시간 동안에는 내가 장교후보생학교에서 배운 대로

3인칭 화법으로 말하는 것이 도움이 될 수도 있다. "하이너는 1마일 달리기를 4분 내로 주파할 수 있다고. 식은 죽 먹기지!" 당신이 굳게 신뢰하는 누군가를 지도하는데, 정작 상대방은 스스로에 대한 믿음이 아직 거의 없다고 생각해보라! 스스로를 코칭할 때도 누군가 다른 사람을 코칭한다면 쓰게 될 언어를 사용해서, 자기 회의가 굳어지지 않도록 매사를 최대한 긍정적으로 바라봐야 한다. 언어는 변화를 촉진하기 위해 사용하는 도구로, 원하는 곳으로 우리를 데려다준다.

눈에 보인다면 옳은 것이다

뇌가 정보의 3분의 2 가량을 시각을 통해 받아들일 만큼 시각은 다른 모든 감각을 압도한다. 사실 시각 정보 처리를 전담하는 뉴런은 대뇌피질의 30퍼센트를 차지한다. 시각화는 단순히 세계를 기록하는 도구의 차원을 넘어 세상을 거의 즉각적으로 이해할 수 있게 해준다. 분홍색 코끼리 한 마리가 검정색 조끼를 입고 공 위에 올라선 채로 미소를 띠고 당신을 바라보며 볼링핀을 저글링하는 모습을 상상해보라. 실제로는 이런 모습을 한 번도 본 적이 없었는데도, 말의 힘에 이끌려 방금 전 마음으로 그런 모습을 보았을 것이다. 시각화는 마음이 '실제 경험'과 크게 구분 짓지 않는 경험을 만들어낼 수 있다. 스스로 어떤 임무를 수행하는 모습을 시각화하면, 마음의 길이 만들어져 실제 그 임무를 달성하는 데 도움이 된다.

후각의 힘

마인드 트레이닝을 할 때는 우리의 감각을 집중해야 한다. 시각이 가장 중요한 정보를 뇌에 제공하지만, 후각도 나름의 방법으로 특별한 역할을 한다. 냄새는 시상*을 건너뛰고 후각 신경을 통해 곧바로 뇌의 변연계에 전달된다. 이 '도마뱀 뇌'** 는 편도체 및 해마와 연결돼 우리의 기분과 기억, 행동, 감정에 중요한 역할을 한다. 냄새가 어떻게 우리를 곧바로 추억이 가득한 순간으로 데리고 가는지 우리 모두 경험한 적이 있다. 나는 총기 윤활유나 폭약 냄새를 맡으면 마음이 편안해지고 만족감을 느끼는데, 대다수 사람들은 이해하지 못할 수도 있다. 격투기 도장의 냄새가 누군가에게는 푸근하게 느껴지겠지만, 다른 사람들에게는 구역질나는 냄새인 것처럼 말이다. 가죽 냄새와 갓 자른 풀 냄새를 맡을 때마다 나는 곧장 어린 시절 메

---

* 감각이나 충동, 흥분이 대뇌피질로 전도될 때 중계 역할을 담당하는 부위.
** 뇌 피충류층이 다른 말로. 먹고 마시고 도망치고 성적인 행동을 하는 등 인간의 가장 본능적인 감정의 원천.

이저리그 선수가 되는 꿈을 꾸며 야구 경기를 했던 추억을 떠올린다.

숨이 멎는 순간

우리는 날마다 하루 종일 쉬지 않고 숨을 쉬지만, 호흡은 우리의 심리상태와 전반적인 행복에 변화를 줄 수 있는 도구 가운데 가장 저평가되고 있다. 호흡에는 탐구할 구석이 많지만, 주안점을 두어야 할 부분은 호흡이 신체 능력, 궁극적으로는 우리 기분에 미치는 영향이다. 여기서 나는 호흡의 두 가지 일반적 유형인 느긋한 횡경막 호흡과 심호흡에 초점을 맞추려고 한다. 마음을 차분히 가라앉히고 부교감 신경(투쟁 또는 도피 반응을 불러일으키는 교감 신경과 정반대 기능을 한다)을 활성화하고 싶을 때 우리는 횡경막을 이용해 깊게 호흡을 한다. 내가 사용하는 '4X4 방식'이라는 간단한 기법은 숫자 1부터 4까지 세며 코로 깊숙이 숨을 들이마신 다음 역시 숫자 1부터 4까지 세며 입으로 숨을 내쉬는 것이다. 복부가 팽창하면서 횡경막이 수축하고 흉부는 움직임이 없는 이 호흡법은 보통 복식호흡이나 심호흡이라고 불린다. 이 호흡법이 서양에서 다소 어색한 까닭은 배를 내밀지 않는 것이 바람직하다고 여기는 문화 때문에 배가 아닌 가슴을 이용해 얕은 호흡을 하기 때문이다. 사람들이 하루 종일 하는 가슴으로 하는 얕은 호흡을 사실 우리의 교감 신경을 활성화할 수 있다. 마인드 트레이닝을 하는 동안에는 교감 신경을 이용해서 빠르게 집중하는 데 도움이 될 만큼 충분한 불안감을 유발하는 것이 좋다. 보통 나는 짧은 시간 동안 심호흡을 해서 이런 반응을 이끌어내는데, 심호흡이 혈중 이산화탄소 농도를 인위적으로 조작해 교감 신경의 반응을 촉발하기 때문이다. 원인과 결과를 뒤바꿔 가벼운 흥분 상태를 만드는 것이다.

마음으로 준비하기

배치 전 훈련을 받는 동안 네이비실 팀은 과거에 했던 모든 훈련을 반복하며 다양한 전투 기량을 갈고닦는다. 근접전투 훈련 같은 단위 훈련이 시작되기 전에 나는 최고의 사수가 돼 모든 동료들을 능가하겠다는 목표를 세우곤 했다. 장교와 사병, 네이비실 대원들 간에 끊임없이 오가는 경쟁의식은 기준과 성과 목표를 높이는 건강한 수단 역할을 한다. 주말이나 특정 훈련이 시작되기 며칠 전부터 나는 머리를 맑게 하고 남들보다 한발 앞서 내 기술을 되살리기 위해 마음속으로 예행연습을 한다. 네이비실에서 배우는 기술은 대부분 일시적이어서 시간이 지나면 약화되므로, 항상 재점검하고 가다듬어야 한다.

내가 인생의 신조로 삼는 네이비실의 모토가 하나 있다. '사수를 지도하기 위해서는 사수가 필요하다'는 말로, 리더라면 최고의 기량을 발휘해 자신이 지도하는 사람들의 존경을 얻어내야 한다는 뜻이다. 내가 다른 모든 사람을 능가하겠다는 목표를 세우는 것은 바로 이 때문이다. 목표를 이뤘을 때 나는 말없이 결과가 드러나는 것을 지켜보았다. 뿐만 아니라 매번 훈련을 받을 때마다 한발 앞서 출발하는 것만으로도 후광 효과가 생겨 훈련 과정을 막론하고 팀원들의 신뢰를 받게 된다.

팀에 '그릿'이 있는가?

우리가 무언가에 특별한 재능을 발휘하면 사람들은 위협이나 열등감을 느끼지 않고, 우리에게 천부적 재능이 있다고 믿고 우리를 대단히 신뢰하게 된다. 이 후광효과는 효과적인 팀을 만드는 데 큰 도움이 된다. 앤절라 더크워스Angela Duckworth는 『그릿』에서 철학자 니체의 다음과 같은 말을 인용했다. "우리의 허영심이 천재 숭배를 조장한다. 천재를 마법적 존재로 여기면 우리 자신과 비교해서 우리의 부족함을 느끼지 않아도 되기 때문이다. (…) 누군가를 '신적인' 존재로 여기면 그와 경쟁할 필요가 없어진다."

조종석으로

마인트 트레이닝 방법은 다양하지만 나는 스스로 조종석에 앉은 모습을 떠올리는 것을 좋아한다. 그곳에는 달리기를 할 때 속도나 심박수 같은 성능 지표를 확인할 수 있는 계기들과 운전대처럼 방향을 조정하는 도구를 비롯해 내가 통제하고 조정해서 다양한 상황에 대응할 수 있는 유형의 물체들이 있다. 이제 두 가지 시나리오로 이 조종석 훈련법이 어떻게 작동하고 어떻게 자신만의 조종석 시뮬레이터를 만들어 과거와 현재, 미래를 훈련할 수 있는지 설명하겠다. 시나리오 1은 현재의 조종석으로, 상황이 진행 중인 상태에서 스스로 집중력을 통제하고 파국적 생각을 최소화하면서 성과를 극대화하는 것이다. 시나리오 2는 우리의 미래 행동에 초점을 맞춘 '타임머신' 시뮬레이터로, 실제로 상황이 발생했을 때 밟아 나가기를 희망하는 마음의 길을 만들어내는 과정을 포함한다.

결승선까지 전력질주

나는 거의 매일 밖에 나가 달리기를 하는데, 나는 이를 '즉흥 연주jam'라고 부른다. 보통은 달리는 속도를 끌어올리려고 애쓰지 않고, 대신 스스로 오토파일럿 모드로 설정하고 편안한 속도로 달리면서 현재 맡은 일이나 특정한 상황을 해결하는

데 집중한다. 그때그때 내가 애쓰고 있는 일에 대해 혼잣말을 큰 소리로 중얼거리기 때문에 이웃들은 내가 정신이 나갔다고 생각할 것이다. 예를 들어 강연 일정이 임박한 경우에는 강연 구상을 예행 연습한다. 이렇게 하는 동안 망상활성계가 내게 많은 정보를 쏟아내고, 나는 이를 토대로 결론을 도출해 낸다. 이런 달리기는 체력단련만이 목적이 아니어서, 이런저런 일들을 충분히 생각할 시간으로 활용한다. 달리기는 내가 정말 좋아하는 일종의 치료법이다. 하지만 나는 경쟁의식이 무척 강한 사람이라서 기회가 주어지면 마다하기가 정말 힘들다.

내가 사는 남부 캘리포니아에는 철인 3종 경기 대회에 출전하는 사람들이 많다. 이들은 세계 곳곳을 찾아 경기에 참가하고 1년 내내 훈련을 한다. 나는 보통 오토파일럿 모드로 달리기를 하지만, 몸에 착 달라붙는 옷을 입고 체중이 70킬로그램도 안 돼 보이는 이 '철인 친구들'을 만나면 경주가 시작됐음을 직감하게 된다.

그럴 때면 나는 곧바로 오토파일럿 모드를 끄고 운전대를 꽉 붙잡고 달리기에 집중한다. 이제 치료를 위한 달리기 시간이 아니라 경주를 시작하는 것이다! 이때 나는 영화에서 비행기에 뭔가 문제가 생겼을 때 조종사가 신속하게 주의를 집중해야 하는 장면처럼 내 계기들에 불이 들어오는 모습을 떠올린다.

상대와 얼마나 먼 거리를 달릴 생각인지 나는 안다. 2킬로미터쯤 달리고 끝낼 생각이라면 2킬로미터짜리 경주를 벌이는 것이다. 내가 10미터쯤 뒤처져 있을 때 상대가 속도를 붙이기 시작하면 그도 내 존재를 의식한다는 것을 알 수 있다. 경쟁심이 강한 사람은 뒤에서 달리던 사람이 자신을 앞질러 가는 것을 좋아하지 않는데, 나처럼 달리기 선수 몸매가 아니라 미식축구 수비수처럼 덩치가 큰 사람이 앞서나가면 특히 더 그렇다. 내 마음속 성능 지표들이 가상의 계기와 스위치가 되고, 이 계기들이 내 집중력과 노력, 속도, 폭발적 날숨, 몸의 움직임, 보폭을 지휘한다. 나는 마음속 계기들을 차례차례 살펴며 모든 성능 지표를 점검하고 내가 쏟아내는 힘을 극대화한다.

나는 얼마나 먼 거리를 뛰어야 하는지 유념하며 속도를 차츰차츰 높이기 시작한다. 그 정도 거리에서 속도를 유지하려면 얼마나 힘을 써야 하는지 나는 안다. 나는 '미리 숨쉬기 prebreathe'를 시작하는데, 이는 심호흡을 깊게 한다는 뜻으로 들숨보다는 폭발적인 날숨에 초점을 맞춘다. 이 날숨이 내 몸에서 이산화탄소를 빼내고 산소를 대량 공급해 몸이 돌격할 채비를 갖추게 한다. 폭발적으로 날숨을 내쉴 때 나는 폐에 있는 이산화탄소를 전부 뱉어내서 다리에 연료를 공급하기 위해 필요한 산소가 들어갈 공간을 만들어내는 상상을 한다. 나는 마치 다른 사람을 지도하듯 스스로에게 말을 건넨다.

'RPM(분당 회전수)이 레드존 가까이 올라갔군. 좋아. 이제 살짝 내리막이니까 보폭을 좀 더 늘리고 속도를 붙이자고. RPM이 떨어지잖아. 레드존으로 다시 끌어올려야 해! 호흡은 폭발적으로, 몸에 힘은 빼고, 손은 자연스럽게 내리고, 폭발적 호흡. 이제 나지막한 언덕이야. 이제 심호흡, 폭발적 호흡으로 언덕에 미리 대비해야 해!'

나는 내 몸과 상대방을 함께 관찰하고 있다. "언덕이야. 보폭을 줄여. 보폭을 최대한 줄이고 RPM도 낮춰. 폭발적 호흡. 자 이제 따라잡았다!" 이때쯤 나는 심호흡으로 폐에 있는 공기를 폭발적으로 내뱉는 데 집중한다. 그리고 더 많은 힘을 쏟아부어 실제로 가슴이 타들어가는 느낌이 들 때까지 속도를 붙이며 RPM을 레드존으로 끌어올린다. 그리고 거기서 조금 더 속도를 붙여서 남은 짧은 거리 동안 유지할 수 있을 만큼까지 속도를 끌어올린다. 이제 말투가 보다 공격적으로 바뀌는데, 스스로를 이끄는 코치로서 결승선까지 힘을 쏟아붓기를 바라기 때문이다. 나는 끊임없이 계기들을 점검하면서 내 몸이 느끼는 고통에 몰두할 틈을 절대 허용하지 않는다.

비행 중 발생한 비상사태에 대처하는 조종사들의 대화를 들어본 적이 있을 것이다. 이들은 침착하고도 사무적인 어조로 계기를 점검하며 훈련 때 했던 것과 똑같은 절차를 밟아간다. 이들은 당황하지 않고 상황을 통제한다. 죽음에 초점을 맞추는 대신 취해야 할 조치들에 집중하며, 시뮬레이터에서 갈고 닦은 바를 한 치 오차도 없이 행동에 옮긴다. 극도로 압박받는 상황에서 우리는 우리가 받은 훈련에 의지하게 된다.

앞서 달리던 사람을 앞지르는 순간 나는 온 힘을 다 쏟아붓는다. 전력 질주하면서 상대가 미끼를 물고 나를 따라오기 시작했다는 것을 느낄 수 있다. 나는 다시 계기들을 재빨리 점검한다.

'폭발적 호흡, RPM을 레드존으로 끌어올리고, 팔에 힘 빼고, 보폭은 넓게. 폭발적 호흡, 끌어올려, 전속력으로, 달려 달리라고, 이 자식아! 전속력, 전속력, 보폭은 넓게, RPM을 끌어올려, 달려, 달리라고!'

나는 오직 속도와 힘을 유지하는 데 집중하지만, 결승선 직전이 되면 오래 전 기초수중폭파훈련을 받을 때부터 마음속에 각인된, 한계를 뛰어넘도록 정신력을 북돋워주는 일련의 방아쇠 단어인 이른바 '니트로 버튼'을 누른다. "전속력, 전속력, 후야, 이 자식아!" 이런 말을 나 자신과 주고받으며 결승선을 통과할 때면 소류 돋는 전율을 느낀다. 마음속 깊은 곳에서 정신력이 또 다른 기어를 찾아내 나를 밀어붙인 것이다. 그때 나는 잡념 없이 순수한 마음으로 내닫는다!

눈치챘는지 모르지만 이렇게 할 때 나는 끊임없이 내 계기들에 집중하며 모든 성능 지표들을 확인하고, 필요한 조정을 통해 힘을 최대한으로 유지하고, 불편함이나 고통에 절대 빠져들지 않는다. 내가 사용하는 언어는 계획적이고 통제된 것이다.

운전대에서 손을 떼지 않는 것(집중력)이 순간에 몰두하고 두려움이나 불편에 무릎 꿇지 않는 데 무엇보다 중요하다. 집중하지 않으면 두려움과 불편이 우리 생각을 가득 채우고 엉뚱한 혼잣말을 하며 샛길로 빠져 결코 정상까지 '전력 질주'할 수 없게 된다. 다른 방해 요인들(반대를 일삼거나 눈을 부릅뜨고 흠을 잡는 직장 동료, 부모 자식 간에 진지한 대화를 나누려는 순간 10대 자녀의 손에 든 휴대전화 같은)이 위협할 수도 있지만, 계기에서 눈을 떼지 않고 잘 관찰하면 집중력을 유지할 수 있고 다른 사람들도 그 집중에 호응한다.

이런 집중은 어떤 일이 일어나기 전에 대기 시간을 관리하고 불안감을 다스리는 데도 도움이 되는데, 참전 용사와 대중연설가들이 한 목소리로 증언하듯 이 시간이야말로 종종 전체 과정에서 가장 힘든 시간일 수도 있다. 전투에 투입되기를 기다릴 때가 전투에서 가장 스트레스를 많이 받는 시간인 이유는 우리 앞에 놓인 텅 빈 여백 때문이다. 이 순간 우리는 집중력을 잃고 미래를 파국화하기 쉽다. 최악의 가능성을 시각화하기 시작해서 마음속으로 오스카상을 받을 만한 공포 영화를 찍는 것이다. 마음이 고통이나 불편함에 골몰하도록 내버려두면 고통은 확대되고 증가한다. 바로 이때 의지력을 상실하고 포기하게 된다.

근접전투 훈련 준비

엘리트 운동선수들은 미래에 대비한 멘탈 트레이닝의 중요성을 잘 알지만, 멘탈 트레이닝이 신체 활동에만 필요한 것은 아니다. 멘탈 트레이닝은 더 나은 모습으로 발전하고, 미래에 대한 두려움을 잠재우면서, 자신이 소망하는 목표가 무엇이든 이를 위한 성취동기를 스스로에게 부여하고 싶어 하는 사람 모두를 위한 것이다. 멘탈 트레이닝은 실제 몸을 움직이지 않고도 어떤 일을 연습하는 방법으로, 이를 통해 우리가 아직 하지 않은 행동에 대해 기시감을 만들어낸다. 멘탈 트레이닝을 하면 미래가 보다 익숙해져서 두려움이 가라앉고 미지의 세계를 보다 편안하게 받아들일 수 있다. 시뮬레이터에서 철저히 훈련하고 나면 미지의 세계가 더 이상 미지가 아니게 되기 때문이다.

컴퓨터 전문가 나탄 샤란스키Natan Sharansky는 1977년 스파이 혐의로 소련에 체포된 뒤 9년간 교도소 독방에 수감됐다. 평생 동안 성공한 체스 선수로 활약했던 샤란스키는 수감 기간 동안 체스 덕에 목숨을 보전할 수 있었다고 회고했다. 감옥에 갇힌 그에게는 체스판도, 같이 체스를 둘 상대도 없었지만 그는 마음속으로 자기 자신을 상대로 체스를 두었다. 그는 "세계 챔피언에 오를 기회로 삼기에 더할 나위 없이 좋은 시간이었다"며 웃었다. 1986년 석방된 샤란스키는 1996년 체스 세계 챔피언 개리 카스파로프를 꺾었다. 수감 기간 동안의 멘탈 트레이닝이 분명히 효과가 있었던 것이다.

네이비실이 훈련하는 기술 가운데 가장 힘들지만 가장 유용한 기술이 근접전투다. 우리가 확보해야 하는 공간 중에는 확보하는 데 몇 시간이 걸리는 화물선이나 쇼핑몰처럼 큰 공간이 있는가 하면 방 한 칸짜리 집처럼 작은 곳도 있다. 근접전투의 목적은 해당 구조물을 확보해서 적 전투원을 생포 또는 사살하거나, 첩보를 입수하거나, 선박이나 구조물을 장악하거나, 인질을 구출하는 것이다. 근접전투는 관련된 성능 지표들이 많으며, 구조물 진입에 직접타격 작전이 수반되기 때문에 우리가 숙달해야 하는 기본 역량으로 여겨진다. 근접전투 기술을 어떻게 완벽히 습득하느냐가 네이비실로서 성공과 죽느냐 사느냐를 결정한다. 총알을 27발이나 맞은 중사가 그랬듯 우리는 우리가 받은 훈련 수준에 의지하게 된다.

뛰어난 사격 실력은 근접전투 작전의 핵심 요소 가운데 하나다. 근접전투는 고도의 정확성과 민첩성을 갖추고 움직이면서 매우 가까운 거리에서 기본화기(소총)와 보조화기(권총)를 발사하는 능력을 포함한다. 때로는 어두운 실내에서 비전투원이나 인질을 바로 옆에 두고 움직이다가 머리에 총알을 맞을 수도 있다. 단 몇 센티미터 차이로 성공과 실패가 갈린다. "한 발이라도 목표물에 빗나가면 총격전 승리는 물건너간다"는 말은 목표물을 신속하게 명중시켜야 한다는 뜻이다.

작전에서 큰 비중을 차지하는 또 다른 부분은 건물 통과로, 2인이 먼저 완벽하게 진입한 뒤 강습부대가 뒤를 따라 진입해 정확하게 대형 구조물을 통과해야 한다. 매번 공간에 진입할 때마다 시나리오가 바뀌는 이유는 공간의 크기와 모양, 위험 요소, 교전을 벌일 전투원의 수를 비롯한 변수들을 전혀 예측할 수 없기 때문이다. 통과 작전은 부대가 상당 기간 함께 훈련하며 전체 부대원이 하나의 생각을 공유하기 시작할 때 비로소 가능하다. 이들은 하나의 유기체처럼 움직이며, 사방을 엄호하고, 사정거리를 확인한 다음 동작을 예측하며 움직인다. 이때 망상활성계와 무의식이 활성화되고 나서 의식이 다음 단계에 대해 인지적 사고를 한다. 어떤 의미에서 이는 '직감'이라고 할 수 있지만, 직감 역시 우리가 길러낼 수 있는 능력이다.

근접전투 훈련 중에는 각도를 지배해야 한다. 공간 파악이 무엇보다 중요하기 때문이다. 각도를 차지하는 사람이 전투에서 승리한다. 각도를 보면 제대로 진입하고 있는지 알 수 있고 다음 방의 크기와 모양, 위험 요소도 예측할 수 있기 때문에, 훈련이 끝나면 위치 설정 능력을 갖추게 된다. 망상활성계가 이같은 계산에 주목하게 만들기 때문에, 근접전투 훈련이라는 눈을 통해 세계를 보게 된다. 시뮬레이터를 이용한 계획적 훈련을 통해 조종석 내부와 같은 대응에 박차를 가할 수도 있다.

마음속 시뮬레이터 안으로 들어갈 때 내 목표는 완벽한 사격술과 동작을 절약하는 법을 익혀 기습 작전의 모든 측면에서 군더더기 동작을 없애는 것이다. 이는 총을 쏠 때나 이동할 때 내 몸의 자세와 무기 조작법, 목표 건물 내에서 걷거나 뛰는 방법 등에 적용된다. 동작 하나하나가 모두 정확히 맞아떨어져야 한다. 부대원들과 한 몸처럼 움직이는 것이 내 목표다.

마인드 트레이닝을 하기 전에

내가 육체적 운동을 한 뒤에 마인드 트레이닝을 하는 이유는 내 몸이 활기 넘치고 준비를 갖춘 상태이기를 바라기 때문이다. 본격적인 운동을 할 시간이 없을 때는 섀도 복싱이나 팔 벌려 높이뛰기, 호흡 운동으로 짧게 몸을 풀며 스스로에게

DOSE를 주고, 원하는 심리상태에 이를 수 있게 유도한다.

촉각을 곤두세우고 시작하라

대다수 사람들은 마인트 트레이닝을 하는 동안 마음을 차분히 가라앉혀야 한다고 생각한다. 내 생각은 다르다. 지나치게 가라앉지 않고 고조된 심리상태에서 행동에 철저히 집중하기를 원한다. 근접전투 훈련을 할 때면 나는 칼 같이 정확하고 강철처럼 단단한 알파형 심리상태를 유지하기를 원한다. 경기 시작 직전의 미식축구 선수처럼 감정적이고 흥분한 상태가 아니라, 악천후를 헤치고 비행하는 조종사처럼 신중하고 결단력 있는 태도를 원한다. 심호흡이 내가 교감 신경을 자극하는 비법이다. 바닥에 등을 대고 누워 30~50회 가량 깊고 빠르게 호흡하며 폐에 있는 공기를 전부 내쉰 다음 숨을 멈춘 채 최대한 버틴다. 다시 숨을 깊게 들이쉰 다음 10초가량 멈췄다가 전체 과정을 되풀이한다. 보통은 이런 호흡법을 세 번 반복한다.

극한의 온도를 견디는 분야에서 수많은 기네스 세계기록을 세운 네덜란드인 윔 호프Wim Hof 덕에 이 호흡법이 널리 알려졌다. 심호흡을 할 때 우리는 몸에서 이산화탄소를 제거하고 산소를 가득 채워 넣는다. 그러다가 다시 숨을 멈추면 혈중 이산화탄소 농도가 오르락내리락 변화한다. 이때 몸의 수소이온농도(pH)도 함께 오르내린다. 이런 변화가 교감 신경을 자극하면서 우리는 투쟁 또는 도피 반응을 보일 준비를 갖추게 된다. 이를 통해 내 몸과 마음이 모두 준비 태세를 갖추게 되는데, 임무를 수행할 때 내가 이런 심리상태이기를 바라는 이유는 기억에 이 임무의 흔적이 남을 것이기 때문이다. 잘못된 심리상태로 준비하거나 계획하지 않도록 주의하라. 두려움 같은 부정적 감정을 미래까지 이어갈 위험이 있기 때문이다.

> **"** 자신에게 잘 맞는 심리상태를 만들어낸 다음,
> 시작하기 전에 그 심리상태를 가져라.
> 폭풍우를 헤치고 비행기를 모는 조종사처럼 칼 같이 정확하고
> 강철처럼 단단한, 신중하면서도 결단력 있는 심리상태가
> 보통 압박감이 큰 과업을 수행하는 데 효과가 있다. **"**

훈련대로 행동하기

2009년 US에어웨이즈 조종사 첼시 설리 설렌버거 기장은 1,549편의 조종간을 잡고 뉴욕 라과디아 공항을 이륙했다. 하지만 이륙 직후 항공기가 캐나다기러기 떼와 충돌하면서 양쪽 엔진이 모두 꺼져버렸다. 동력을 완전히 잃은 상태에서 설리 기장은 아주 짧은 순간에 공항으로 회항하지 않겠다는 결정을

내려야 했다. 대신 그는 허드슨강 한가운데에 인명 손실 없이 안전하게 착륙하는 데 성공했다. 비행기 탑승객은 물론 어쩌면 지상의 사람들까지 수많은 생명이 자신의 손에 달렸음을 알면서 그런 결정을 내려야 하는 상황을 상상해본 적이 있는가?

당시 비행기 앞쪽에 타고 있던 승객 릭 엘리아스는 테드 강연을 통해 착륙 당시 상황을 전하면서, "충격에 대비하세요"라는 설리 기장의 기내방송이 자신이 지금까지 들어본 가장 침착한 말이었다고 고백했다. 설리 기장과 부기장은 침착하고 사무적인 태도를 보였는데, 이는 비행 시뮬레이터에서 수없이 연습해온 대로였다. 비상착륙 절차를 밟는 동안 두 사람은 감정을 전혀 드러내지 않고 집중했다. 이는 정확히 이들이 훈련해온 대로였고, 상황이 발생하자 이들은 무언가 뾰족한 묘수를 내놓으려고 하기보다는 훈련받은 대로 착착 행동에 옮겼다. 압박 받는 상황에서 실력을 발휘하는 능력은 타고나는 것이 아니라, 우리 스스로 만들어내고 실천하는 것이다. 필요한 것은 신중한 노력뿐이다.

> " 압박 받는 상황에서 성과를 내려면 훈련과 신중한 노력,
> 그리고 위기가 닥쳤을 때 훈련 받은 대로 행동하려는
> 의지가 필요하다. "

구조물 진입

나는 건물 출입구에 서서 폭발물이 문을 날려버리기를 기다리는 내 모습을 마음속에 그려본다. 그리고 내 자신에게 큰소리로 이렇게 외친다. "호흡해, 호흡, 호흡." 때가 되면 생각하지 않고 본능적으로 심호흡을 할 수 있기 위해서다.

사람들은 스트레스를 받거나 몹시 힘든 일을 겪으면 흔히 숨을 멈추곤 하는데, 이런 행동은 성과를 내는 데 해로울 수 있다. 나는 내가 가진 모든 감각을 활용한다. 손에 무기를 쥔 느낌을 상상하면서, 총기의 윤활유 냄새를 떠올리고, 구조물에 진입하기 전에는 마음속으로 방아쇠 구절을 되뇌는 소리를 상상한다. "후야! 이 망할 자식들아!" 마인드 트레이닝을 받는 동안 진짜 무기를 손에 쥐고 있으면 그 촉감과 냄새가 마음을 가다듬는 데 도움이 된다. 목적은 X에 섰을 때 내 모든 감각이 훈련 때 가졌던 긍정적 심리상태를 촉발하게 하는 것이다.

나는 문을 통과해 들어간 다음 사정 범위를 살피는 내 모습을 떠올린다. 그리고 입 밖으로 소리 내 말하며 중요한 성능 지표들을 스스로에게 일깨운다. "총기 위로, 벽에 붙어, 손, 손, 손. 손." 누군가와 맞닥뜨렸을 때 상대의 얼굴이 아닌 총을 쥔 손을 보기 위해서다. 이런 대화는 내 집중력을 조절해준다. 내 몸은 먹이를 좇는 사자처럼 앞꿈치로 부드럽게 걷는데, 이는 발걸음을 내딛을 때 총열에 충격을 줘 이동 사격 시 흔들리는 일을 방지하고 바닥에 놓인 물체에 걸려 넘어지지 않기 위해서다. 나는 폭발물의 냄새를 맡고 발밑에 깔린 유리를 느낄 수 있다. 또 문의 경첩 같은 세밀한 부분을 살펴 문이 열리는 방식을 알아낸다. 이 모든 것들이 내 마음의 눈에는 무척 긍정적인 경험들이어서, 나는 두 눈을 감은 채 심호흡을 하며 강렬한 미소를 짓는다. 습관을 들이기 위해 모의 훈련을 하는 동안에도 실제로 심호흡을 한다.

내가 내뱉는 말들이 전체 시나리오 내내 생각과 시각적 이미지를 좌우하는 만큼, 집중력과 언어를 긍정적으로 통제하는 일이 대단히 중요하다. 복도와 창문, 가구, 문, 문의 경첩, 낯선 사람들이 내 눈에 들어오면, 이 모든 것들을 나 자신에게 설명한다. 나는 다음과 같은 말들로 내 마음속에서 완성된 긍정적 동작들을 강화한다. "바로 그거야, 계속 해, 빠른 속도로, 방을 수색하고, 호흡, 호흡, 호흡." 총기 고장에 대비한 훈련이나 총이 발사됐을 때 대응하는 법 등 만약의 상황에 대비한 계획도 다룬다. 이런 시나리오들을 마음속으로 훈련함으로써 실제 요란한 소리를 내며 총이 발사됐을 때 주저하지 않고 제 실력을 발휘할 수 있다.

마인드 트레이닝은 끝없이 할 수 있다. 건물을 바꾸고 시나리오를 바꿔가며 훈련한다. 실제로 내가 들어가 본 특정 건물의 배치를 떠올리며, 나탄 샤란스키가 독방에 수감된 시간 동안 체스 작전을 연구했던 것처럼 침투할 방법을 찾아내려고 애쓴다. 나는 결코 패배를 연습하지 않는다.

종종 나는 마인드 트레이닝을 하는 동안 음악을 듣는다. 음악은 영혼을 울리며 마음가짐을 다잡는 데 도움을 주기 때문에, 내가 선택하는 음악은 작전에 따라 달라진다. 전투를 앞두고 내가 즐겨들은 음악은 AC/DC*였다.

중요한 것은 작전 수행의 성능 지표들을 정확히 알고, 마인트 트레이닝 과정에서 모든 수단을 총동원하는 것이다. 제대로만 하면 최고의 몰입 상태를 만들어낼 수 있다. 모든 세부적 사항들을 시각화해서 실제 행동에 옮길 때 기시감을 느끼는 것이 핵심이다. 익숙함이 두려움에 대한 면역력을 안겨준다.

스스로를 믿는 방법

이런 사례들이 극단적으로 보일 수도 있다. 직장에서 근접전투를 계획하고 있는 사람이 몇이나 될까? 이제는 이 마인드 트레이닝 방법의 중요성을 업무 현장에서 사람들이 크게 두려움

---

* 호주 출신 록밴드.

을 느끼는 일에서 분명히 느낄 수 있도록 해보겠다. 바로 대중 연설이다.

전문 연사가 되기 전에 나는 연단 위에 올라 사람들 앞에 나를 드러내는 데 익숙하지 않았다. 가장 어려운 점은 '내 모습 그대로를 보여주는 것', 즉 연단에 올라가서도 마치 누군가와 대화를 나누듯 진실되게 나를 표현하는 일이었다. 나만의 개성을 드러내면서도 찔러도 피 한 방울 안 나는 네이비실처럼 보이지 않는 법을 배워야 했다. 청중과 교감하며 내 자신의 의구심을 떨쳐버려야 했다.

가장 힘들었던 부분은 내가 전하려는 메시지에 확신을 갖는 것이었다. 이성적으로는 내가 한 경험들 덕에 사람들에게 전할 깊고 심오한 교훈을 갖게 됐다는 사실을 알지만 그 교훈이 누구나 아는 상식일 뿐 특별할 게 전혀 없다고 생각하기 쉽다. 하지만 그건 내 안의 두려움이 내는 소리로, 너무 뻔한 말을 하다 비웃음을 살까봐 두려워하는 마음에서 비롯된다. 나에게 뻔한 사실이라도 청중들에게는 뻔하지 않다는 사실을, 그리고 내 목적은 청중이 변화하도록 영감을 불어넣고, 그들의 마음을 움직이고, 그들과 교감하고, 그들 안에서 씨앗이 싹틀 수 있도록 깨달음의 순간을 선사하는 것이라는 사실을 스스로에게 일깨워줘야 했다.

준비되지 않은 청중 앞에서

나는 내 마음가짐을 새롭게 하기 시작했는데, 이는 겸손과 봉사, 청중에 대한 책임감이었다. '고객 중심'이라고 해도 좋을 것 같다. 강연은 '날 좀 보세요'라고 말하는 시간이 아니라, 내가 청중에게 줄 수 있는 모든 것을 쏟아붓는 시간이다. 내가 말하려는 내용을 청중이 듣고 싶어 한다고 확신하고, 최선을 다해 그 메시지를 전달해야 한다. 첫 책 출간에 이어 전문 연사로 첫 강연을 하고 나서 나는 어떻게 준비해야 하는지에 대해 많이 배웠다.

네이비실 장교 시절 수백 명을 상대로 발표를 해봤지만, 그렇게 많은 사람들이 주의를 기울이지 않는 가운데 말을 해본 적은 한 번도 없었다! 자기들끼리 잡담을 하거나 휴대전화를 들여다보는 사람도 있었다. 처음 이런 경험을 했을 때 자신감이 엄청나게 떨어지는 것을 느꼈는데, 자신감을 잃은 상태에서는 사람들을 앞에 두고 연단에 선 40분이 영원처럼 느껴진다. 불안감과 분노가 피어오른 이유는 난생 처음 겪는 일로 뜻밖에 허를 찔렸기 때문이었다. 군대에서는 이런 행동은 절대 용납되지 않고, 이런 행동을 하면 질책을 받거나 회의실에서 쫓겨날 수도 있다. 주의를 기울이는 것이 직무의 일부분이니까.

해야 할 일을 한다

시뮬레이터에서 해야 할 일이 많았다. 연단에 올라가서 허둥댈 일이 없도록 실력을 키우는 일이 급선무였다. 강연의 내용과 구성은 문제가 아니었다. 전달 능력을 개선할 필요가 있었다. 더 중요하게는 내 마음가짐을 바꿀 필요가 있었다. 때로는 주의를 기울이지 않는 사람이 강연 내용을 가장 필요로 하는 사람일 수 있다는 사실을 나는 알았다. 청중에게 무슨 일이 있든 최고의 실력을 발휘해야 한다는 사실도 알았다. 뿐만 아니라 청중들도 마음속으로는 내가 말하려는 내용을 듣고 싶어 한다는 사실을 알았다.

전달 능력을 개선하기 위해 내가 집중한 성능 지표들을 나는 VEGA(목소리voice, 눈 맞춤eye contact, 몸짓gesture, 태도attitude)라고 이름 붙였다. 나는 청중의 흥미를 끌어야 했다. 원인에 영향 받은 결과가 아닌, 결과에 영향을 미치는 원인이 돼야 했다! 내가 연단에 서는 이유는 청중을 닮기 위해서가 아니라, 청중에게 영향을 끼치기 위해서였다. 내가 청중으로부터 힘을 얻는 게 아니라, 청중이 나로 인해 힘을 얻게 해야 했다. 아무도 보는 사람이 없을 때 혼자 추는 춤이 어떤 것인지 우리 모두 안다. 이제 내 목표는 말하면서, 마음을 비우고, 연단에 집중하는 것이다.

재현의 시간

마인드 트레이닝 과정은 우리 삶의 모든 면에 활용이 가능하다. 구직 면접이나 프레젠테이션, 인사 평가, 승진 또는 급여 인상 협상, 데이트 신청, 까다로운 대화, 운동 실력 향상 등 그 어떤 것에도 접목이 가능하다. 이 과정에 믿음을 갖고, 자신이 가진 도구들을 활용하고, 트레이닝을 하는 동안 마음속으로 최적의 성능 지표들을 연마하는 것이 중요하다. 실제 상황이 발생했을 때 갖추기를 바라는 심리상태로 훈련함으로써 때가 됐을 때 그 심리상태를 그대로 재현할 수 있어야 한다.

나쁜 기억은 잊어라

이 과정은 과거 사건에도 적용이 가능하다. 과거 사건을 되짚어보고, 이를 통해 교훈을 얻고, 그 사건이 어떤 의미인지, 우리가 어떻게 느끼는지에 대한 인식을 바꿀 수 있다. 일종의 사후검토인 셈이다. 과거 기억을 되짚어보기 전에 나는 달리기를 하러 나갔다. 나는 현재에 만족하고 내 삶에서 벌어지는 일들에 책임을 지는 마음가짐을 갖추고 과거로 돌아갔다.

시간을 거슬러 올라갈 때면 나는 화법을 바꾼다. 바꿀 수 없는 것들에 대해서는 사과하고 용서를 구하기도 한다. 나는 긍정적인 마음가짐으로 이 기억들을 되짚어 본다. 과거 내가 가지고 있던 두려움과 공포를 미래까지 끌고 가고 싶지 않기 때문이다. 우리가 흔히 '부수적 피해'라고 부르는 것들은 실제로는 시시하지 않다. 가까이에서 보면 전혀 '부수적'이지 않고, 피해는 피해일 뿐이다. 하지만 나는 인생의 희생양이 될 마음이 없으며, 부정적 감정이나 기억, 사건에 내 미래를 맡기는 것도 거부한다. 나는 원인에 영향 받은 결과가 아닌, 결과에 영향을 미치는 원인이 되기로 결심했다.

시뮬레이터 안에서 내 생각과 기억을 되짚어보는 노력을 기울인 덕에 그 생각과 기억에 대한 내 감정을 바꿀 수 있었다. 과거에 대한 내 감정을 현재 나를 있게 해준 모든 경험들에 감사하는 마음으로 바꿀 수 있었다. 과거에서 비롯된 감정들은 우리의 통제하에 있다. 과거에 일어난 일을 바꿀 수는 없지만 그 일에 대한 우리의 생각은 바꿀 수 있기 때문이다.

마음속 시뮬레이터는 우리에게 우리 삶의 모든 면에서 벌어질 상황과 그에 대한 반응을 연습할 수 있는 장소를 제공한다. 이 훈련의 장점은 우리가 훈련 받는 방식, 궁극적으로는 우리가 살아가는 방식을 스스로 통제할 수 있다는 것이다.

결과를 일으키는 원인이 돼라.

삶을 되돌아보며 이루고 싶은 일과 걱정되는 일을 찾아내보라. 이 장에서 소개한 원칙들을 이용해서 신중한 멘탈 트레이닝 과정을 만들어라. 목표를 정하고, 심리상태를 통제하면서, 선제공격 언어를 사용해서 시각화 과정을 조절하며 성공을 손에 넣어라. 목표를 향해 나아가는 과정에서 이 시각화 과정을 반복 실천하라.

- 우리가 생각하는 방식과 대상을 통제함으로써 우리는 우리 삶을 통제할 수 있다.

- 신경과학자들은 실제로 행동을 할 때와 단지 그 행동을 머릿속에 그려볼 때 뇌에서 똑같은 신경회로가 발화한다는 사실을 발견했다.

- 마음은 지휘본부, 훈련 시뮬레이터, 타임머신 이 세 가지가 하나로 합쳐진 곳이다.

- 마인드 트레이닝을 할 때는 목표를 명확히 제시하고, 몸을 만들면서, 긍정적인 자세로, 선제공격 언어를 사용하고, 시각화하면서, 감각을 활용하고, 제대로 된 호흡을 하라.

- 과거의 부정적 측면들을 되짚어볼 때, 현재 가진 긍정적 사고방식을 활용하고 과거의 부정적 사고방식을 되살리지 마라. 그럴 경우 두려움이 현재로 밀려들어 미래까지 이어지게 될 것이다.

- 우리 마음속 시뮬레이터는 어떤 삶의 상황에서든 상황과 이에 따른 반응을 연습할 수 있는 장소를 제공한다.

- 결과를 일으키는 원인이 돼라. 당신의 선택에 달려 있다.

GUTS

10장

성공 가능성
높이기

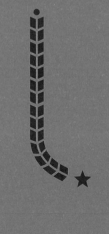

작은 성취들로
운명을 설계하라

네이비실의 주된 성공 비결은 준비다. 네이비실은 전투를 앞두고 철저히 준비하기 때문에 자신감이 하늘을 찌르고, 낙천적으로 운이 좋다고 느끼며, GUTS에 의지할 수 있게 된다.

군사적 침공을 감행하기 전에는 운에만 맡겨두지 말고 아군에 유리하게 전투를 준비하는 과정이 반드시 필요하다. 네이비실에서는 이를 전장의 여건을 조성한다, 전장을 준비한다고 말한다. 군사력을 투입하는 침공 전에 특수부대의 정찰이나 파괴, 정보원 투입, 기만, 원주민 협력 세력 확보, 요인 엄호 등의 임무를 수행한다. 네이비실은 전장이 적의 성공이 아닌 아군의 성공에 도움이 되게 만든다. 인생도 다를 바 없다. 더 많이 준비하고 환경을 조성할수록 성공 가능성이 높아진다. 종종 운처럼 보이지만, 사실은 그렇지 않다.

> " 모든 전쟁은 싸우기 전에 이미 승부가 판가름 난다.
>
> – 손자 "

벌거벗은 전사들

네이비실의 조상이라고 할 수 있는 '벌거벗은 전사들'(달랑 수영복과 오리발, 수경만 걸치고 작전에 나섰기 때문에 붙은 이름이다)은 2차 세계대전에서 작전의 여건을 조성하는 임무만을 수행했다. 대규모 상륙작전을 감행하기 며칠 전이면 어김없이 벌거벗은 전사들이 칼 한 자루와 폭약 한 부대만 가지고 헤엄쳐 해변에 침투해서 해안에 설치된 장애물을 제거했다. 해변에 기습 상륙할 해병대원과 병사들을 실은 상륙용 주정의 길을 트기 위해서였다. 괌 상륙작전에서는 벌거벗은 전사들이 6일 연속 작전을 펼치며 상륙 전에 900개가 넘는 장애물을 제거했는데, 이 과정에서 전체 사상자의 75퍼센트가 발생했다. 그런데도 이들의 존재를 아는 사람조차 극히 드물었다. 수중침투요원의 원조 격인 이들은 모든 네이비실 대원의 선구자였다. 네이비실의 임무는 시간이 지날수록 발전해왔지만. 마음속으로 대원들은 모두 다른 사람이 할 수 없거나 하지 않으려는 일을 기꺼이 나서서 처리하는 수중침투요원을 자처한다.

복리 효과 만들기

직장생활과 개인 생활에서 우리가 전장 즉 우리를 둘러싼 환경 여건을 조성하는 방식은 우리 자신과 우리의 성공에 직접적인 영향을 미친다. 우리를 둘러싼 환경이 우리를 발전시킨다면, 환경을 적합하게 조성해서 발전을 도모하지 않을 이유가 있을까?

승수multipliers란 우리가 성공 가능성을 기하급수적으로 높이기 위해 할 수 있는 일들을 지칭한다. 승수는 복리 효과를 만들어내 최소한의 노력과 헌신으로 최대한의 성과를 낼 수 있게 해준다. 승수는 우리 삶의 변혁적 측면이나 전략적 측면에서 특히 중요한 역할을 해 최대한의 가치를 창출한다.

효과를 극대화하는 법

특수부대 요원들은 전지구적 임무 수행 차원에서 상당한 전략적 효과가 있는 변혁적인 임무를 수행한다. 네이비실은 재래식 병력처럼 전투를 벌이지는 않지만, 올바르게 활용되면 전쟁의 결과에 큰 영향을 미친다. 2020년 초 현재 특수부대원들은 전 세계 149개국에 배치돼 각국의 질서유지를 돕고 있다. 네이비실은 소규모 특수부대원을 다른 나라 군대에 파견해 이들을 조직하고 배치하고 훈련하고 무장해서 이들이 전투에 참여하거나 자국의 국익을 보호하도록 돕는다. 이 특수부대원들이 전 세계 안보에 기여하는 효과는 몇 안 되는 이들의 수의 단순 총합보다 훨씬 더 크다. 우리는 UN이 승인한 195개국 가운데 4분의 3 이상의 나라들에 관여한다.

　이 역할을 설명하기 위해 네이비실은 '성형장약 효과' 비유를 사용하는데, 이는 네이비실이 작전에 관여할 때면 언제나 '성형장약 효과'를 유발한다는 뜻이다. 성형장약 효과는 두 개 이상의 폭발물을 특정 물체의 표면으로부터 적절한 각도와 거리로 배치해서, 폭발했을 때 폭발물끼리 서로 충돌하며 표면을 뚫고 지나갈 만큼 날카로운 에너지가 분출되며 폭발 효과가 기하급수적으로 늘어날 때 발생한다. 영화에서 특수부대원들이 육중한 철문을 날려버리는 장면은 성형장약 방법을 사용했을 가능성이 있다. 성형장약 효과를 이용하지 않았다면, 철문을 날리는 데 필요한 폭발물의 양이면 폭발물을 터뜨린 사람이 목숨을 잃거나 사지가 찢길 가능성이 있다. 예를 들어 지표면에 20킬로그램 가량 되는 폭발물을 설치하고 터뜨리면,

지름 1미터 정도에 중심부 깊이가 30센티미터 정도 되는 깔때기 모양의 구멍이 생길 가능성이 큰데, 이는 대부분의 폭발 에너지가 아래쪽이 아닌 위쪽과 바깥쪽을 향하기 때문이다. 반면 같은 양의 폭발물이라도 적절히 배치하면 토양 구성에 따라 지름 30미터에 깊이 3미터가 넘는 구멍을 만들어낼 수도 있다. 이 성형장약 효과가 능력을 배가시키는 힘이다. 말 그대로 비용 대비 효과를 극대화함으로써 성공 가능성을 기하급수적으로 높이는 것이다. 네이비실은 작전 중에 성형장약 효과를 활용할 뿐 아니라, 임무 수행 중에 스스로 성형장약의 역할을 한다.

유연함을 만드는 유머의 힘

사람들은 놀 때 자신의 능력을 가장 잘 발휘한다. 네이비실에 오래 복무한 사람이면 누구나 놀이와 유머 문화를 금세 배운다. 이는 이 직업에 수반되는 위험에 맞서기 위한 대응기제일 수도 있고, 단지 네이비실이 모집해서 훈련시키는 사람들의 유형이 비슷하기 때문일 수도 있다. 어느 쪽이든 놀이와 유머가 네이비실이 거두는 성공에 기여하는 효과를 간과할 수 없다. 대단히 위험한 작전을 수행 중이어서 날카로운 긴장감이 감돌 때조차 대원들은 유머로 긴장을 푼다. 죽음을 눈앞에 두고도 웃으며 즐거워 할 수 있다면, 그 순간에 충실하며 성공 가능성을 높이는 것이다. 마음에 두려움이 가득해지면 우리 뇌의 사령탑 역할을 하는 부위가 동작을 멈춘다는 사실을 명심하라. 우리는 동시에 두 가지 심리상태를 가질 수 없기 때문에, 미래를 걱정하는 대신 순간을 즐기는 데 집중하게 된다. 유머는 마음을 민첩하고 집중력 있고 유연하게 만들어서, 더없이 암울하고 힘든 순간에도 우리의 창조적 자아와 대면할 수 있게 해준다. 쾌활한 심리상태는 주변에서 벌어지는 일들에 대한 인식을 바꾸는 데 도움이 된다. DOSE가 분비되고 코티솔은 감소한다. 뛰어난 리더는 자신을 낮춤으로써 주변의 모든 사람들을 보다 편안하게 해주고 이들이 번창하기에 보다 나은 환경을 만들어낸다.

> "
> 인생은 한쪽 끝이 막힌 일방통행로다.
> 너무 진지하게 받아들이기에는 너무나 중요하다.
> "

살면서 가장 두려운 시간이 결국 가장 즐거운 순간이 된 적이 있다. 어느 날 밤, 이라크에서 작전을 수행하던 우리 부대가 차량으로 이동 중이었는데, 대열의 차량 한 대가 사제폭탄 공격을 받았다. 폭탄은 차량이 그 위로 지나가기 직전에 폭발했다. 1,000분의 1초만 더 빨리 터졌더라도 차량이 파괴되며 탑 승자 전원이 죽거나 다쳤을 것이다. 하지만 다행히 누구도 심한 부상을 입지 않았다.

작전이 끝난 뒤 우리는 모두가 무사한지 확인하고 나서 사후 검토를 실시했다. 사제폭탄 공격을 받은 기총수 '촌뜨기 데이브'가 조금 전 벌어진 상황을 설명하기 시작했다. 그는 열띤 어조로 이야기를 늘어놓았다. 그가 큰 소리로 고함을 쳐댄 것은 폭발로 청력이 손상됐기 때문이다. 우리는 그가 소리를 전혀 듣지 못한다는 사실을 눈치 채고 일제히 웃었는데, 긴장된 상황이 해소된 뒤에야 터뜨릴 수 있는 그런 웃음이었다. 데이브는 우리가 자신을 비웃는다고 눈을 흘겼지만, 광경 자체는 방금 만화책을 찢고 나온 듯했다. 까맣게 변한 그의 얼굴은 만화에서나 나오는 볼링공 폭탄이 눈앞에서 터지는 바람에 그을음을 뒤집어쓴 것 같았다. 폭발로 목숨을 잃을 뻔한 상황이었지만 우리는 배꼽이 빠져라 웃어댔고 곧 데이브도 따라 웃기 시작했다.

그가 '촌뜨기 데이브'의 목소리로 "하나도 웃기지 않다니까. 완전히 가루가 될 뻔했는데 뭐가 우습다고 킬킬대는 거야. 이 바보 멍청이들아"라고 말하던 모습이 아직도 기억에 생생하다. 하지만 결국 웃음보가 터졌고, 데이브도 자신이 칠흑처럼 새카만 얼굴로 고래고래 소리를 질러대고 있다는 사실을 깨닫고는 미친 듯이 웃기 시작했다.

그런 상황에서 웃는 것이 무신경한 행동이라고 생각하는 사람도 있을 테지만, 그 웃음은 고통과 절망, 두려움에 맞서는 무기였다. 충격적 사건이나 인생의 시험대 앞에서 터뜨리는 웃음은 저승사자에게 가운뎃손가락을 내미는 방법으로, 니체의 말대로 "우리를 죽이지 않는 것은 우리를 더욱 강하게 만든다." 이날의 경우 역경에 처해 터뜨린 웃음이 낙관적 감정과 행운, 단결심을 불러일으켜 우리를 더욱 강하게 만들었다. 만약 우리가 삼삼오오 모여 앉아 이러쿵저러쿵 상황을 곱씹고 파국화했다면, 틀림없이 이 사건은 우리 마음속에 끔찍한 일로 각인됐을 것이다. 하지만 웃음이 DOSE를 선사하면서 우리가 그 사건을 인식하는 방식을 바꾸고, 보다 중요하게는 그날 이후 우리가 그 기억을 간직하는 방식을 바꾸었다.

> " 우리를 죽이지 않는 것은 우리를 더욱 강하게 만든다.
> -프리드리히 니체 "

의식적 습관들

내가 작전에 투입되기 전에 어김없이 따르는 의식적 습관이 하나 있다. 장비를 어떤 순서로 어떻게 착용하는가는 물론 마음의 준비를 갖추는 과정도 이 루틴의 일부다. 첫 훈련을 받을 때 습관을 들인 뒤로 무슨 일이 있더라도 매번 거르지 않고 똑같은 방식으로 이 루틴을 실천한다. 이 루틴은 내가 잘 알고 수없이 반복해온 일들을 익숙하고 편안하게 느낄 수 있게 해줘서 전투에 나설 마음의 준비를 갖추도록 돕는다. 루틴은 점검표를 만들어 유사시에 중요한 사항을 잊지 않게 해주는 좋은 방법이기도 하다.

이라크에 주둔 중이던 어느 날 밤 나는 미군 병력을 이끌고 기동부대가 직접타격을 수행할 목표 지점 주변에 방어선을 구축하고 있었다. 목표 건물은 사드르시티라는 위험 지역 내에 있었고, 작전에 참가하는 모든 대원이 이를 인지하고 있었다. 적과 교전을 벌일 것인지 아닌지의 문제가 아니라 언제 교전을 벌일 것인지가 문제일 뿐이라는 사실을 모두 알고 있었다. 출발하기 전에 젊은 육군 병사 한 명이 차량 뒷좌석에 올라타 내 옆에 앉았다. 기지 경계를 벗어나려던 순간 나는 그 병사가 소총을 가지고 있지 않다는 사실을 알아챘다. 나는 그에게 몸을 기울여 이런 말을 했다. "이봐 친구, 돌아가서 총을 챙겨와. 필요한지두 모르니까." 그는 거의 공황발작을 일으킬 듯했다! 그 병사는 차에서 뛰어내리더니 무기를 챙겼다. 물론 그가 돌아왔을 때 나는 그에게 웃으며 맥주 한 상자로 빚을 갚아야 한다고 말했다(당연히 받지 않았지만). 그에게는 의식적으로 반복하는 루틴이 없었고, 두려움 때문에 작전 준비의 중요한 단계를 잊어버린 것이다. 총을 챙기는 일 말이다!

루틴은 절제력을 길러준다. 나만의 루틴을 만들어내 반복적 습관이 되게 하라. 좋은 습관은 중요한 조치들을 취했는지 확인할 수 있게 해주는 점검표와 같다. 시간이 흐르면 이 습관이 우리가 누구인지, 무엇을 하는지, 그리고 어떤 방법으로 하는지를 규정한다. 나는 삶에서 개선하고 싶은 부분에서 루틴을 만들어내는 데 무척 적극적이다.

감사하기 좋은 아침

이른 아침은 하루 중 내가 가장 좋아하는 시간이다. 살아있음에 감사하고 나에게 주어진 날에 감사하며 하루를 시작한다. 나는 일찍감치 아침의 의식을 시작했다. 처음에는 종종 잊기도 하고, 눈을 떠서 감사하는 마음을 갖기까지 20분이나 걸리기도 했다. 하지만 곧 눈을 뜨면 바로 이 의식을 떠올리게 됐고, 잠이 완전히 깨지 않아 몽롱한 상태에서도 기억할 수 있게 됐다.

이제는 잠에서 깬 뒤 몇 분 정도를 삶에서 내가 가진 모든 것들에 감사하는 마음으로 망상활성계를 채우며 보낸다. 건강과 가족, 친구, 돈, 집 같은 큰 일뿐 아니라 수돗물, 전기, 안전, 기술처럼 보통은 잘 생각하지 않은 작은 일들에 대해서도 감사를 표한다.

직업이 무엇이든 일에 대해 감사함을 느끼는 행동은 직업과의 관계를 강화하고 성취동기를 만들어내는 데 도움이 된다. 만약 아침에 눈을 떴을 때 무의식적으로 두려운 마음이 든다면, 이런 심리상태는 하루 종일 부정적인 영향을 미친다. 침대에 누워 있는 이 특별한 시간 동안 의도적으로 감사함을 느끼는 것은 우리를 이끌어줄 긍정적 거름망이자 나침반 역할을 할 심리상태로 하루를 시작하는 비결이다.

삶에서 우리가 가진 것들에 감사함을 느낄 때 우리는 그것들과 더 나은 관계를 만들어낸다. 나는 모두에게 이를 시험 삼아 해보고 아침마다 감사한 마음을 갖는 데 시간이 얼마나 걸리는지 메모해 보라고 권한다. 눈을 뜨자마자 생각이 난다면 일단 습관을 붙인 것으로, 이 습관이 우리의 무의식이 우리를 좋은 방향으로 이끈다.

> " 매일 아침 의두적으로 감사함을 느끼는 감사의 실천은
> 하루하루를 긍정적 심리상태로 열어가는 비결이다. "

일찍 눈을 뜨는 날이면 나는 잠에서 깨어났다는 사실에 벌써 기분이 들뜬다. 우선 커피를 한 잔 마신 다음, 레몬주스를 살짝 넣은 차가운 소다수를 1리터 정도 마시고 나서, 소파에 앉아 나만의 호흡법을 시작한다. 최소한 30차례 정도 심호흡을 하는데, 몸안의 모든 공기를 빼낸 뒤 최대한 숨을 참는다. 다시 숨을 들이 쉰 다음 10초 정도 숨을 멈춘다. 이 과정을 세 차례 반복하면 내 교감 신경이 작동하기 시작한다. 몸에 충격을 덜 주는 운동을 하는 내내 복식호흡을 하며 감사함을 실천하고 계획한 일들을 시각화하며 긍정적 심리상태를 만들어낸다.

15분간 이렇게 하고 나서는 커피와 물을 챙겨 컴퓨터 앞에 앉아서 전날 쓴 메모를 보며 어디부터 시작할지 파악한다. 종종 그날 할 일과 관련된 재미있는 영상을 보거나 뭔가 흥미롭고 긍정적인 글을 읽기도 한다. 책상 곳곳에 인용구와 생각들을 적은 포스트잇을 붙여두었는데, 이 글들이 내 망상활성계를 내가 원하는 생각으로 채워준다. 아침은 하루 중 내 생산성이 가장 높은 시간으로, 뇌가 원활하게 작동하면서 집중력과 의욕이 넘치고 살아 있음에 감사하게 된다. 커피 두 잔에 물을 최소한 2리터 정도 마시며 두세 시간 정도 일을 하고 나서 운동을 하러 간다. 일이 너무 잘될 때는 운동을 미루고 정오까지 일을 하는 날도 있지만, 운동을 거르는 날은 없다. 운동과 치료를 겸한 이 시간 동안 무언가 해결하지 못한 문제가 있을 경우에도 다시 책상으로 돌아갈 즈음에는 해결책을 찾아내는 경우가 많다. 몸을 움직이면 우리 마음이 퍼즐 조각을 꿰어 맞춰 우리 삶에 대한 통찰을 얻을 수 있는 시간이 주어진다.

준비된 자의 행운

운은 중요하지만, 내가 말하는 운은 복권 당첨이나 번개에 맞을 가능성이 아니다. 여기서 말하는 운은 우리가 스스로 만들어내고 통제할 수 있는 운이다. 직업 세계에서, 그리고 개인 생활에서도 어느 정도 우리는 승수 효과를 통해 좋은 결과를 얻을 수 있는 위치에 올라설 수 있다. 예를 들어 가게의 지리적 위치가 좋으면 성공할 가능성이 높아진다. 괜찮은 비즈니스 프레젠테이션은 우리가 가장 편안하게 느껴지는 장소를 선택해서 소음처럼 주위를 산만하게 하고 집중을 방해할 가능성이 있는 요인을 제거하는 하는 것에서 시작된다. 준비 태세를 갖춰 호감을 사는 행동이 인생을 바꿀 '엘리베이터 피치elevator pitch'*를 할 기회를 만들어줄 수도 있다. 세심한 준비가 기회를 만나면 종종 행운처럼 보이기도 한다. 이런 의미에서 우리는 유리

---

* 엘리베이터 안에서 말하듯 짧은 시간 안에 생각을 요약해서 전달하는 비즈니스 발표 기법.

한 결과를 이끌어내기 위해 상황의 '무작위성을 관리'한다고 볼 수 있는데, 이는 네이비실에서 항상 실천하는 덕목이다.

내가 아는 네이비실 대원들은 스스로를 행운아라고 생각한다. 어떤 상황에서든 결국에는 승리할 것이라고 생각한다. 가망이 별로 없는 상황에서도 결과를 아주 낙관적으로 전망한다. 그리고 무언가 끔찍한 일이 생겼을 때 네이비실 대원들은 이 정도면 다행이라고 생각하기 때문에, 자연스레 그 사건이 무언가 가르침을 준 것에 감사함을 느낀다.

운이 좋다고 생각하는 것은 우리 마음속에 무슨 일이 벌어지고 있는지를 보여주는 증거로, 낙관적인 자세로 자신의 집중력과 언어, 생각, 감정을 통제할 수 있다면 그만큼 일이 잘 풀릴 가능성이 높아진다. 나는 운이 좋다고 생각하는 습관을 들이는 비결은 삶의 모든 면에서 감사를 실천하는 것임을 깨달았다. 감사는 긍정적인 심리상태를 만들어내고, 이런 심리상태가 운이 좋다고 느끼는 마음가짐을 낳는다. 감사함에 집중하면 늘 스스로를 행운아라고 느끼게 된다.

1 더하기 1은 어떻게 3이 되는가

첫 책 『선봉에서, 빠르게, 두려움 없이』가 출간된 이후 다양한 분야에서 초청 강연과 리더십 훈련을 해달라는 요청을 받왔다. 큰 반향을 불러일으킨 주제는 '헤엄 짝꿍swim buddy'이라는 네이비실 개념이었다. 사람들은 자신의 조직에 이 개념을 도입하겠다고 말했다. 특히 기업 임원인 제레미 도노반Jeremy Donovan은 회사 전체에 이 개념을 도입하겠다고 말했을 뿐 아니라 이 주제로 테드 강연을 해보라고 내게 권유했는데, 그가 『테드 프레젠테이션』의 저자여서 의미가 남달랐다.

첫 훈련을 시작하는 순간부터 네이비실 팀을 떠나거나 전역하는 순간까지 모든 네이비실 대원은 누군가 다른 사람을 곁에 두어야 한다. 네이비실에서는 이 요건을 기초수중폭파훈련부터 적용하기 시작한다. 온종일 바닷물에 들어갔다 나오기를 반복하면서 훈련병들은 이렇게 외친다. "헤엄 짝꿍, 헤엄 짝꿍이 필요해!" 이는 훈련병들이 전쟁의 VUCA(변화무쌍함, 불확실성, 복잡성, 모호함)에 대비할 수 있게 만드는 절제된 습관의 하나다. 훈련병들은 네이비실 팀에 배치됐을 때 어떤 상황에 맞닥뜨릴지 알 수 없지만, 이들이 끔찍하고 위험천만하고 복잡한 상황을 다뤄야 한다는 것은 잘 안다. 다른 사람과 함께하면 네이비실은 더욱 강하고 용감하고 현명해지고, 복잡한 문제를 더 잘해결할 수 있다는 것도 안다. 곁에 동료가 있으면 현재에 집중할 수 있기 때문이다. 인간은 사회적 존재다. 전쟁 중 인도적 대우에 관한 국제법의 기준을 확립한 제네바 협정이 장기간

격리 행위를 일종의 고문으로 규정하는 것도 이 때문이다. 코로나19 팬데믹 기간 동안 많은 사람이 정신적 고통과 우울증을 겪은 이유는 비자발적 고립과 물리적 거리두기로 인해 심지어 가족들과도 가까이 지낼 수 없었기 때문이다.

> " 헤엄 짝꿍을 찾아라. 우리는 다른 사람과 함께하면
> 우리가 더욱 강하고 용감하고 현명해지고,
> 복잡한 문제를 더 잘 해결할 수 있다는 것을 안다.
> 곁에 동료가 있으면 현재에 집중할 수 있기 때문이다. "

공동 책임과 팀워크

모든 팀워크의 토대는 두 사람이 짝을 이루는 헤엄 짝꿍 조에서 비롯된다. 헤엄 짝궁 사이에서는 책임이 공유되고 중첩되는데, 이는 각자가 혼자 작전을 수행하듯 결과에 100퍼센트 책임을 진다는 뜻이다. 두 사람이 각자 50퍼센트씩 책임을 져야 하는 것이 아니다. 헤엄 짝궁이 두 사람 다 100퍼센트 작전에 대한 책임을 지므로 누가 무엇을 하는지는 중요하지 않다는 사실을 깨닫는 순간, 각자 50퍼센트씩만 책임을 질 때 생길수 있는 균열과 틈새가 사라진다. 이 책임의 중첩은 성형장약효과를 유발해 부분의 총합보다 훨씬 큰 전체를 만들어낸다.

헤엄 짝꿍 방식은 "오직 나, 나를, 내 것"에 집착하는 언어를 없애준다.

당신은 이미 혼자가 아니다

관찰 효과Observation Effect는 무언가를 관찰하는 행동이 관찰 대상에 영향을 미친다고 간주한다. 양자역학에서 과학자들은 이중 슬릿 실험*을 통해 소극적 관찰이라도 관찰이 광자 수준의 행동을 변화시킨다는 사실을 발견했다. 심리학에서 호손 효과Howthorne Effect는 피실험자가 자신이 관찰되고 있음을 알고 행동을 바꿀 때 발생한다. '앨리스 공주 실험' 연구에서는 어린 아이들에게 규칙이 쉬운 간단한 게임을 하도록 했다. 몰래 카메라로 관찰한 결과 아이들은 혼자 남겨지자 속임수를 썼다. 과학자는 다른 무리의 아이들을 시험하면서 아이들에게 방 안의 빈 의자에 눈에 보이지 않는 '앨리스 공주'가 앉아 있다고 말해주었다. 아이들은 앨리스 공주가 지켜본다고 생각해서 규칙을 잘 지켰다. 관찰 효과의 힘은 기록된 모든 인류 역사에서 확인할 수 있는데. 그중에서도 종교와 무형의 신에 대한 우리의 경험에서 두드러진다. 신이 우리를 지켜본다고 믿는다

---

* 빛이 입자와 파동의 두 가지 특성을 띤다는 사실을 입증한 실험.

면, 그 믿음이 더 나은 행동으로 이어질까?

우리 모두에게는 다른 사람이 곁에 있을 때는 하지 않지만 혼자 있을 때만 하는 행동이 있다. 나는 스스로 지구상에서 가장 뛰어난 춤꾼이자 가수라고 생각한다. 나 혼자 있을 때는 그렇다.

연구 결과 사무실에 돈이 든 통을 놓아두고 그 위에 두 눈이 그려진 그림을 거는 것만으로도 직원들이 이 '신뢰의 통'에 넣는 돈 액수가 크게 증가하는 것으로 드러났다. 곁에서 지켜보는 헤엄 짝꿍이 있다는 사실은 책임 있는 태도로 우리를 이끌어준다.

옆사람에게 집중하라

헤엄 짝꿍 방식은 책임 영역의 중첩을 통해 일종의 '타인 집중' 의식을 만들어내기도 한다. 다른 사람들에게 집중할 때 DOSE가 분비되고 강한 유대감이 형성되는데, 이는 두려움과 의구심을 완화하는 효과가 있다. 가장 힘든 시간 동안 우리는 동료들이 자기 자신에게만 골몰하지 말고 다른 사람에게 집중하기를 바란다. 이런 태도는 용기와 자신감을 무너뜨리고 실패 가능성을 높이는 파국화와 고립에서 벗어나게 해준다. 그 결과 우리는 보다 생산적이 되고, 사건에 대한 기억을 다른 사람과 나누며 그 기억을 더욱 강화시킨다.

헤엄 짝꿍은 우리의 직업생활과 개인 생활에 적용할 수 있는 가장 손쉽고 간단한 네이비실 작전 개념이다. 지금 이 책을 쓰면서도 나는 헤엄 짝꿍과 함께 작업하고 있다!

> **"**
> 의구심이 들 때는 헤엄 짝꿍을 찾아내라.
> 1 더하기 1이 2가 아닌 3이 된다!
> **"**

평판을 위해 항상 노력하라

네이비실 대원은 평판을 무척 중요하게 여긴다. 자기 자신은 모를 수 있지만 주변 사람들은 평판이 어떤지를 잘 안다. 네이비실에는 "잘한다는 칭찬 천 마디로도 '젠장 뭐하는 짓이야'라는 비난 한 마디를 만회하지 못한다"는 말이 있다. 우리 뇌는 위험을 인지하고, 위협에 주목하며, 부정적 요소들을 간파하도록 타고 났기 때문에, 우리가 무언가 잘못된 행동을 하면 대개 사람들은 그것만 기억한다. 그렇기에 더욱 사과하는 법을 배우고, 높은 도덕성을 유지하면서, 항상 평판을 지키기 위해 노력해야 한다.

뿌린 대로 거두는 법이다. 우리가 세상에 무엇을 내놓든, 언젠가는 자신이 그 결과를 받는다. 사람들에게 보다 존중받고,

보다 신뢰감을 주고, 보다 호감을 사는 행동을 하면, 세상에 더 큰 영향을 미칠 수 있게 된다. 좋은 사람들을 당신의 삶에 끌어 들여라.

이렇게 스스로에게 질문해 보자. "나는 자격이 있는 사람인 가, 그리고 선망의 대상인가?" 평판이 좋고 일 처리를 제대로 하면 사람들은 당신을 선망하게 된다.

평판은 우리보다 먼저 파티에 도착해서 우리가 떠난 뒤에도 한참을 더 머무르는 그림자다.

실력보다 신뢰

네이비실 팀에서는 단도직입적으로 이렇게 말한다. "당신 을 신뢰하지 못하면 당신을 기용할 수 없다." 아무리 실력이 뛰어난 대원이라도 신뢰할 수 없다면 그를 조직의 일원으로 원치 않는다. 신뢰할 수 없는 사람은 조직을 분열시킨다. 재능 이 넘치는, 놀랄 만큼 운동신경이 뛰어나고 문제해결 능력도 대단한, 유능한 네이비실 대원이 있다고 해도, 신뢰가 부족하 면 조직에서 쫓아냈다. 언제나 네이비실에서는 실력은 뛰어나 도 그다지 신뢰하기 힘든 사람보다 실력은 보통이라도 신뢰도 가 높은 사람을 선택한다. 신뢰는 노력해서 얻어내는 것이다. 내가 조직에서나 개인 생활에서 신뢰를 구축하기 위해 사용하는, 다섯 가지 사항에 초점을 맞춘 신뢰 모델이 있다.

시간과 관심은 가장 비싼 재화다

어떻게 행동할 것인지 말하고, 말한 대로 실천하라. 하겠다고 한 바로 그때 말한 대로 실천하라. 시간은 유한하므로, 우리는 모두 어떻게 시간을 사용할지를 주의깊게 결정해야 한다. 우리가 누군가의 시간을 낭비할 때 상대방은 되찾을 수 없는 귀중한 자산을 잃어버리는 것이므로, 이를 좋아할 사람은 아무도 없다. 기업 세계에서는 "사장님은 늦는 법이 없다. 그가 나타날 때가 회의 시간"이라는 말을 종종 듣는다. 농담으로 하는 말인 경우도 많지만, 사실 이 말이 훌륭한 리더십의 징표라고 볼 수 없다는 것을 사람들도 다 안다.

우리의 시간과 관심(집중)은 우리의 노력이다. 이를 돈처럼 귀중한 재화로 여겨야 한다. 첫 책을 펴낸 뒤 나는 무료로 상담과 강연, 컨설팅을 진행면서 사람들이 가격을 매기지 않은 시간을 가치 있게 여기지 않는다는 사실을 깨달았다. 무료 상담이나 컨설팅을 받는 상대는 늦게 나타나거나 아예 약속을 펑크 내는 경우가 심심찮게 있었다. 하지만 유료로 서비스를 제공하자 사람들은 내게서 하나라도 더 얻어낼 준비를 갖추고 나타나서 내 온전한 집중을 요구했다. 시간과 관심은 소중한 자산이다. 자신의 시간과 관심을 낭비하지 말고, 다른 사람들의 시간과 관심도 존중하고 감사하게 여겨라.

> "
> 어떻게 행동을 할 것인지 말하고, 말한 대로 실천하라.
> 하겠다고 한 바로 그때 말한 대로 실천하라.
> "

존중하는 사람이 존중받는다

인간은 누구나 존중받고 싶어 한다. 우리의 삶이 우리 자신에게 소중한 만큼, 다른 사람도 이를 소중하게 여겨주기를 바란다. 누군가가 다른 사람을 어떻게 대하는지를 보면 그 사람에 대해 많은 것을 알 수 있다. CEO를 존중하는 것처럼 청소부를 존중하는가? 자신이 힘이 있다고 느낄 때 그 힘을 남용하지 않는가? 상향 리더십leading up에는 무척 능하지만, 하향 리더십leading down은 형편없지 않은가? 누군가를 무례하게 대하면, 특히나 사람들 앞에서 그런 행동을 하면, 상대방은 이를 쉽게 잊지 못한다. 누군가를 무례하게 대한다는 것은 상대를 대등한 존재로 여기지 않는다고 말하는 것이다. 삶을 진정으로 소중하게 여기면, 모든 삶이 평등하다는 사실을 깨닫게 된다. 복음주의 작가 릭 워런Rick Warren은 『목적이 이끄는 삶The Purpose-Driven Life』에서 "겸손은 자기 자신을 하찮게 여기는 것이 아니라, 자신을 덜 생각하는 것"이라고 말했다. 우리는 굴욕이 아닌 겸손을 실천해야 한다.

> " 겸손은 자기 자신을 하찮게 여기는 것이 아니라,
> 자신을 덜 생각하는 것이다. "

변하지 않는 것들

우리가 하는 행동은 시간이 지나면 우리의 신념과 우리의 가치를 드러낸다. 매일같이 세상을 헤쳐 나가며 우리가 기준으로 삼는 가치와 우리 자신을 보는 방식에 우선순위를 부여해야 한다. 나는 우리 모두가 가져야 할 으뜸 가치는 삶 그 자체라고 믿는다. 용기가 삶 자체에 버금가는 가치인 이유는 용기 없이는 우리가 믿는 가치들을 실천할 수 없기 때문이다.

우리는 사람들이 뭔가 말을 하면 일단 그 말을 믿되 주의해야 한다. 사람들이 하는 말보다는 사람들이 하는 행동에 관심을 기울이면, 그 사람이 정말 어떤 사람인지 알 수 있다. 사람들은 우리의 행동을 근거로 우리가 추구하는 가치를 알게 된다. 우리의 가치가 우리의 행동으로 이어지게 하라.

희생의 가치

직장생활이나 삶 전반에서 사람들과 관계를 맺을 때 받는 것보다 더 많이 주는 편인가? 소비하는 것보다 더 많은 것을 생산해내는가? 모든 조직의 근간은 신뢰로, 신뢰의 비결은 주어진 임무와 동료들을 위해 기꺼이 희생하고, 개인적 만족을 뒤로 미루고, 극단적 상황에서는 자기 자신의 안전까지도 기꺼이 미뤄두려는 자세다.

네이비실에서는 젊은 장교들에게 희생을 가르치는 방법이 하나 있다. 식사 시간에 배식 줄의 맨 뒤로 가라고 지시하는 것이다. 장교들은 사병들이 식사를 마치기 전까지 먹지 않는다. "지위가 높아질수록 감사해야 할 것이 더 많다." 지위는 특권을 누리는 자리가 아니라 베푸는 자리다. 우리는 받는 것보다 더 많은 것을 베푸는 사람을 조직의 일원으로 들이고 싶을 뿐 아니라, 그가 우리 조직을 이끌어주기를 바란다.

훈련은 끝나는 법이 없다

앞서 말했듯 "사수를 지도하기 위해서는 사수가 필요하다." 이는 삶의 모든 분야에 적용되는 진리다. 우리가 속한 조직에서 자신의 임무가 무엇인지 모르고 발전하거나 진보하지도 못한다면, 조직이 우리를 신뢰하기는 힘들다. 네이비실의 신조는 "내 훈련은 결코 끝나는 법이 없다"는 것이다. 우리는 끊임없이 배우고 성장해야 한다. 언제나.

" 신뢰는 우리의 인격이 어떤지를 드러내는 예고편 같은 것이다. "

생생한 이야기의 힘

1775년 처음 확립된 이래 바다에서 돌아온 다음 '바다 이야기'를 들려주는 해군의 전통은 지금까지 이어지고 있다. 이 이야기에는 모험과 고난, 이국적 항구, 선원 생활의 매력이 담겨 있다. 해군에는 신병 훈련소와 장교후보생학교가 있지만, 바다 이야기만큼 신입 수병들에게 문화를 전승하는 데 효과적인 것은 없다. 각 세대는 자신들만의 이야기를 들려주는 데 자부심을 느낀다. 바다 이야기는 흥미진진해서 해군이 공식적으로 신병들에게 제공하기 위해 준비한 어떤 프로그램보다 신입 수병들의 행동과 생각에 큰 영향을 미친다. 바다 이야기는 다른 사람들에게 영향을 미치고, 네이비실의 평판을 형성하고, 조직문화를 만들어낸다.

미국이 두 곳 이상에서 동시에 전쟁을 치르기 시작한 지 몇 년이 지난 2005년 네이비실 팀원들은 네이비실의 참된 모습이 무엇이고 그렇지 않은 모습은 무엇인지에 대한 조직 내 인식에 문화 격차가 생겨났음을 깨달았다. 전장 안팎에서 행동의 지표가 될 복무신조를 만들어냈을 때, 네이비실은 그 출발점이 강의실이 아니라 기초수중폭파훈련 교육 과정과 훈련 사이사이 휴식을 취하는 해변과 사격장이라는 사실을 알았다. 바다 이야기를 통해 네이비실의 복무신조를 명확하게 전달해야 했다. 바다 이야기가 네이비실이 공언한 삶의 방식에 부합하지 않는다면, 복무신조는 일 년에 두어 번 들춰보는 게 고작인 종이조각에 불과할 것이다.

문화와 가치가 충돌할 때

직장에서 그리고 개인 생활에서 우리가 하는 이야기들은 우리의 가치와 신념을 드러낸다. 사람들은 우리 입에서 나오는 이야기를 통해 우리에 대해 많은 것을 알게 된다. 나는 현장 관리자들의 안전 교육을 도와달라고 요청해온 한 대형 전력 기업을 컨설팅한 적이 있다. 이 회사의 일부 사업 영역은 위험도가 상당히 높았는데, 네이비실 팀처럼 이들에게도 원하는 방향으로 나아갈 수 있도록 바꾸거나 명확하게 규정하기를 원하는 문화가 있었다. 이 회사는 안전 프로그램을 개발해 시행하고 있었지만, 쉽게 예방할 수도 있는 사고가 여전히 발생하는 상황이었다. 위험도가 높은 직업에서는 업무의 성격과 채용하는 직원의 특성

상 센 척하고 허풍 떠는 사고방식이 생겨나기 쉽기 때문이다.

본격적으로 컨설팅을 시작하기 전날 밤 호텔 바에서 나는 긴 시간을 들이지 않고도 이들에게 해결되지 않은 문제가 무엇인지를 찾아냈는데, 그것은 바로 이들이 현장의 바다 이야기를 바꾸지 않았다는 것이다. 이 일에 오랜 세월 몸담아온 현장 감독들은 젊은 노동자들에게 이야기를 들려주기를 좋아했는데, 이 이야기는 자신들이 젊었을 때 어떻게 바보같은 짓을 하며 규칙을 어겼는지, 그랬는데도 어떻게 살아남았는지에 관한 이야기였다. 물론 이들은 "하지만 이제 우리는 그보다는 현명하잖아. 그런 것들은 더 이상 용납되지 않아. 그것 참, 살아남은 게 행운이라니까"라고도 말했지만 이런 이야기들은 회사의 안전 정책에 정면으로 반하는 것인데도 위험을 그럴싸하게 미화함으로써 젊은 노동자들의 관심을 끌었다. 솔직히 "그때 나는 모든 안전수칙을 철저히 지켰어. 그래서 어떻게 됐냐고? 흠 하나 없이 일을 마치고 다들 가족 품으로 돌아갔지 뭐"라는 말로 '재미있는 이야기'를 시작하기는 힘든 것이 사실이다.

회사 사장은 곧바로 문제가 무엇인지 인식했다. 사장은 현장 감독들을 대상으로 이들이 들려주는 이야기가 신입 노동자들과 회사의 안전에 얼마나 큰 영향을 미치는지 교육을 시작하겠다고 다짐했다.

우리가 말하는 이야기는 우리의 인격과 가치, 믿음을 보여준다. 우리가 희생양이라거나, 부당한 대우를 받았다거나, 우리에게 일어난 일의 책임을 다른 사람에게 돌리는 이야기를 하는가? 아니면 겸손과 책임, 친절, 공정에 관한 이야기를 하는가? 우리 이야기의 공통 주제는 무엇인가? 우리가 가진 가치들을 어떻게 우리의 이야기로 엮어내는가는 우리의 세계를 만들어가는 데 중요하다. 우리의 이야기는 리더십의 도구로, 우리의 조직과 문화뿐 아니라 인생에도 영향을 준다.

우리는 우리의 이야기와 과거의 일들을 기억해내는 방식을 신중하게 결정하고 그 이야기에 우리의 진정한 모습과 바람을 담아냄으로써 우리 자신의 평판을 만들어낼 수 있다. 우리의 이야기는 우리 자신에 대해 진실을 말해주어야 한다. 마찬가지로 바다 이야기는 기업의 문화와 가치에 부합하는 것이어야 한다.

용감한 자만이 자제할 수 있다

커뮤니케이션 전문가 줄리안 트레져Julian Treasure는 말하기의 7가지 죄악이 험담, 비판, 부정적 태도, 불평, 변명, 과장, 독단주의라고 말한다. 이 모든 태도는 두려움에 기반한 것으로, 이를 멈추기 위해서는 본질적 형태의 용기, 즉 '용감한 자제'라고 불리는 용기가 필요하다. 스스로 자제할 수 있는 능력은 만족을 늦추는 것만큼이나 중요하다. 이를 위해서 '감정을 꽁꽁 가둬두지 않고' 우리가 실제로 그 감정을 통제하고 있음을 다른 사람들에게 보여줄 필요가 있다.

2010년 아프가니스탄에서 아프간 특수부대원들과 공동 작전을 펼칠 때 사령부에서 내려 보낸 새로운 구상이 아주 흥미로웠다. 미 정부가 전장에서 물리적 자제를 보여준 장병을 위해 '용감한 자제' 훈장을 신설하는 것을 검토 중이라는 소식이었다. 당시 이라크와 아프가니스탄에서 만연한 정서는 "살상으로 승리를 따낼 수는 없다"는 것이었다. 내란 중인 국가에서 진정한 지지를 이끌어내려고 노력할 때는 우군의 안전을 유지하는 일과 폭력이 확대되지 않도록 통제하는 일 사이의 섬세한 균형이 필요하다. 애석하게도 '용감한 자제' 훈장 신설 계획은 곧 폐기됐다.

군대에서 수여하는 훈장은 보통 총격전을 통해 적을 사살했음을 의미한다. 살상으로 승리를 따낼 수 없다는 생각과는 별개로, 사후검토나 개인 평가에서 직접타격 작전의 횟수와 그 과정에서 사살한 적군 수는 높은 평가를 받는다. 우리는 보상을 받는 대로 행동하기 마련이다.

어떤 군인이 훈장 따위는 신경 안 쓴다고 말할 수 있지만, 나는 그 반대가 사실임을 확인했다. 인정은 행동과 바다 이야기를 만들어내고, 그것들이 모여 문화를 만들어낸다. 용감한 자제에 관한 바다 이야기는 들을 수 없고, 극단적인 육체적 용기와 영웅적 총격전에 대한 이야기만 들릴 뿐이었다. 앞서 말한 대형 전력 기업처럼 그 이야기들은 특정한 행동들을 고무시켰다.

실전에서 내가 목격한 가장 용감하고 품위 있는 행동은 폭력의 사용에 아무도 이의를 제기하지 않을 상황에서 네이비실 대원들이 용감한 자제를 실천한 순간들이었다.

우리에게는 극단적 발언을 하지 않고, 수동적 공격 성향을 보이지 않고, 다른 사람을 비난하지 않고, 의사소통의 7가지 죄악을 저지르지 않을 용기가 있는가? 우리의 평판은 우리가 무엇을 드러내고 말하고 행동하느냐에 따라 만들어진다. 자제력을 발휘하면 평판을 만들어내는 데 도움이 될 뿐 아니라 득이 될 게 전혀 없는 상황loose-loose situation에 빠져드는 것을 피할 수 있다. 직장생활과 개인적으로 맺는 모든 관계에서 최선의 태도는 윈-윈win-win position이다. 용감한 자제는 우리 관계를 윈-윈의 관계로 만들어 궁극적으로 우리에게 '행운'을 안겨준다. 올바른 행동을 함으로써 스스로 만들어내는 행운 말이다.

경청의 기술
바다 이야기를 말하면서 경청에 대해 언급하지 않을 수 없다. 경청은 일종의 기술로, 신중한 계획과 공감, 올바른 마음가짐이 필요하다. 리더십 전문가이자 베스트셀러 작가인 켄 블랜차드에게 왜 혼자 책을 쓰지 않고 공동 집필을 하냐고 물은 적이 있다. 그는 "내가 뭘 알고 있는지 이미 아는데, 왜 혼자 책을 쓰나요?"라고 대답했다. 블랜차드가 지금까지 내가 만나본 사람 가운데 남의 얘기를 가장 잘 경청하는 사람이라는 사실 역시 놀라울 게 없다.

우리는 대화를 나누는 시간의 대부분을 상대방의 대답을 기다리는 데 쓴다. 이때 우리 마음은 다음에 할 말을 만들어내기 때문에, 상대가 하는 말을 제대로 느끼고 듣지 않는다. 나도 다를 게 없었다. 경영자 코치로서 경청하는 법을 배우기까지, 진심으로 경청하는 법을 배우기까지 상당한 시간이 걸렸음을 인정한다. 고객이 하는 말에 집중하면서 내 마음속 수다쟁이를 잠재우는 일이 처음에는 힘들었다. 우리 모두 그렇듯 나 역시 뭔가 말을 해서 대화에 기여하고 싶었다. 명상에서 집중하는 법을 배우는 것처럼, '집중 경청'은 우리가 연마해야 하는 일종의 근육이다.

" 집중 경청은 우리가 연마해야 하는 근육이다. "

경영자 코칭 전에 나는 내 집중력을 고객에게 쏟아 진심으로 경청할 수 있도록 공감하는 심리상태를 갖춰야 했다. 고객은 살면서 경험한 바다 이야기를, 직장 상황은 어떻고 가정의 상황은 어떤지를 들려주었다. 고객에게 집중할 때 나는 그의 의도를, 두려움에서 비롯된 그의 문제를 제대로 들을 수 있었다. 숙련된 경청자가 되면 많은 것을 배울 수 있다. 고객이 한 말을 제대로 들었는지 확인하기 위해 나는 내가 들은 내용을 다른 표현으로 바꿔 고객에게 다시 말하는 방법을 사용한다. 종종 고객이 그렇지 않다고 지적하고 더 자세히 설명해주기도 한다. 고객의 상황에 대한 내 설명에 고객이 동의할 때까지 이 과정을 반복했다. 대화에서 용감한 절제를 실천함으로써 나는 사람들이 누군가 자신의 말을 귀담아 들어줄 사람, 자신에게 책임을 물을 사람을 원한다는 사실도 깨달았다. 좋은 혜엄 짝꿍 같은 사람 말이다. 유일한 방법은 배운 대로 신중하게 경청하는 것뿐이다.

우리가 사용하는 말은 의사소통의 일부분이다. 우리의 목소리와 몸짓언어가 말보다 우리가 말하려는 바를 더 잘 드러내므로, 항상 상대방의 일거수일투족에 집중하라. 말 뒤에 깔린 의도를 찾아내라.

평판은 당신의 인품을 드러내는 그림자 같은 것이므로, 당신의 가치와 신념을 반영한 바다 이야기로 신중하게 평판을 만들어가라. 당신이 가장 중요하게 생각하는 세 가지 가치나 믿음을 찾아내라. 삶을 되돌아보며 각각의 가치를 드러낼 만한 이야기를 골라내라. 신중한 이야기로 당신의 참모습을 다른 사람들에게 명확하게 전달하라.

- 운에만 맡겨두지 말고 자신에게 유리하게 전투를 준비하는 것이 반드시 필요하다. 네이비실에서는 이를 전장의 여건을 조성한다, 전장을 준비한다고 말한다.

- 더 많이 준비하고 환경을 조성할수록, 성공 가능성은 높아진다. 종종 그저 운처럼 보이지만, 사실은 그렇지 않다.

- 승수는 우리의 성공 가능성을 기하급수적으로 늘려준다.

- '성형장약 효과'는 능력을 배가시키는 힘을 말한다. 네이비실은 많은 작전에서 성형장약 효과를 활용할 뿐 아니라, 임무 수행 중에 스스로 성형장약의 역할을 한다.

- 유머와 놀이는 능력을 배가시키는 힘으로, 마음을 민첩하고 집중력 있고 유연하게 만들어 우리 안의 최고의 창조적 자아와 대면할 수 있게 해준다.

- 의식적 습관인 루틴 역시 능력을 배가시키는 힘으로, 즐겨 실천하고 기다리게 되는 긍정적이고 반복적인 습관이 돼야 한다. 루틴은 절제력을 길러준다.

- 헤엄 짝꿍은 우리의 직업생활과 개인 생활에 적용할 수 있는 가장 손쉽고 간단한 네이비실 작전 개념이다. 1 더하기 1은 2가 아닌 3이다.

- 우리의 평판은 우리보다 먼저 파티에 도착해서 우리가 떠난 뒤에도 한참을 더 머무르는 그림자다.

- 신뢰는 노력해서 얻어내는 것이지, 공짜로 주어지는 것도 아니고 그래서도 안 된다. 적극적인 자세로 신뢰를 얻어내라.

- 겸손은 자기 자신을 하찮게 여기는 것이 아니라, 자신을 덜 생각하는 것이다.

- 우리가 들려주는 바다 이야기는 우리의 인격과 가치, 믿음을 보여주는 창이다. 이는 리더십의 도구로, 우리의 조직과 문화뿐 아니라 인생이라는 전장 자체를 만들어낼 수 있다.
- 용감한 자제는 우리 모두 염원해야 할 영웅적 덕목이다.

GUTS

11장

목표와 계획

완벽한 계획은
타이슨의 주먹도 피할 수 있다

"막상 적과 맞닥뜨리면 어떤 계획도 소용없어진다"는 속담이나, 이보다 더 잘 알려진 "어떤 계획도 한 방 얻어맞고 나면 소용없어진다"는 복싱 선수 마이크 타이슨의 말은 당연하기는 해도 핵심을 비껴간 느낌이 있다. 이 말들은 매사에 임기응변으로 상황에 맞춰가는 것이 최고라는 인상을 준다. "계획을 세우지 않으면 실패를 계획하는 것이다"는 또 다른 명언이 그보다 적절하다. 네이비실 팀에서는 기동훈련이나 작전을 수행할 때마다 사전에 계획을 세우고, 작전 브리핑을 하고, 예행연습을 한다.

이렇게 계획을 세우는 행동은 불안감과 두려움을 줄이는 데 매우 중요하다. 만약 실전에서 집중력을 잃고 몽상에 빠지거나 상황을 파국화하면, 결국 심신을 갉아먹는 극도의 두려움에 빠지게 될 수도 있다. 계획과 준비는 미래를 파국화하지 않고 현재에 집중하게 함으로써 두려움을 줄여준다. 계획은 행동을 취하는 것으로, 행동은 우리에게 성공할 수 있다는 자신감을 안겨주고 미지에 대한 두려움에 대처할 수 있게 해준다. 네이비실은 상세한 계획을 세워두기 때문에 작전 중에 춥고 몸이 젖고 피곤하고 두렵고 뭔가 뜻대로 풀리지 않을 때도 무엇을 해야 할지를 안다. 압박감이 최고조에 달해 우리 뇌의 사령탑 부위가 작동을 멈출 때, 우리는 획기적인 생각에 기대는 것이 아니라 우리가 세운 계획에 의지하게 된다.

네이비실의 임무 계획과 작전 계획, 의사결정 계획 과정은 책 몇 권 분량은 채울 만큼 방대하고 상세하다. 여러분의 개인 생활과 직장생활의 필요에 가장 잘 부응할 수 있도록 네이비실이 사용하는 절차를 요약 소개하겠다.

> "
> 햇살이 밝게 비출 때가 지붕 수리를 할 때다.
>
> -존 F. 케네디
> "

전투 삼각형

네이비실에서 수행하는 모든 임무와 작전, 모든 행동에 적용되는 3대 요소가 있다. 나는 이를 '전투 삼각형'이라고 부른다. 삼각형은 기습, 속도, 맹렬한 행동으로 이루어진다. 목표물을 공격하든 특정 프로젝트를 기획하든 이 세 가지 요소가 한데 어우러지는 것이 성공의 필수요건이다. 만약 작전 중에 이 요소 가운데 하나라도 잃어버릴 경우 위험이 증가하고 성공 가능성은 줄어든다.

기습의 기본 요소

최고의 공격 시점은 적이 예상하지 못하는 순간이다. 적이 준비하거나 대응하지 못하도록 불시에 일격을 가하는 것이다. 내가 이끈 최고의 작전들은 우리가 공격한다는 사실을 적이 전혀 눈치 채지 못했을 때 이루어졌다. 보통 적이 잠들었을 때 기습하기 때문에, 우리가 침대 머리맡에 서 있는데도 적이 깨지 않는 경우도 있었다. 기습의 기본 중의 기본은 한발 앞서 선제공격을 가하는 것이다.

기초수중폭파훈련에는 내가 '리더십 효과'라고 부르는 개념이 하나 있다. 훈련병들이 인생 최고의 몸 상태여도 교관들이 선수를 치는 것만으로 훈련병들을 꼼짝 못하게 제압할 수 있다.

　20킬로그램짜리 배낭을 메고 20킬로미터 구간 대부분을 구보로 주파하는 배낭 행군을 할 때면 나는 인생에서 가장 힘 있을 시기인 훈련병들을 압도하곤 했다. 훈련병들은 내 뒤에서 1미터 이내 거리를 유지하면서 걸었다. 나를 앞지르는 것도 그 이상 뒤처지는 것도 허용되지 않았다. 만약 그럴 경우에는 보충 수업을 받아야 했다. 내가 속도를 통제하고, 훈련병들은 통제력을 내게 내어주어야 했다. 이렇게 함께 달리면 '슬링키 효과slinky effect'가 나타났다. 내가 예고 없이 속도를 높이면 슬링키*처럼 일행 간의 간격이 벌어지는 것이다. 훈련병들은 내게 얼마나 힘이 남았는지 아니면 내가 얼마나 오래 그 속도를 유지할 수 있는지 전혀 알지 못한 채 그저 미지의 사실을 견뎌내야 했고, 이 때문에 전략을 만들어낼 능력을 상실했다. 용수철 끝부분에 자리한 훈련병들은 따라잡아야 할 거리가 더 컸기에 상황이 더 좋지 않았다.

　기습의 기본 요소인 '주도권'을 장악함으로써 나는 상황에 대한 통제력이 전혀 없는 훈련병들을 상대로 '슈퍼맨' 같은 힘을 발휘할 수 있었다. 선수를 치는 사람이 통제권을 장악해 공

---

*　용수철 스프링 장난감.

세를 취할 수 있게 되고, 나머지 사람들은 수세에 몰리게 된다. 훈련병들은 교관의 행동에 대응해야 하지만, 교관은 훈련병들의 행동에 대응해야 할 필요가 없다. 모든 조직, 특히 소통이 부족하다고 평가받는 조직에서는 결정권에서 멀어질수록 용수철의 끝으로 밀려나게 된다. 그렇게 되면 주도권을 상실하고 이리저리 끌려다니며 점점 더 계획을 세우기 힘들어진다. 수뇌부에서 내리는 결정들이 어떻게 밑바닥에 있는 사람들을 휘젓는지 대부분 알고 있을 것이다. 할 수만 있다면 언제든 선수를 쳐라!

속도가 핵심이다

목표물을 공격할 때 신속하게 움직여서 상대가 전열을 재정비할 할 틈을 주지 않는 것이 무엇보다 중요하다. 기업 세계에서도 시간은 우리 편이 아니다. 변화해야 한다는 강박은 치명적일 수 있다. 무언가가 중요하거나 꼭 필요하다면 그건 '지금' 중요하다는 뜻이다.

속도는 뜻밖에도 내가 특정 작전을 시작할 때 내리는 중요한 결정으로 이어졌다. 바로 얼마나 큰 배낭을 맬 것인가 하는 결정이다. 너무 큰 배낭을 선택해 짐을 가득 채우면 이동 속도가 줄어들 수밖에 없다. 반대로 너무 작은 배낭을 택하면 짐이 적어 더 빨리 움직일 수 있지만, '짐을 줄이려다 밤에 얼어 죽는다'는 말이 머릿속에서 요란한 경보음을 울려댄다. 우선순위를 제대로 매겨서 작전에 꼭 필요한 것들만 챙겨가라는 경고다.

우리의 직업 생활과 개인 생활을 중요하지 않은 것들로 채우는 일은 어려울 게 없지만, 절박한 마음으로 좀 더 서둘러 추진력을 얻고 싶다면 하지 않으면 안 되는 일들을 처리하는 데 쓰는 시간을 줄여야 한다. 파킨슨의 법칙*에 따르면 "일은 이를 처리하는 데 쓸 수 있는 시간만큼 늘어나기 마련이다." 이 점을 유념하면 임무를 완성하는 데 허용되는 시간을 제한함으로써 속도와 기세를 만들어내도록 스스로를 밀어붙일 수 있다. 이런 절박함은 전염성이 있어서 추종자가 따르기 마련이다.

한발 앞서, 빠르게, 강렬하게

무력 사용이 불가피한 시점이 되면, 모든 수단을 동원해 적을 압도해서 적이 작전을 변경하고 전열을 재정비하기는커녕 상황을 파악할 기회조차 갖지 못하게 하는 것이 가장 좋다. 어떤 공격이든 기세가 대단히 중요해서, 결과를 바꿀 수 있고 실

---

* 공무원의 수는 업무량에 상관없이 지속적으로 증가한다는 경험 법칙.

제로 바꾸기도 한다. 대담하면서 압도적인 행동이 중요하다.

종합격투기(MMA) 경기를 본 적이 있다면 기존의 복싱과는 매우 다르다는 사실을 알 것이다. 복싱에서는 상대를 다운시키면 다시 공격하기 전에 10초를 기다려야 하는데, 이는 상대에게 회복하고 재정비할 시간을 준다. 반면 MMA에서는 상대 선수가 다운된 선수에게 득달같이 달려들어 맹렬한 동작을 퍼부으며 다운된 선수를 압도한다. MMA 경기에서 심심찮게 약체 선수가 승리하는 까닭은 맹렬한 동작을 퍼부으면 '실력이 한 수 위인' 선수라도 전열을 재정비할 시간을 갖지 못하기 때문이다.

일과 삶에서 전력을 다해 계획된 목표에 덤벼들어라. 온몸을 던져 전념하고 집중하며 행동에 옮겨라! 기세를 만들기는 힘들지만 일단 기세가 오르면 지켜내야 한다. 일단 움직이기 시작하면 멈추기 힘들다. 계획과 논의를 비롯해 우리가 하는 모든 준비 행위들이 다 중요하지만, 성공을 위해서는 적절할 때 행동하려는 성향과 맹렬한 행동이 필요하다.

선결 과제 찾아내기

우리의 시간과 주의력, 노력은 유한하다. 하루는 24시간뿐이므로 삶의 목표와 가능성을 실현하기 위해서는 우선순위를 정해야 한다. 그렇지 않을 경우 모든 일이 우리 의지와 상관없이 흘러가고 만다. 우선순위를 정하는 일을 단순화하기 위해 나는 세 가지 범주를 사용한다. '변혁형 과제', '거래형 과제' 그리고 '집어치워야 할 일들'이다.

전략적 핵심 성과

변혁형 우선과제는 우리의 성공에 전략적 영향을 미치거나, 우리가 성취하려는 임무를 달성하게 해주거나, 우리 삶을 완전히 변화시키는 일들이다. 전체 성과의 80퍼센트는 20퍼센트의 소수에 의존한다는 파레토 법칙에 따라 우리는 가진 시간의 80퍼센트를 이 변혁형 과제들을 실천하는 데 써야 한다.

내가 매일 되풀이하는 단순한 습관이 하나 있다. 하루가 끝날 무렵이면 다음 날 반드시 해야 할 일 다섯 가지를 적는 것이다. 다음 날에는 긴급사태가 생기지 않는 한 그 다섯 가지 일을 실천에 옮긴다. 과제나 목표를 글로 적는 행동이 그 과제나 목표를 완수할 가능성을 높여준다는 사실이 많은 연구를 통해 검증된 바 있다. 일부 연구는 우리가 무언가를 글로 적으면 이를 달성할 가능성이 두 배나 높아진다는 사실을 보여준다. 나는 할 일 목록 옆에 작은 사각형을 그려 넣고, 과제를 완료하면 체크 표시를 해 DOSE를 분비 받는다. 이 사각형에 체크 표시가 되어 있는 것을 보는 게 너무나 좋다!

> " 아침에는 변혁형 인간으로, 밤에는 거래형 인간으로 살아라. "

필요하지만 전략적이지는 않은 일들

사무실 서류 정리나 집 안 청소 같은 거래형 과제는 해야 하
는 일들이지만 우리 삶을 변화시키지는 않는다. 이 일들도 중
요하지만 이 일들을 하지 않더라도 우리는 삶의 주된 임무와
목표를 향해 앞으로 나아갈 수 있다. 내 목표는 내가 가진 시간
의 20퍼센트만 이 일들을 처리하는 데 쓰는 것이다. 보통 나는
변혁형 우선과제들을 몇 가지 마무리지은 뒤에야 거래형 우선
과제들을 처리하다.

예를 들어 아침에 일찍 눈을 뜨면 나는 그 소중한 시간을 글
을 쓰며 보내는데, 그 시간에 내 뇌가 최고의 효율을 발휘하기
때문이다. 마음이 피곤해지면 그때 운동을 하러 간다. 그런 다
음 거래형 과제 목록을 살펴보고 지적 능력이 그다지 필요하
는 않지만 처리해야 할 일을 적어도 한 가지는 처리한다. 직장
에서는 넘쳐나는 거래형 과제들 때문에 정신을 못 차리기 쉽
다. 이메일 답변이나 회의, 인터넷 검색 같은 것들 말이다. 우리
의 시간과 주의력을 빼앗기거나 다른 누군가나 다른 무언가에

휘둘리기 쉽다. 주어진 시간에 대한 통제력을 잃지 않으려면 신중하고도 적극적인 행동이 필요하므로, 우리 자신을 변화시켜 목표한 곳으로 이끌어줄 일들을 최우선으로 처리하라.

> " 우리에게 주어진 시간에 대한 통제력을 잃지 않으려면
> 신중하고도 적극적인 행동이 필요하다. "

집어치워야 할 일들

앞서 1장에서 '까짓것' 리스트, 즉 만약 두려움에 사로잡히지 않는다면 하게 될 일들의 목록에 대해 소개했다. 이제는 '집어치워야 할 일들'의 목록을 만들 차례다. 우선순위로 꼽지 않고 전혀 신경도 쓰지 않겠지만 결국에는 하게 될지도 모르는 일들을 모은 목록이다. 우리는 결과에 전혀 결정적이고 긍정적인 영향을 미치지 않는 일들을 한다. 소셜 미디어를 뒤져보고, 휴대전화를 확인하고, 인터넷 검색을 하고, 뜬금없는 몽상에 젖고, TV를 보고, 비디오게임을 하고, 시도 때도 없이 문자를 보내고, 나쁜 사람들과 시간을 보내는 일들 말이다. 틀림없이 굉장히 긴 목록을 만들 수 있을 것이다. 중요한 것은 목록을 만든 다음에 말 그대로 목록에 적은 항목들을 하나하나 바라보면서 "집어치워!"라고 외치는 것이다.

없애야 할 일들을 알고 나면 중요한 일이 뭔지 이해하게 된다. 뿐만 아니라 이 목록을 적어 내려가는 것만으로도 자신이 시간을 어떻게 쓰는지 깨닫게 된다. 쓸데없는 일들, 삶에 어떤 가치도 더해주지 않는 일들을 집어치우면, 성공에 보탬이 될 일들을 할 시간이 더 많아진다.

날마다 자신이 어떤 행동을 하는지 따져볼 때, 얼마나 많은 시간이 중요한 변화에 쓰이지 않고 대신 거래적 사안이나 '집어치워야 할' 것들에 쓰이는지 주의해 살펴볼 수 있다. 다음 단계는 각 세 가지 목록에서 각 항목별로 1등부터 꼴찌까지 순위를 매기는 것이다. 만약 모든 일이 중요하다면 아무것도 중요하지 않은 것이다. 어떤 일을 꼴찌로 내리는 일이 달갑지 않더라도 무엇이 중요한지 그리고 무엇이 중요하지 않은지를 스스로에게 보여주는 것이 중요하다. 우리의 시간과 주의력은 유한하므로, 계획적으로 사용해야 한다는 사실을 명심하라.

> "
> 우리의 시간과 주의력은 유한하므로,
> 계획적으로 사용해야 한다.
> "

완벽한 마무리
기업 세계와 마찬가지로 네이비실 세계에서도 약자를 많이 사용한다. 모든 일에 약자와 캐치프레이즈, 격언을 사용하는 듯하다. 계획 수립 역시 마찬가지다. 다음은 실천 가능한 계획을 만들어내기 위해 내가 개인적으로 활용하는 5개 항목으로 이뤄진 SEALS(구체성specific, 측정 가능성evaluable, 실행 가능성과 달성 가능성actionable and attainable, 활용 가능한 수단leveragable, 두려움scary) 모델이다.

S: 구체적일 것

상황을 이해하고 자신의 위치를 파악해서 방향을 설정하고 이에 도달하는 것이 얼마나 중요한지 이 책의 앞부분에서 설명했다. 만약 숲속에서 길을 잃어 현재 위치를 모른다면, 목적지로 가는 일이 그만큼 더 힘들어진다. 때로는 우리 자신에게 솔직해지는 것이 쉽지 않고 우리 삶에 들어온 덩치 큰 코끼리를 못 본 체 하는 편이 훨씬 더 쉽다. 우리는 아무런 판단 없이 스스로에게 잔인할 만큼 솔직해지는 법을 배워야 한다. 예를 들어 체지방을 어느 정도 줄이고 싶다면, 출발점, 즉 현재 내 체지방률이 어느 정도이며 내가 어떤 음식을 먹고 얼마나 먹는지, 운동은 얼마나 하는지, 그리고 나를 둘러싼 환경은 어떤지에 대해 솔직해져야 한다.

모든 임무나 목표에서 우리는 5W(누가, 무엇을, 언제, 어디서, 왜)에 구체적으로 답해야 한다. 우리는 가끔 '왜'의 힘을 잊는다.

'왜'는 중요한 동기부여 요인이다, 시간이 흘러 성취동기가 약해졌을 때 우리를 움직이게 해줄 이유를 이해하기 위해서는 이 질문에 답해야 한다.

> "
> 측정 가능한 것은 관리 가능하다.
> -피터 드러커
> "

E: 측정 가능할 것

뭔가를 측정할 수 없다면, 우리가 목표를 향해 나아가고 있다는 것을 어떻게 알 수 있고, 목표에 도달했는지는 또 어떻게 알 수 있을까? 물론 단순한 목표도 있다. 절친한 친구의 결혼식에 입고 갈 예복에 맞게 6개월 안에 5킬로그램 정도 살을 빼고 싶다고 치자. 이 목표는 매주나 매달 체중계 위에 올라가 진전이 얼마나 있었는지 측정할 수 있다. 진척이 전혀 없었다면 궤도에 오르도록 내 습관을 바꿀 수 있다. 예를 들어 한 달에 1킬로그램씩 6개월 동안 감량하면 목표에 이를 수 있다.

반면 측정이 불가능해 보이는 목표도 있다. 행복을 어떻게 측정할 수 있을까? 이 목표를 보다 측정이 용이한 목표들로 나누는 것이 방법일 수 있다. 우리는 무엇이 우리를 행복하게 하는지 안다. 사람들과 맺는 관계, 목표의 달성, 자연, 운동, 영양

섭취 같은 것들이다. 이것들은 측정이 가능하다. 우리는 사랑하는 사람과 함께하는 것이 우리를 행복하게 해준다는 사실을 알기에, 이런 행동을 하면서 보낸 시간과 함께하는 사람들의 수를 측정할 수 있다. 우리는 매일 일정량의 운동을 하면 행복해진다는 사실도 안다. 관대하고 추상적인 목표를 세우기로 결정했다면, 그 목표를 최대한 구체적으로 만들어 측정하고 진전 상황을 확인할 수 있게 하라. 발전은 행복의 근본 요소다. 발전은 우리에게 DOSE를 안겨준다!

> "
> 측정 가능한 것은 이해 가능하며,
> 이해 가능한 것은 변경 가능하다.
>
> -캐서린 네빌, 소설 『디 에이트』 중에서
> "

A: 실행 가능하고 달성 가능할 것

네이비실은 매번 작전에 임할 때마다 실행 계획을 수립한다. 그 첫걸음은 작전을 역설계하는 일로, 목표물 X에 도달했을 때 취할 행동부터 시작해서 거꾸로 되짚어 X에서 출발지로 거슬러 올라간다. 종종 네이비실이 수행하는 작전은 복잡해서 잠수함과 항공기, 해당국 군대를 비롯한 까다로운 수단들과의 공조가 요구된다. 계획을 세울 때 다음과 같은 쌍둥이 질문에

도 답을 해야 한다. 그 질문은 "달성 가능한 계획인가?" 그리고 "작전을 완수할 준비가 되어 있는가?"이다.

　여기서 주의해야 할 부분이 있다. 종종 우리는 우리 자신의 능력을 과소평가하거나 과대평가한다. 피그말리온 효과에 따르면 타인의 기대가 우리의 성과에 영향을 미치는 만큼, 우리는 스스로 성과 기준을 높게 설정해야 한다. 이는 다시 타인이 우리에게 거는 기대에 영향을 미치고, 궁극적으로는 우리가 스스로에게 갖는 믿음에 영향을 미친다. 선순환이 이뤄지는 것이다. 이는 협상에서 최초에 제시한 시작가격이 기준점으로 닻을 내려 최종가격에 영향을 미치는 닻내림 효과anchoring effect와 무척 비슷하다. 자동차 판매상이 최초 가격으로 2만 달러를 제시한 차를 흥정 끝에 최종적으로 1만 7천 달러에 거래했다고 치자. 기분이 좋을지 몰라도 사실은 2만 달러에 닻을 내리지 않고 1만 7천 달러에서 시작했다면 1만 5천 달러에 차를 살 수도 있었다. 기대치도 이와 마찬가지다. 무언가가 달성 가능할지 물을 때 스스로를 속이지 마라. 우리에게 큰 기대를 걸고 있는 사람들에게 묻고, 다른 성공 사례들을 살펴보되, 두려움 때문에 스스로 한계를 긋지 마라. 동시에 현실적으로 판단해야 한다. 네이비실 대원들은 이 교훈을 어렵게 깨닫는다. 슈퍼맨인 것처럼 훈련하지만 결국엔 슈퍼맨이 아니라는 사실을 알게 된다.

L: 활용 가능한 수단이 있을 것

우리는 종종 목표를 설정하면서 혼자 힘으로 그 목표를 달성할 것이라고 생각하지만, 혼자 하지 않을 때 훨씬 더 성공 가능성이 높다. 우리가 원하는 결과를 얻는 데 도움이 될 수단들을 찾아내서 추가해야 한다. 3장에서 실탄을 사용해 X에 최대한 근접하는 방법을 다뤘다. 10장에서는 헤엄 짝꿍의 중요성을 언급했다. 효과적 접근법 하나는 공개적으로 다른 사람들에게 목표 달성을 다짐하는 것이다. 우리가 이루려는 목표를 이미 달성한 사람이나 진정으로 우리를 아끼는 사람을 찾아보라. 우리의 행동에 긍정적 영향을 미칠 만한 요인이 무엇인지 찾아내고 실천하라. 친구들과 체육관에 가서 운동을 하거나, 식료품을 사러가기 전에 식사를 든든히 해서 정크푸드를 잔뜩 사지 않도록 계획을 세우는 것이다. 나의 경우 건강해지고 싶을 때 '왜'라고 그 이유를 떠올리는 것이 하나의 수단이 될 수 있다. "우리 아들의 아빠를 구하고 싶다"는 다짐은 나 자신의 건강을 바라보는 설득력 있는 방편으로, 아들에 대한 내 사랑과 아들의 행복을 바라는 마음을 불러일으킨다.

입양 청소년들을 가르칠 때 나는 이들에게 삶에서 활용 가능한 가장 강력한 수단 하나가 도움을 요청하는 것이라고 말해준다. 사람들은 어린 아이들, 특히 취약계층 아동을 도우며 이들에게 자신의 지혜를 전파하는 것을 무척 좋아한다.

S: 두려움을 안겨줄 것

새로운 프로젝트를 시작하거나 스스로 어떤 목표를 설정할 때 우리는 대부분 우리 삶에 들어온 큰 코끼리를 외면한다. 그 코끼리는 바로 두려움이다. 우리는 보통 우리를 가장 두렵게 만드는 대상을 언급하거나 적절한 관심을 기울이지 않는다. 가장 큰 이유는 창피하기 때문이다. 대신 우리는 우리에게 동기를 부여하는 것들, 즉 우리가 생각하는 '왜'에만 집중한다. 무언가 행동을 하고 싶어 하는 이유를 이해하는 것은 중요하지만, 두려움을 인식하고 이해하는 것 역시 반드시 필요하다. 방 안에 들어온 코끼리를 해결하지 않는다면, 두려움이 뇌리를 맴돌며 형편없는 심리상태로 계획을 세우고, 두려움과 형편없는 심리상태를 미래까지 짊어지고 가게 된다.

작전을 계획할 때 네이비실 대원들은 엄청난 시간을 들여 발생 가능한 모든 긴급 상황들을 점검하고 대응책을 도출해서, 일이 잘못될 경우 실행할 수 있는 즉각적이고도 계산된 대응책을 확보한다. 이를 즉각조치훈련Immediate Action Drill이라고 부른다. 목표물을 향해 접근하다 총격을 받을 경우, 네이비실은 상황에 따라 임기응변으로 대응하지 않는다. 네이비실에게는 사전에 반복적으로 훈련한 즉각조치가 있다. 네이비실이 보이는 반응은 생존율을 극대화하도록 조직된 것으로, 모두가 각자의 임무를 숙지하고 있기 때문에 총소리 때문에 아무것도 들리지 않는 상황에서도 효과를 발휘한다.

> " 미지의 사실이 종종 두려움을 안겨주지만,
> 계획은 믿음을 선사한다. "

긴급상황을 대비하라

네이비실이 펼치는 작전들은 무척 복잡하지만, 대개 SMEAC(상황situation, 임무mission, 실행execution, 관리와 병참administration and logistics, 지휘통제command and control)이라는 기본 형식을 따른다. 그중 실행에 초점을 맞춰보면 실행은 접근, 침투, 목표물 대상 행동, 탈출, 퇴각의 다섯 단계로 이루어진다. 각 단계마다 잘못될 가능성이 있는 일을 최소한 세 가지 이상 찾아내서, 이를 완화하는 방안을 마련한 뒤, 각각의 상황에 맞춰 즉각조치훈련을 실시한다. 이때 나는 긴급상황(잘못될까 봐 두려워하는 부분), 완화책, 즉각조치훈련(두려움이 현실이 될 때 취할 조치) 세 가지에 맞춰 세 개의 열을 긋는다.

첫 번째 열에서는 산길을 순찰하는데 난데없이 요란한 총소리와 함께 공격을 받게 됐다고 상상한다. 이는 작전 중 어떤 단계에서든 일어날 수 있는 최악의 상황이다. 위험에 노출돼 규모를 알 길 없는 적으로부터 사격을 받고 있는 상황이다. 두 번째 열에서는 이런 가능성을 완화할 방안을 찾아낸다. 목표물을 향해 접근할 때 덤불 사이로 난 길을 선택할 수도 있다. 지각 있는 사람이라면 절대로 가지 않을 길 말이다. 이는 네이비실이 목표물을 향해 은밀히 접근할 때 사용하는 일반적 관행으로, 적에게 발각될 가능성을 최소화하기 위해서다.

　세 번째 열은 이런 일이 실제로 발생할 때에 대비한 즉각조치훈련이다. 총소리가 요란하게 울리면 모두가 사전에 정한 방향대로 360도로 퍼져 바닥에 엎드린다. 선두의 척후병이 재빨리 적이 있는 방향으로 대응 사격을 한 뒤 상황을 파악하고 나면 큰 소리로 명령을 내린다. "이탈 사격*!" 척후병이 뒤로 물러나면 2선의 병사가 길 양쪽으로 사격을 시작하고, 전체 소대원이 두 줄로 나눠 일사불란하게 대열 맨 뒤쪽으로 가서 다시 자신의 사격 차례가 될 때까지 기다린다. 대형 경기장의 파도타기를 방불케 하는 움직임이다. 이 같은 움직임은 소대가 물리적 방벽이 있는 엄폐 장소에 도달할 때까지 이어진다. 이

＊　소부대가 대규모 적군과 맞닥뜨렸을 때 취하는 퇴각 전술의 하나.

때 엄폐 장소를 찾은 사람이 모든 대원이 통과할 수 있게 '문'을 설치하는데. 이 문을 통해 적의 시야를 차단하고 불침번이 인원을 점검할 수 있게 된다. 일단 안전을 확보하고 나면 소대는 잠복 모드로 들어간다.

네이비실은 거의 모든 최악의 시나리오에 대해 긴급조치훈련 계획을 세우고 수없이 이를 훈련하고 연습하기 때문에, 이 같은 상황이 발생하면 무엇을 해야 할 지 궁리할 필요가 없다. 염소 치는 사람의 등장부터 장비 고장, 부상, 작전 변경까지 임무 수행 중에 맞닥뜨릴 수 있는 긴급상황은 무수히 많지만, 반드시 준비 태세를 갖춰야 한다. 통신이 두절되고 최악의 상황에 몰리더라도(실제 그런 상황이 벌어진다) 일사분란하게 행동할 수 있도록 표준작전규정(SOP)를 만들어냈다. 요즘 기술 수준을 감안할 때 통신이 두절되는 상황을 상상하기 힘들지만, 실제로는 정작 필요할 때 말썽을 일으킬 수도 있기 때문이다.

이런 긴급상황 대비 절차를 어떻게 하면 직장생활에 접목할 수 있을까? 회사에 큰 수익을 안겨줄 예비 고객에게 프레젠테이션을 한다고 가정해보자. 처음 임무를 부여받았을 때는 상사와 조직이 당신을 신뢰해서 중요한 프레젠테이션을 맡겼다는 사실이 기뻤을 것이다. 성공적으로 임무를 마무리하고 나면 승진이 기다리고 있을지도 모르니까! 하지만 일단 기쁨이 가라앉고 나면 두려움이 밀려들기 시작한다. 내 발표 실력이 보잘것없고, 관련 정보를 잘 알지 못할 뿐 아니라, 생각의 흐름이 끊길 수도 있고, 기술이 말썽을 일으킬 수도 있다는, 발표를 그르쳐서 망신을 당할 것이라는 두려움이다. 이처럼 우리 삶의 중요한 목표나 변화 가능성은 대개 두려운 일이다. 두렵다는 것이 우리가 해야 할 일이라는 뜻일 수도 있다.

가장 중요한 것은 계획이다. 꼼꼼히 따져보고 계획을 사전 점검하라. 예상되는 긴급상황 목록을 만든 뒤 각각의 상황에 대비한 완화책과 즉각조치훈련을 준비하라. 즉각조치훈련을 실시해서 머피의 법칙이 작동하더라도 그 즉시 어떤 행동을 해야 할지 정확히 알 수 있게 하라. 계획에 더 많은 내용을 담아낼수록 자신감이 커지고 걱정은 줄어들면서 성공 가능성이 커진다!

대응 시간을 개선하라

여러 가지 상황에 대비해 네이비실에서 하는 훈련 가운데 가장 효과가 큰 것이 '복면 훈련'이라고 불리는 훈련이다. 우리는 대원 중 한 사람의 머리나 상체에 복면을 씌워 넓은 방 한가운데에 세워둔다. 복면은 천장의 밧줄이나 도르래 장치에 연결돼 있다. 교관이 끈을 잡아당겨 복면을 벗기고 그 대원이 대처해야 할 상황을 보여준다. 그 대원은 무장을 한 상태일 때도 있고 그렇지 않을 때도 있다. 주변이 어두운 상황일 수도 있고, 시끄러운 소리가 날 수도 있다. 방 안에 서너 명이 있을 수도 있고, 이들이 무장을 한 상태일 수도 아닐 수도 있다. 시나리오는 절대 똑같지 않다. 이 훈련은 우리에게 어떤 상황에서든 '옴짝달싹 못하는' 시간을 줄이고 생존율을 높일 수 있는 체계적인 방식으로 적극적으로 대응하는 법을 가르쳐준다. 이런 훈련이 직장생활이나 개인 생활에 적용하기에는 지나칠 수도 있지만 다음과 같은 개념을 분명히 보여준다. 벌어질 가능성이 있는 일들에 대한 대응책을 준비하는 일은 기습과 속도, 맹렬한 행동으로 성공을 거두기 전에 반드시 이뤄져야 할 계획의 중요한 부분이라는 사실이다.

비즈니스 환경에서는 경쟁자가 가격을 낮추거나 전략을 바꾸거나, 공급망에 문제가 생기거나, 신제품이 출시됐을 경우 어떻게 행동할지를 연습하는 모의실험을 설정함으로써 이런 '복면 훈련'을 할 수 있다. '복면 훈련'이 기업들이 팬데믹의 결과에 대처하는 데 도움이 될 수도 있었다고 생각하는가? 장전된 무기를 가졌을지도 모를 누군가에 대처하는 것과 똑같지는 않겠지만, 발상 자체는 여전히 유효하다. 대응책을 미리 정해두고 이를 계획하고 연습했을 때, 두려움과 불확실성이 상황을 지배하는 대신 우리가 상황을 지배할 수 있다.

실천 과제

당신에게 중요한 문제는 무엇인가? 당신만의 목표를 세우고, 우선순위를 정한 다음, 이를 실천할 계획을 세우고, 전투 삼각형을 이용해 임무를 달성하라. 종종 일이 잘못 풀리기도 하므로, 그렇게 될 경우에 대비하라.

- 계획을 세워라. 일이 잘못돼 압박감이 최고조에 달할 때, 획기적인 생각에 기대지 말고 세워둔 계획에 의지하라.
- 전투 삼각형은 기습, 속도, 맹렬한 행동으로 이루어진다.
- 기습의 기본 요소인 '주도권'을 장악하면 상황에 대한 통제력이 전혀 없는 경쟁자들을 상대로 '슈퍼맨' 같은 힘을 발휘할 수 있다. 선수를 쳐야 통제권을 장악하고 공세를 취할 수 있다.
- 속도를 이용해서 절박감을 만들어내고, 다른 사람들에게 성취동기를 부여하고, 추진력을 만들어내라. 이를 통해 다른 사람들을 추종자로 만들 수 있다.
- 프로젝트에 착수하면 온몸을 던져 전념하고 집중하며 행동에 옮겨라! 계획과 논의, 준비도 좋지만, 성공을 위해서는 적절할 때 행동하려는 성향과 맹렬한 행동이 필요하다.
- 해야 할 일들을 변혁형 과제, 거래형 과제, 그리고 집어치워야 할 일들로 나눠보라.
- 우리의 시간과 주의력은 유한하므로, 계획적으로 사용하라.
- 계획은 두려움, 특히 미지에 대한 두려움을 완화해준다.
- 목표는 구체적이고, 측정 가능하고, 실행 및 달성이 가능하고, 활용 가능한 수단을 갖추고, 두려운 것이어야 한다.
- 긴급상황에 대비해 발생 가능한 긴급상황들은 물론 각각의 상황에 대한 완화책과 즉각조치훈련까지 찾아내야 한다.

GUTS

12장

동기부여

당신에게는 신조가 있나요?

　어느 날 밤 나는 이라크 라마디 외곽에서 헬리콥터 뒷자리에 타고 있었다. 헬기는 외딴 사막 지역에서 대기하며 목표물이 우리가 쫓는 테러리스트가 맞는지 확인하는 무전을 기다리고 있었다. 그때 나는 전투에서 세운 공을 인정받아 네이비실 사상 최초로 전투현장에서 일계급 특진을 하며 부대원들을 이끌고 알안바르 전투에 참가하고 있었다. 대원들끼리는 1년간 함께 훈련해왔지만, 막 지휘권을 인계받은 나는 아는 사람이 아무도 없었다. 대원들 역시 누구도 나를 알지 못했다.

　전략적으로 그 대기 장소를 선택한 까닭은 목표물에 가까우면서도 테러리스트 조직이 낌새를 채지 않은 못할 거리가 있는 곳이었기 때문이다. 나는 내 군 경력에서 가장 위험한 목표물을 타격하기까지 7분을 남겨두고 있었다. 이 까다로운 고가치 표적High-Value Target은 자신의 위치를 숨기기 위해 사력을 다해왔다. 이 지역 진입을 시도했던 미군 탱크가 여전히 거리에서 불타고 있는 상황이어서 차량 이용은 불가능했다. 목표물은 중무장한 경비원들을 대동한 채 미군의 공격을 피하기 위해 학교와 이슬람 사원을 따라 이동했다. 이들 조직은 절대 한 장소에 오래 머물지 않았다. 목표물에 접근하는 유일한 방법은 이들의 집결지 한복판인 X에 착륙하는 것뿐이었다. 벌통 바로 위에 내려앉는 것이다.

헬리콥터가 이륙하기를 기다리며 투시경으로 긴 헬기 통로를 바라보니 내 지휘를 받는 네이비실 대원들이 자신들만의 세계에서 서로를 응시하고 있는 모습이 눈에 들어왔다. 헬기 날개가 공회전 중이어서 항공유와 유압액 냄새가 진동했다. 그때 배 안에서 볼링공이 나를 짓누르는 듯한 압박감이 들었다. 내가 일을 그르치거나 작전 준비가 부족해 대원 중 누군가가 목숨을 잃거나 더 나쁘게는 작전에 실패할 수도 있는 상황을 7분 남겨두고 있었다. GUTS를 갖췄는지 진정한 시험대에 오르게 된 것이다.

나는 헤드셋을 헬기에 꽂고 최종 이륙 준비 과정을 듣고 있었다. 훈련을 받을 때부터 조종사들은 수도자처럼 차분한 태도와 지극히 사무적이고 꼼꼼한 목소리로 대화한다. 이들이 최종 점검을 마치자 헬기의 진동이 거세지면서 기장이 무전으로 내게 이렇게 말했다. "레드불, 귀관이 지휘하는 24명의 영혼이 탑승 완료했습니다, 목표물까지 예상 시간 7분. 바퀴 올려." 그 한 단어가 내 목숨을 구해주었다. 조종사는 탑승객도 아니고 네이비실도 아니고 부대원도 아니고 영혼이라고 말했다. 그 한 단어가 내가 평생토록 받은 모든 훈련과 준비과정을 일깨우고 다시 집중할 수 있게 해주었다.

내 배 안에서 울렁이던 볼링공은 흔적도 없이 사라졌다. 나를 짓누르던 극도의 두려움이 흥분으로 바뀌어 내 온몸과 마음, 영혼을 휘감고 도는 행복감이 됐다. 그 순간 나는 두려움의 반대가 사랑임을 알았고, 바로 그때 내 관심이 나 자신에서 우리 대원들로, 자신의 목숨을 내게 의지하는 사람들로 바뀌었다. 단어 하나가 생각 하나를 바꾸었고, 그 하나의 생각이 모든 것을 바꾼 것이다.

조종사가 출력을 높이자 헬기가 떠오르는 것을 느낄 수 있었다. 소음을 뚫고 내가 본능적으로 내뱉은 말은 전사로서 그리고 리더로서 받은 수년 간의 훈련을 통해 튀어나온 말이었다. 나는 모두가 들을 수 있게 헬기 통로 쪽을 향해 이렇게 외쳤다. "후야, 이 빌어먹을 녀석들아!" 이 말이 대원들의 반응을 불러일으켰고, 이들은 한 목소리로 이렇게 외쳐댔다. "예아아아아아아!" 그 7분 간 나는 그때까지 한 번도 느껴본 적 없는 활력을 느꼈다. 지구상에서 가장 행복하고 가장 성공한 사람처럼 느껴졌다. 이 모든 것들이 목숨을 잃을지도 모를 곳으로 날아가면서 느낀 감정들이었다.

그날 밤 이후 나는 그 기분이 무얼 의미하는지 이해하려고 노력했다. 두려움의 반대가 사랑이라는 것은 알았지만, 그것만으로는 내가 느낀 충족감을 설명할 수 없었다. 왜 그런 기분이 들었던 것일까? 그 기분은 무엇이었을까? 그리고 어떻게 다시 그런 기분을 느낄 수 있을까? 그 순간만큼은 내 자존심, 내 자아가 흔적도 없이 사라진 듯했다. 당시 상황의 엄중함을 인식하고 있었음에도, 내가 이끄는 부대원들의 영혼을 느낀 그 순간, 희열감을 느꼈다. 지금까지도 그런 심리상태를 용기라고 할 수 있을지 나는 잘 모르겠다. 용감하다는 것은 두려움에도 불구하고 행동한다는 뜻이지만, 나는 그날 밤 두렵지 않았다. 그 정반대로 사랑을 느꼈다. 그 헬리콥터에 타고 있던 네이비실 대원 대부분을 잘 몰랐기 때문에 앞뒤가 맞지 않는 구석이 있었지만, 어쨌든 나는 그들을 사랑했다.

당시 내 기분을 설명할 말들을 탐구하며 내가 찾아낸 최선의 답은 '아가페적 사랑'이다. 아가페적 사랑은 사랑 중에서도 최고의 형태로 간주된다. 종교적 맥락에서 아가페적 사랑은 신에 대한 인간의 사랑과 함께 인간에 대한 신의 사랑을 뜻한다. 아가페적 사랑은 모든 생명체를 향한 선의와 박애다(내가 수행한 작전을 생각하면 역설적으로 들릴 수도 있지만, 누가 죽고 누가 사는지를 결정하는 것은 내가 아니라 적이다. 적이 두 손을 들고 항복하면 나는 그를 생포하지만, 만약 그가 총에 손을 대면 그를 제거하기 때문이다). 나는 모든 인간이 아가페적 사랑의 정확한 의미를 모르더라도 이를 갈구하기 때문에, 일단 그 사랑을 경험하고 나면 그 사랑이 남은 평생 동안 이를 실천하도록 이끈다고 믿는다. 아가페적 사랑은 가장 순수한 형태의 사랑으로, 진정한 전사라면 이를 알고 느껴본 적이 있다. 그 사랑은 바로 바로 타인을 보호하기 위해 모든 것을, 자신의 목숨까지도 기꺼이 희생하려는 마음이다.

그날 밤 헬리콥터에서 나는 진정한 전사는 눈앞에 놓인 증오의 대상을 상대로 싸우는 게 아니라, 바로 옆 그리고 뒤에 있는 사랑하는 사람들을 위해 싸운다는 사실을 깨달았다. 내가 전역 후에 집에 돌아온 뒤로 몇 년 동안 어려움을 겪은 까닭은 증오에 휘둘렸기 때문이다. 아가페적 사랑이 무엇인지 알고 느껴봤음에도 다른 길을 선택한 것이다. 적에 대한 분노에 이끌려 증오를 놓아버리지 못하고 내 안에 있는 전사의 에너지를 일깨우지도 못했다. 적에 대한 증오를 부채질한 것은 두려움으로, 질병처럼 내 삶의 모든 면을 삼켜버렸다. 아가페적 사랑을 완전히 잃어버린 것이다.

그날 밤 그 헬리콥터에서 한 가지 내가 안타까웠던 점은 만약 내가 죽는다면 내가 두려움 속에서 죽어가지 않고 겁에 질려 죽음을 향해 나아가지도 않았으며, 벅찬 마음으로 기꺼이 죽음을 받아들였다는 사실을 내 가족과 친구들은 알지 못할 것이라는 점이었다. 내 온몸을 휘감은 뜨거운 성취감을, 그때까지 한 번도 있어본 적 없고 그 뒤로도 다시는 있지 못할 그곳에 있다는 사실을 내가 얼마나 감사히 여겼는지를 그들은 결코 알지 못할 것이었다. 나는 그날 밤 내가 앉은 그 자리에 기꺼이 앉으려 하고 그렇게 할 능력을 갖춘 사람이 그리 많지 않을뿐더러, 소수만이 그런 자격을 갖췄다는 사실을 알고 있었다. 자격을 갖춘 사람들 중에 내가 선택된 것이다. 나는 내가 있어야 할 곳, 내가 있기를 바라는 바로 그곳에서 내가 사랑하는 일을 내가 사랑하는 사람들과 함께 하고 있었다. 나는 안내자였다. 사람들을 이끌고 보호하는 것이 그곳에 내가 존재한 이유였다.

전장에서 보내는 편지

전장에 파견될 때마다 네이비실 대원들은 모든 법적인 문제를 사전에 정리해야 한다. 위임장을 작성하고, 유언장을 고쳐 쓰고, 죽을 경우 가족과 가까운 친지들이 취할 즉각조치훈련을 찾아낸다. 그리고 편지를 써서 우리가 돌아가지 못할 경우 공개될 법률 서류들과 함께 집으로 보낸다. 이는 감정적으로 무척 부담이 크지만, 이 과정이 축복인 까닭은 우리에게 삶의 의미를 명확히 보여주기 때문이다. 여러분에게도 그 같은 축복을, 집에 편지를 쓸 기회를 주고자 한다.

먼저, 종이 한 장에 편지를 읽기를 바라는 사람들의 이름을 적은 다음 그 명단을 봉투에 넣고 밀봉하라. 다음에는. 편안하게 혼자 있는 상황에서 세상에 마지막으로 남길 말들을 생각해보라. 자신의 생각과 기억, 감정을 더듬어볼 시간을 가져보라. 그런 다음 사랑하는 이들에게 편지를 써라. 한 통이 아니라 여러 통을 쓰고 싶으면 그렇게 하라. 편지를 각각 봉투에 넣고 밀봉하라.

당신의 삶에 대해 뭐라고 적었는가? 소중한 이들에게는 뭐라고 썼는가? 이제 첫 번째 봉투를 열어 누가 명단에 없는지 살펴보라. 그 사람이 빠진 이유는 무엇인가? 만약 당신이 리더이거나 팀의 일원이라면, 팀원들을 그 목록에 적어 넣었나? 인생에서 상당한 시간을 함께 보내는 사람들을 목록에 포함시켰나? 목록에 이름을 추가하고 싶다면, 지금이 좋은 기회다.

> **"** 죽음이 없다면 삶도 아무런 의미가 없다. **"**

일촉즉발의 위기 상황에서 이렇게 집에 보낼 편지를 쓰는 행동은 전사의 에너지를 일깨우는Awakening the Warrior Energy 무척 효과적인 과정이다. 이 과정은 우리에게 어떻게 삶을 살아야 할지를 보여준다. 살면서 받은 것 이상으로 베풀었는가? 아가페적 사랑을 가지고 살아갈 GUTS가 우리에게 있는가? 죽음은 우리에게 일정표를 제시한다. 문제는 남은 시간이 얼마나 되는지 우리가 모른다는 사실이다. 삶이라는 배낭에는 공간이 제한돼 있는데, 우리 삶의 임무를 위해 그 안에 무엇을 채워 넣어야 할까? 배낭 속 공간이 무제한인 것 처럼 사는 것은 어려울 게 없다. 가장 중요한 일이 무엇인지 찾아내고 우선순위를 매기는 일을 나중으로 미루고 그저 배낭을 채워가며 살 수도 있다. 우리가 아는 것이라고는 지금 우리에게 현재가 주어졌다는 사실뿐이다.

> **"** 숭고한 목적 없이 살아가는 삶은 음악 없이 추는 춤과 같다. **"**

집으로 돌아오는 길

네이비실에서 전역하고 마침내 집에 돌아왔을 때 나는 전사로서 전쟁에 나서는 시간들이 상당한 도덕적 부조화를 야기한다는 사실을 깨달았다. 전쟁 중에는 자신의 근본적 신념체계에 반하는 행동들을 하게 되므로, 죄책감과 수치심, 혐오감으로 계속 고통을 느끼는 것이 당연하다. 나는 생명이 무엇보다 중요한 가치라고 생각하지만, 전쟁에서는 다른 사람의 목숨을 빼앗아 파괴한다. 참전 용사들이 경험하는 고통의 상당 부분은 자신이 한 행동이나 하지 않은 행동으로 야기된 도덕적 상처에서 비롯된 것이다. 나는 도덕적 상처와 부조화의 고통을 무언가 긍정적인 것으로 바꾸어냈다.

바그다드의 밤거리에서 작전을 수행하던 중 처음으로 총의 방아쇠를 당기려던 순간 나는 누군가를 죽여야 한다는 사실에 극도의 혐오감을 느꼈다. 인식의 차원을 넘어 세포 수준에서 느끼는 감정이었다. 내 몸의 섬유질 하나하나가 하지 말라고 외치고 있었는데, 이 느낌은 내가 전사임을 입증해주었다. 진정한 전사는 꼭 필요한 경우가 아니면 절대 누군가를 해치지 않는다는 원칙을 지키며 살아간다. 내가 "상대가 당해도 마땅한 경우가 아니면"이라고 말하지 않은 까닭은 유해한 행동으로 이어질 수 있기 때문이다. 용감한 자제는 인간이라면 누구나 갖추려고 노력해야 할 미덕으로, 이는 곧 다른 사람의 처지에 공감하며 자신의 행동과 감정을 조절하는 것이다. 되돌아보면 나는 꼭 그래야만 하는 상황이 아니라면 한 번도 고의로 누군가에게 해를 입힌 적이 없었다는 사실이 자랑스럽다. 본의 아니게 내가 해를 끼친 사람에게는 미안하게 생각하며 용서를 구해왔다.

이 편지들을 쓰고 읽으면서 생겨나는 벅찬 감정 상태는 명확하다. 이런 감정은 우리가 어떻게 삶을 살아가야 할지 그리고 어떻게 사람들을 이끌어야 할지를 깨닫는 데 도움이 될 수 있다. 전투 현장에서는 많은 사람이 신이나 스스로에게 이렇게 맹세한다. "여기서 벗어나면 무슨 일이 있어도 (…를) 할 거야." 내게 이 순간은 영적 성찰을 위한 훈련이다. 내 삶이 어떻게 되기를 바라는가? 삶을 어떻게 채워갈 것인가? 삶을 어떻게 보낼 것인가? 이때야말로 도덕적 호기심을 마음껏 발휘해서 내가 지지하는 것이 무엇인지, 내가 남기고픈 삶의 유산은 무엇인지 탐구해볼 시간이다. 두려움이나 의구심, 자존심에 구애받지 말고 마음과 영혼이 마음껏 꿈꾸게 하라.

영웅들의 유산
역사적으로 위대한 리더들은 자신이 남긴 유산이 죽음을 뛰어넘어 이어질 것임을 알았고, 이런 깨달음이 이들에게 다른 사람들을 위해 자신의 신념을 걸고 싸울 GUTS를 선사했다. 나는 이 용기를 '영웅의 황홀감'이라고 부르는데, 이는 타인에게 느끼는 개인적 책임감, 자신이 이끄는 조직과 사회 전체에 대한 봉사 정신이다. 테레사 수녀와 간디, 마틴 루터 킹 주니어 목사 같은 사람들은 위대한 지도자이자 영웅이었다. 이런 방식의 리더십과 삶에 발을 내딛으면, 아가페적 사랑을 통해 자신 안에 있는 전사의 에너지를 일깨울 수 있다. 이 모든 것들을 경험하고 나면 평생 이를 추구하게 된다.

요즘 기업 분야에서 흔한 슬로건은 '일을 하는 목적'을 찾아내 자신이 열정을 느끼는 일을 하라는 것이다. 목적이 우리를 움직이게 하지만, 그 목적을 찾아내는 일이 운의 문제처럼 들린다. 대신 나는 목적을 '만들어내라고' 말한다. 우리 자신의 행복과 성공에 대한 책임은 우리에게 있다. 우리의 열정은 저 멀리 있는 것이 아니다. 우리 모두의 내면에서 일깨워지고 마음껏 펼쳐지기를 기다리고 있다. 삶에서 가장 순수한 예술은 우리가 삶을 살아가는 방식, 그리고 우리가 혼자 힘으로 인생의 캔버스에 그림을 그려가는 과정이다. 삶은 태어날 때 우리에게 주어지는 것이 아니다. 삶은 우리가 만들어내는 것으로, 그 최종 결과물이 우리의 행동, 우리의 GUTS, 우리의 유산이다.

> " 때로는 우리 본연의 모습으로 살아가는 법을 깨닫는 데
>
> 오랜 시간이 걸리지만, 우리의 현재는
>
> 우리 자신이 기다려온 모습이다. "

네이비실의 복무신조

2005년 캘리포니아주 코로나도 해안에서 100킬로미터 남짓 떨어진 어느 섬에서 네이비실 팀은 계급과 경험이 서로 다른 대원 50여명으로 구성된 실무그룹 회의를 열어 무엇이 네이비실의 정체성이고 무엇이 아닌지 규정하기 위한 토론을 벌였다. 목표는 조직으로서 네이비실의 의미와 목적, 특징을 심층적으로 평가하고, 이를 우리 자신과 나머지 네이비실 대원들을 위한 핵심 기준이 될 간결한 이야기로 담아내고, 궁극적으로는 네이비실 외부의 사람들이 네이비실의 정체성, 사고방식, 수행하는 임무, 지키려는 가치를 보다 잘 이해할 수 있게 하는 것이었다. 이는 네이비실의 복무신조가 될 터였다.

두 차례의 전쟁은 네이비실 조직에 타격을 입혔고, 부담감에서 비롯된 압박이 우리 조직의 문화적 특징에 균열을 드러냈다. 전쟁은 궁극적인 삶의 무대로, 인간으로서 그리고 조직으로서 우리의 정체성을 시험한다. 윤리와 리더십 강좌를 아무리 듣는다 해도 진심으로 이를 정의하고 이해하고 수용하고

갈고닦고 내면화하고 충심으로 조직문화와 영혼에 받아들이지 않는 한 전쟁에서 압박을 받는 상황이 되면 아무런 소용이 없어진다. 조직의 기풍을 만들어내면 우리는 평생토록 직관적으로 우리를 이끌어줄, 우리의 정체성과 사고방식, 임무, 그리고 우리가 지지하는 가치에 대한 구체적 청사진을 갖게 된다.

'훈련하듯 실전에 임하라'는 말은 무엇이든 우리가 받은 훈련이 우리의 일부가 돼서 두려움과 압박감이 고조되면 받은 훈련에 의지하게 된다는 뜻이다. 인격과 리더십, 팀워크도 마찬가지다. 삶에서 X 위에 서거나 이에 가까워져 압박을 받을 때면 자신이 진정 누구인지 그리고 진짜로 믿는 것은 무엇인지 알게 된다. 우리는 가정에서는 이렇게 행동하고 직장에서는 저렇게 행동하지 않는다. 우리의 인격은 그 차이를 모르기 때문이다.

네이비실 대원들은 무엇이 네이비실이고 무엇이 네이비실이 아닌지에 대해 일주일 동안 씨름한 끝에 섬을 떠나 네이비실 최초로 명문화된 복무신조를 가지고 돌아왔다.

전시나 불확실성이 지배하는 시대에 우리 국가의 요구에 응답할 준비를 갖춘 특별한 전사들이 있다. 평범하지만 성공에 대한 욕구만은 결코 평범치 않은 사람들이다. 역경으로 담금질된 이들은 조국과 미국인을 위해 봉사하고 이들의 생활방식을 수호하기 위해 미국 최고의 특수작전부대의 일원이 됐다. 내가 바로 그 사람이다.

내 가슴에 단 삼지창 배지는 명예와 전통의 상징이다. 앞서 이 길을 걸은 이들로부터 부여받은 이 배지에는 내가 수호하겠다고 맹세한 사람들이 내게 보내는 신뢰가 담겨 있다. 삼지창 배지를 달기로 선택함으로써 나는 선택받은 내 직업에 따르는 책임과 삶의 방식을 받아들인다. 이는 매일같이 내가 땀흘려 얻어내야 하는 특권이다.

조국과 부대원들에 대한 나의 충성심에는 빈틈이 없다. 나는 겸허한 마음으로 친애하는 미국인들의 수호자로서 봉사하며, 스스로를 지킬 힘이 없는 사람들을 지키기 위해 항상 준비 태세를 갖춘다. 내가 하는 일의 성격을 떠벌리지 않고, 내 행동에 대한 인정을 구하지도 않는다. 내 직업에 따르는 위험을 기꺼이 받아들이고, 타인의 행복과 안전을 내 자신의 행복과 안전보다 우선시한다.

나는 전장 안팎에서 명예로운 태도로 복무한다. 상황을 불문하고 내 감정과 내 행동을 통제하는 능력이 내가 다른 사람들과 다른 점이다. 타협을 모르는 진실성이 내 기준이다. 내 인격과 명예는 확고부동하다. 내가 한 말은 반드시 지킨다.

우리는 이끌거나 뒤따를 것이다. 명령이 하달되지 않을 경우 내가 책임을 지고 전우들을 이끌고 임무를 완수할 것이다. 나는 모든 상황에서 솔선수범할 것이다.

나는 결코 포기하지 않을 것이다. 나는 역경에 굴하지 않고 더욱 강해질 것이다. 조국은 내가 적보다 육체적으로 더욱 강건하고 정신적으로도 더욱 강인할 것을 기대한다. 쓰러지더라도 그때마다 반드시 다시 일어설 것이다. 남은 온 힘을 다해 전우를 보호하고 임무를 완수할 것이다. 나는 결코 싸움에서 물러서지 않을 것이다.

우리는 규율을 원한다. 우리는 혁신을 기대한다. 전우의 목숨과 작전의 성공은 나에게, 내 전문적 기술과 전술적 숙련도, 세부 사항에 대한 주의력에 달려 있다. 나의 훈련은 결코 끝나지 않는다.

우리는 전쟁을 위해 훈련하고 승리하기 위해 싸운다. 나는 임무를 완수하고 조국이 부여한 목표를 달성하기 위해 내가 가진 모든 전투력을 쏟아부을 준비가 되어 있다. 내 임무의 수행은 신속하게 이뤄질 것이고, 필요할 경우 폭력을 수반하겠지만 이 역시 내가 수호하기 위해 노력하는 원칙들을 준수하며 이뤄질 것이다.

용기 있는 사람들이 내가 지켜야 할 자랑스러운 전통과 경외스러운 평판을 쌓기 위해 싸우며 죽어갔다. 최악의 상황에서도 전우들이 남긴 전통이 나의 결의를 확고하게 해주고 내모든 행동을 묵묵히 이끌어준다. 나는 실패하지 않는다.

복무신조를 만들어내기 위한 이 전투에서(그건 정말 전투에 가까웠다) 많은 의견이 엇갈렸다. 모든 네이비실 대원이 필요할 때 꺼내보기 위해 지갑에 넣고 다니는 복무신조의 정수인 네이비실 행동강령에 집중된 주된 쟁점은 다음과 같다. '전쟁을 위해 훈련하고, 승리를 위해 싸우고, 국가의 적을 물리친다.' 복무신조에는 이렇게 명시됐다. '조국이 부여한 임무와 목표를 완수한다.' 중요한 견해 차이는 '물리친다'는 단 한 단어를 놓고 불거졌다.

우리는 두 가지 관점으로 나뉘었다. 한쪽은 '우리는 국가의 적들을 물리친다'라는 표현을 선호한 반면, 다른 쪽은 '우리는 국가의 적을 파괴한다'는 표현을 선호했다. 단 한 단어의 선택이 큰 차이를 만들어냈다. 뚜렷이 다른 이미지를 만들어내고, 국가 최고의 전사로서 우리가 하는 일에 대한 이해도 달라졌다. 대수롭지 않게 보일 수도 있지만, 우리가 X에 근접하며 스트레스 지수가 올라갈 때 이 단어는 중요한 의미를, 그것도 매우 중요한 의미를 띠었다. 내가 보기에 '파괴하다'라는 단어가 불러일으키는 이미지는 극도로 폭력적이고 증오스러웠다. '파괴자'가 된다는 것은 판사이자 배심원이자 사형집행인이 된다는 뜻이다. 그런 자아 이미지는 우리를 헤어 나오기 힘든 도덕적 해이의 어두운 동굴로 끌고 들어갈 수 있다. 그만큼 말은 중요하다!

전사이자 리더로서 나는 무해한 존재는 아니지만 점잖은 신사가 되기로 마음먹었다. 내 삶의 모든 면에서 나는 한때 나를 사로잡았던 증오가 아닌 아가페적 사랑에 힘입은 용감한 자제력을 바탕으로 행동할 것이다. '파괴한다'와 '물리친다' 두 단어를 놓고 논쟁을 벌인 끝에 결국 '물리친다'를 선택한 과정을 곱씹어보면, 그 헬리콥터에서 내가 느꼈던 감정이 새삼 되살아난다. 그날의 경험은 내게 인생을 어떻게 살아야 할지, 어떻게 이끌어야 할지, 그리고 어떻게 하면 더 나은 인간이 될 수 있는지 그 길을 보여준다. 그날의 기억은 자제력을 가지고, 사회의 심부름꾼이 되고, 나 자신과 타인을 이끌기 위해서는 GUTS를 갖출 것을 요구한다.

당신의 신조를 만들어라

당신에게 삶의 잣대가 되는 신조가 이미 있을지도 모르겠다. 종교적 신조일 수도 있고, 직업의 신조일 수도 있다. 네이비실 팀처럼 조직의 신조일 수도 있다. 집단 신조를 이미 가지고 있다면 한발 앞서 있는 것으로, 개인적 신조를 만들어내는 데 도움이 된다. 복무 신조가 있는 큰 집단의 일원이 아니라면 자신만의 신조를 만들어낼 수 있다. 신조는 황금률이나 "항상 ~을 하겠다"와 "절대 ~는 하지 않겠다"는 문장으로 만든 짧은 목록처럼 무척 간단할 수도 있다. 아니면 우리의 존재와 행동을 이끌어주는 보다 복잡한 개인적 가치 체계와 지침일 수도 있다.

나의 신조는 내 행동과 삶 그리고 리더십을 자극하는 에너지다. 이 전사의 에너지를 일깨울 때 우리가 찾는 GUTS를, 우리가 꿈꿔온 변화를 목도하게 될 것이다. 이렇게 일깨워진 전사의 에너지가 어둠과 절망의 순간 동기를 불어넣어 위대함을 성취하게 이끌어줄 것이다.

누구를 위해 종을 울리나

캘리포니아주 코로나도에 위치한 해군 기지에는 우리가 '숫돌'이라고 부르는 기초수중폭파훈련을 위한 밀폐된 작은 공간이 있다. 안에는 놋쇠로 된 작은 종 하나가 기둥에 매달려 있고 종의 추에는 밧줄이 드리워 있다. 숫돌이 모든 네이비실 대원에게 성지인 까닭은 우리 모두 바로 그곳에서 피와 땀, 눈물을 흘렸기 때문이다.

기초수중폭파훈련을 거쳐 간 모든 훈련병들은 이 간단한 규칙을 안다. 언제든 아무 제약 없이 종 앞으로 걸어가 밧줄을 잡고 종을 세 번 치면 기초수중폭파훈련을 영원히 떠날 수 있다는 것이다. 훈련 내내 종이 요란하게 울리는 소리를 들을 수 있는데, 해변 어디서든 잘 들을 수 있어서 해당 훈련병이 떠날 때 다른 훈련병들이 슬그머니 고개를 돌리게 된다. 이들은 그 훈련병 역시 네이비실이 자신의 천직이 아니라고 결심한 선배 훈련병들이 남긴 긴 철모의 줄에 자신의 철모를 남기고 떠날 것이라는 사실을 안다. 종은 훈련 프로그램과 네이비실만의 삶의 방식을 떠나겠다는 훈련병의 의지를 드러내는 최종 선언이다. 잠깐 동안 종을 없앤 적이 있는데, 일부 사람들이 종을 쳐서 소리가 들리는 거리에 있는 모든 사람에게 훈련을 포기하고 떠난다고 선언해야 하는 일이 치욕적이라고 판단했기 때문이다. 하지만 네이비실 대원들은 종을 다시 내걸 것을 요구했고 그렇게 됐다. 종이 네이비실 공동체에서 중요한 의미를 띠는, 네이비실 문화에서 없어서는 안 될 부분이 된 것이다. 비싱사들은 종이 중도 포기하는 사람을 위한 종이 아니라 훈련 프로그램을 떠나겠다고 결심한 사람들의 다짐을 위한 것이라는 사실을 이해하지 못했다. 떠나는 일이 전혀 수치스러울 것이 없는 만큼, 훈련병이 종을 울리기로 결정하면 우리는 제대로 마음을 담아 종을 크게 울리라고 격려한다.

결과적으로 이 종은 네이비실 문화에서 지극히 중요한 자리를 차지하는 상징이 됐다. 그리고 정말로 일단 종을 치면 그 행동을 되돌릴 수 없다.

우리가 사는 현대사회의 상당 부분은 애매모호하고, 대다수 사람들은 삶의 많은 중요한 문제들에 대해 이중적 태도를 취한다. 일과 시간 중에도 잠이 덜 깬 채 무신경한 태도로 자신의 몸담은 조직의 목적이나 목표보다는 월급에 더 신경을 쓰거나 개인적인 목적과 목표에 더 몰두한다. 종을 울려 살만한 가치가 있는 삶에, 스스로 계획한 삶에, 스스로와 세상에 대해 진정 솔직하고 진솔한 삶에 몸을 내던져라. 그렇게 함으로써 우리는 GUTS와 아가페적 사랑에 힘입어 우리가 살아갈 이유를 만들어낼 수 있다. 자신에게 운명 지워진 삶을 살아갈 때 자신이 하는 일을 싫어하는 일은 결코 없을 것이다!

이 책에서 소개한 원칙들은 당신을 변화시키려는 의도를 담고 있지만, 그러기 위해서는 당신이 종을 울리고, 당신이 몸을 내던져야 하며, 그 헌신은 신조에서부터 출발해야 한다. 그렇다면 당신은 어떤 사람인가? 당신이 중요시하는 가치는 무엇인가?

　나는 당신이 탑승한 삶의 헬리콥터의 통로를 바라보며, 당신 주변의 영혼들을 살펴보고, 당신의 삶에는 어떤 가능성이 있고 어떻게 당신 자신과 타인을 아가페적 사랑으로 이끌 수 있는지 탐구해보기를 바란다. 자신만의 신조를 만들어내고, 그 신조를 적은 뒤, 종을 울리고, 그 신조에 몸을 던지고, 삶의 모든 측면에서 이를 실천하라. 그래서 당신을 위한 종이 울릴 때, 당신이 집으로 보낸 편지가 당신의 삶과 신조에 부합하고, 그 편지를 읽는 사람이 스스로 선택하고 계획한 삶, GUTS로 가득한 삶을 살아간 당신에게 경의와 존경을 표할 수 있기를 바란다!

감사의 글

오늘날 내가 이 자리에 서기까지 수십 년 동안 일일이 이름을 거론하기 힘들 만큼 많은 사람이 도움을 주셨습니다. 한 분한 분에게 감사를 드려야겠지만, 지면 관계상 그중 몇 분만 언급하고자 합니다.

먼저 내 가족인 아들 제이크와 아내 웬디, 반려견이자 치료사이기도 한 로즈버드에게. 내 모든 이야기와 아이디어들을 다시 한 번 지겹도록 들어줘서 고마울 따름입니다.

맷 헤크마이어와 레트 피셔에게. 글을 쓰도록 끊임없이 동기를 부여해주고 내 가장 좋은 친구이자 형제가 돼줘 감사드립니다.

모든 네이비실 전우들과 군복무 중인 형제 자매들에게. 사랑하고 여러분이 하는 모든 일에 감사드립니다. GUTS 원칙을 이용해 소외계층 아이들을 위한 '네이비실 정신' 프로그램을 만드는 일을 도와준 파트너와 친구 찰스 패리시, 데이비드 바카디폰, 개리 덴햄, 마이크 볼머트에게. 도움에 감사드립니다.

샌디에이고 법원과 학교 당국에. 입양 청소년을 위한 샌파스칼 아카데미 학생들을 돕는 기회를 통해 나 스스로에게 했던 약속을 지킬 수 있게 해주셔서 감사드립니다. 샌파스칼 아카데미의 모든 학생들에게. 여러분을 위해 봉사할 수 있게 해주고 우리가 더 나은 사람이 될 수 있도록 영감을 줘 고맙습니다.

양가 식구인 드리스콜, 하이너, 보쿰 가족들에게. 내 곁을 지켜주셔서 감사합니다. 동료 피터 샌더에게. 이 프로젝트를 되살려준 데 대해 다시 한 번 고마움을 표합니다. 맥그로힐이라는 훌륭한 출판사와 뛰어난 직원들, 그리고 업계 최고의 편집자 케이시 에브로를 만난 건 행운이었습니다. 감사합니다.

마지막으로 더 나은 리더와 바라건대 더 나은 인간이 되려는 열린 마음으로 이 책을 집어든 모든 독자와 리더 여러분에게 감사드립니다.

참고 문헌

1) Elbert Hubbard, "A Message to Garcia," 1899, available at MIT Computer, Science and Artificial Intelligence Laboratory, https://courses.csail.mit.edu/6.803/pdf/hubbard1899.pdf.

2) 「Adult Obesity Facts」, Centers for Disease Prevention and Control, 2020,https://www.cdc.gov/obesity/data/adult.html.

3) 「All the World's Wealth in One Visual, 」, howmuch.net, 2020, https:// howmuch.net/articles/distribution-worlds-wealth-2019.

4) 「Everyone Thinks They Are Above Average」, CBS News, 2013, https:// www.cbsnews.com/news/everyone-thinks-they-are-above-average/.

5) Oxford Reference.com, https://www.oxfordreference.com/view/10.1093 / acref/9780191826719.001.0001/q-oro-ed4-00003457.

6) Friedrich Nietzsche, *The Twilight of the Idols*, translated by A.M. Ludovici. London, England: T.N. Foulis, 1911. https://www.gutenberg.org/files/52263/52263-h/52263-h.htm.

7) 「Sitting Will Kill You, Even if You Exercise」, CNN.com, 2015, https:// www.cnn.com/2015/01/21/health/sitting-will-kill-you/index.html.

8) 「How Humans Are Polluting the World with Noise」, Made for Minds, dw.com, https://www.dw.com/en/how-humans-are-polluting-the -world-with-noise/a-42945885#:~:text=%22The%20day%20will%20 come%20when,streets%20of%20Germany's%20capital%20Berlin.

9) Lt. General Mark Hertling, Army, TEDxMidAtlantic, 2012, https:// www.youtube. com/watch?v=sWN13pKVp9s.

10) Rafeal de Cabo and Mark Mattson, 「Effects of Intermittent Fasting on Health, Aging, and Disease」, The New England Journal of Medicine, Dec. 26, 2019, https://www. nejm.org/doi/full/10.1056/nejmra1905136.

11) 「How Much Sugar Do You Eat?」, New Hampshire Department of Health and Human Services, https://www.dhhs.nh.gov/dphs/nhp/documents /sugar.pdf.

12) Siri Carpenter, 「That Gut Feeling」, American Psychological Association, 2012, https://www.apa.org/monitor/2012/09/gut-feeling#:~:text =Gut%20bacteria%20 also%20produce%20hundreds,both%20 mood%20and%20GI%20activity.

13) 「1 in 3 Adults Don't Get Enough Sleep」, Centers for Disease Control and Prevention, 2016, https://www.cdc.gov/media/releases/2016/p0215 ‐enough‐sleep.html.

14) Marcel Schwantes, 「Study: 60 Percent of Employees Are More Likely to Suffer a Heart Attack if Their Bosses Have These Traits」, Inc., 2017, https:// www.inc.com/ marcel‐schwantes/study‐60‐percent‐of‐employees‐are ‐more‐likely‐to‐s. html#:~:text=and%20Environmental%20Medicine .‐,Researchers%20studied%20 more%20than%203%2C100%20men%20 over%20a%2010%2Dyear,They%20 were%20inconsiderate.

15) Rebecca Keegan, 「Bradley Cooper on 'American Sniper」, Los Angeles Times, 2015, https://www.latimes.com/entertainment/envelope/la‐en ‐0212‐bradley‐cooper‐ 20150212‐story.html.

16) Kim Gittleson, 「World's Fair: Isaac Asimov's Predictions 50 Years On」, BBC News, 2014, https://www.bbc.com/news/technology‐27069716.

옮긴이_이종민

연세대학교 국어국문학과를 졸업했다. 한국일보에서 기자로 일했고, 일간스포츠에서 메이저리그 코리안리거 취재차 미국 특파원으로 근무했다. 한국원자력연구원에서 홍보 및 인사를 담당했다. 바른번역 글밥아카데미 영어출판번역과정을 수료, 역자로 활동 중이다. 옮긴 책으로『일터의 품격』(2019),『Z세대 부모를 위한 SNS 심리학』(2020),『3분 룰, 원하는 것을 얻는 말하기의 기술』(2020),『퓨처홈』(2020),『승리, 패배, 그리고 교훈』(2021),『기후 위기와 글로벌 그린 뉴딜』(2021)이 있다.

거츠: 네이비실의 이기는 습관
결과를 만드는 끈기의 힘

초판 1쇄 발행 2021년 12월 31일
초판 3쇄 발행 2022년 2월 28일

지은이 브라이언 하이너
옮긴이 이종민

발행인 이정훈
본부장 황종운
콘텐츠개발총괄 김남연 **편집** 김남혁
마케팅 최준혁 **제작** 정석훈
디자인 this-cover

브랜드 온워드
주소 서울 마포구 월드컵로13길 19-14, 101호

발행처 (주)웅진북센
출판신고 2019년 9월 4일 제406-2019-000097호
문의전화 02-332-3391
팩스 02-332-3392

한국어판 출판권 ⓒ웅진북센, 2021
ISBN 979-11-90600-6(03190)

*온워드는 (주)웅진북센의 단행본 브랜드입니다.
*책값은 뒤표지에 있습니다.
*잘못된 책은 구입하신 곳에서 바꾸어 드립니다.